中华人民共和国史研究文库

经济发展战略思想及其实践

郑有贵　主编

当代中国出版社
Contemporary China Publishing House
2020年·北京

图书在版编目(CIP)数据

经济发展战略思想及其实践 / 郑有贵主编 . -- 北京 : 当代中国出版社 , 2020.8

ISBN 978-7-5154-1054-8

Ⅰ . ①经… Ⅱ . ①郑… Ⅲ . ①中国经济史—研究 Ⅳ . ① F129

中国版本图书馆 CIP 数据核字(2020)第 158671 号

出 版 人　曹宏举
责任编辑　姜楷杰
责任校对　康　莹
印刷监制　刘艳平
封面设计　胡椒书衣
出版发行　当代中国出版社
地　　址　北京市地安门西大街旌勇里 8 号
网　　址　http://www.ddzg.net　邮箱：ddzgcbs@sina.com
邮政编码　100009
编 辑 部　(010)66572264　66572154　66572132　66572180
市 场 部　(010)66572281　66572161　66572157　83221785
印　　刷　北京润田金辉印刷有限公司
开　　本　720 毫米 × 1020 毫米　1/16
印　　张　20.25 印张　2 插页　302 千字
版　　次　2020 年 8 月第 1 版
印　　次　2020 年 8 月第 1 次印刷
定　　价　62.00 元

《中华人民共和国史研究文库》

总　序

历史研究是一切社会科学的基础，重视历史、研究历史、借鉴历史是中华民族5000多年文明史的优秀文化传统。中国共产党继承了这一优秀文化传统，积极倡导学习历史、研究历史，尤其是学习中共党史、中华人民共和国史（或简称“新中国史”）、改革开放史和社会主义发展史。习近平总书记指出：“重视历史、研究历史、借鉴历史，可以给人类带来很多了解昨天、把握今天、开创明天的智慧。”

党的历史、新中国的历史，是中国共产党为中国人民谋幸福、为中华民族谋复兴的奋斗史，是我们党、国家和民族的宝贵精神财富。中华人民共和国的成立，开启了中华民族发展进步的历史新纪元。从那时起，即有学者开始对中华人民共和国史进行研究。1956年6月，黄炎培在一届全国人大三次会议上提出，应“及时收集和保存建国史料”，并“加以整理”。

党的十一届三中全会后，伴随党的思想路线的重新确立和对中华人民共和国正反两方面历史经验的深刻总结，新中国史研究逐渐引起党和国家以及学术界的高度关注。经过多年的艰辛探索与开拓创新，新中国史研究取得了众多学术成果，成为中国历史研究中一个最年轻的学科。

党的十八大以来，以习近平同志为核心的党中央高度重视历史，特别是党史和新中国史。习近平总书记强调："历史是最好的教科书。""学习党史、国史，是坚持和发展中国特色社会主义、把党和国家各项事业继续推向前进的必修课。这门功课不仅必修，而且必须修好。"在开展"不忘初心、牢记使命"的主题教育中，党中央专门印发通知，要求各地区各部门各单位把学习党史、新中国史作为主题教育重要内容，不断增强守初心、担使命的思想自觉和行动自觉。

当代中国研究所于 1990 年 6 月 28 日经中共中央批准成立，研究和编纂中华人民共和国史、收集和编辑国史资料、出版国史研究著作，是当代所的主要职责，也是当代所人的崇高使命。当代中国研究所成立 30 年来，撰写并经中央审定出版了《中华人民共和国史稿》序卷和一至四卷，目前正在撰写五至七卷；编纂出版了每卷 100 万字的《中华人民共和国史编年》，该书为集资料性、研究性和学术性为一体的大型编年史书。在此期间，当代中国研究所和其主管的当代中国出版社，还参与组织编辑出版了 152 卷、210 册、总计 1 亿字的大型史料性丛书——《当代中国》丛书；与中国大百科全书出版社合作编写了《中华人民共和国国史百科全书》。为迎接新中国成立 70 周年，受中央委托，当代中国研究所组织编写出版了《新中国 70 年》《中华人民共和国简史（1949—2019）》《新中国社会主义发展道路 70 年》等新中国史基本著作和六卷本《中华人民共和国史研究丛书》。此外，为了普及国史知识和消除历史虚无主义的影响，还编写出版了大众读物《中华人民共和国史小丛书》，并计划到2022年出版80种，向党的二十大献礼。上述图书均在国内外产生了重要影响，树立了新中国史研究的学术标杆，成为全国干部群众学习新中国史的基础性教材。

今天，我们已经进入中国特色社会主义新时代，正在向着社会主义现代化强国迈进，并日益走近世界舞台的中心，为整个人类社会做出越来越大的贡献。新中国的发展不是一帆风顺的，在探索建设社会主义的过程中，中国共产党遇到许多困难，也遭遇不少挫折。一些别有用心的人抓住新中国史上的曲折失误不放并夸大渲染，使一些领域成为历史虚无主义的重灾区。当代中国正经历着我国历史上最为广泛、深刻而急剧的社会变革，也正进行着人类历史上最为宏大而独特的实践创新。习近平总书记指出："当代中国是历史中国的延续和发展。新时代坚持和发展中国特色社会主义，更加需要系统研究中国历史和文化，更加需要深刻把握人类发展历史规律，在对历史的深入思考中汲取智慧、走向未来。"

历经30年不懈努力，当代中国研究所已经成为以马克思主义为指导、具有一流学术水平、汇聚一流科研人才的国史研究基地。30年来，当代所人始终以为国家写史、为人民立传为己任，牢记党和人民重托，真实记录中国共产党带领全国人民进行社会主义革命、建设和改革的光辉历程，全面反映中华民族从站起来、富起来到强起来的历史性进步，科学总结新中国每个历史阶段各方面建设的经验教训。

今年是当代中国研究所的"而立之年"，为进一步落实中央赋予当代中国研究所"存史、资政、育人、护国"的神圣职责，当代中国研究所决定设立《中华人民共和国史研究文库》(以下简称《文库》)，为当代中国研究所以及国内外从事新中国史研究的专家学者提供一个发表学术成果的平台。入选本《文库》的标准为：以毛泽东思想、邓小平理论、“三个代表”重要思想、科学发展观和习近平新时代中国特色社会主义思想为指导，坚持辩证唯物主义和历史唯物主义的立场、观点、方法，坚持实事求是、论从史出的原则，书写和记录中国共产党领导中国人民进行社会主义和新中国建设与发展的理论创新和伟大实践，总结历史经验。《文库》的目标是打造一个能够充分展示中华人民共和国史研究成果，发挥经世致用、资政育人功能的高端权威学术平台。

“装点此关山，今朝更好看。”伴随着新中国前进的步伐，中华人民共和国史研究空间广阔，任重道远。我们希望中华人民共和国史研究工作者继承优良传统，以高度的历史自觉和历史意识、宽广的历史视野和唯物史观、强烈的文化自信和历史担当，总结历史经验，揭示历史规律，把握历史趋势，服务当代，垂鉴后世，承先启后，继往开来。当代中国研究所作为党中央赋予职能、中国社会科学院直接领导的专门研究中华人民共和国史的科研机构，有责任努力构建中华人民共和国史的学科体系、学术体系、话语体系，打造史学研究的中国学派。这一目标的实现，不仅有赖于所内全体人员的不懈奋斗，也需要所外各个方面的支持和参与。本《文库》就是这样一个服务于上述目标的开放的、持久的学术成果前沿阵地，我们期待所内外的学者写出无愧于时代和人民的历史著作并列入本《文库》，在存史、资政、育人、护国工作中做出更大贡献。

姜　辉

2020 年 5 月 22 日

目　录

第一部分　战略思想

第二部分　经济政策

第三部分　经济运行

第四部分　实践调研

前言

中华人民共和国经济史是国史的重要组成部分。当代中国研究所成立初期按历史时期设置研究室，安排研究人员从事中华人民共和国经济史研究。2001 年 12 月，本所对研究室进行调整，按照专业领域设置四个研究室，其中的第二研究室（经济史研究室），专门从事中华人民共和国经济史研究，主要承担中华人民共和国史中有关经济思想史、经济制度史、宏观经济史、产业经济史、区域经济史、资源与生态环境史、财政史、金融史、对外经济关系史等编纂任务，围绕上述内容收集相关资料，开展专题研究，参加和组织相关学术交流活动，负责相关宣传、教育和事务性工作。当代中国研究所建立 30 年来，根据国史编研的布局，中华人民共和国经济史研究逐步拓展和深化。

第一，探讨中华人民共和国经济史研究方法和构建书写体系。在编研《中华人民共和国经济史（1949—2012）》工作启动时，明确从两个方面把握中华人民共和国经济史这一研究对象。一方面，按照唯物史观要求，把握中华人民共和国经济史研究的基本问题。马克思主义从生产力与生产关系、经济基础与上层建筑的矛盾运动出发，探讨制度变迁和经济社会发展规律。基于马克思主义基本原理，中华人民共和国经济史研究的基本问题，是生产力与生产关系、经济基础与上层建筑的关系，以及与这种关系对应的生产、交换、分配、消费的变迁。从经济史研究的基本问题出发，阐析并明确了中华人民共和国经济史研究书写的主线和主题，即中国特色社会主义经济发展道路探索、形成和不断完善是中华人民共和国经济发展历程的主线，中国用几十年时间走完发达国家几百年走过的工业化历程的跨越发展是中华人民共和国经济发展的主题。另一方面，在厘清国史、党史、经济各学科体系下经济史研究重点和视角异同的基础上，把握中华人民共和国史学科体系中经济史研究的重点。国史与党史在中华人民共和国经济史的研究上，相同之处是都研究作为执政党的中国共产党的经济决策、决策的实施及其绩效，不同之处是前者不仅把中国共产党的经济活动纳入整个国家经济活动进行考察，还研究其他经济主体、社会各阶层、国家各区域的经济活动。国史研究与经济学研究都把中华人民共和国的经济制度和经济运行纳入研究对象，不同之处是前者较注重从国家行为视角研究，后者较注重从经济运行视角研究。基于以上认识，并跟随实践和学科发展，中华人民共和国史学科体系中的经济史研究对象，是以 1949 年 10 月 1 日中华人民共和国成立之日起为上限，以生产力与生产关系、经济基础与上层建筑的关系及其对应的生产、交换、分配、消费为基本问题，以政治经济史为主，同时纳入社会经济史、国民经济史的因素及其研究视角，并有机统一起来，兼顾党史研究偏重中国共产党的经济决策活动和人物的经济思想，兼顾经济学从经济效益和学理视角对经济制度和经济运行进行探讨。具体讲，中华人民共和国史研究体系中的经济史研究对象，以基于生产方式的矛盾运动展开对中国特色社会主义经济发展道路形成和不断完善的历史轨迹为主线，主要包括中国共产党的经济思想、国家的经济决策、国家的经济发展战略、国家的经济方针、国家的经济制度、国家的经济政策、国民经济运行与绩效等国家的经济生活。同时也纳入影响国家经济生活的因素，如国家的政治生活、文化生活、社会生活、对外交往与合作及国际环境等。其中，还需要把握两点，一是基于中国共产党是执政党，在研究国家的经济决策时，要以中国共产党的经济决策为重点，并研究国家经济决策同基层诉求、创新的互动，从而全面和深刻地反映国家经济决策成因、形成过程、实施、绩效等；二是以人为中心，避免把经济生活视为一个冷冰冰的资源分配的选择逻辑，而把经济生活还原成有情感、有道德的人创造财富的行为，以探究经济发展的原动力，这样才可能科学客观地再现和解读中国跨越发展奇迹的历史。同时，还提出了在研究书写上进行创新，即在注重梳理历史事件及其逻辑关系的同时，探索构建以发展目标、实现路径、绩效互为演变条件的研究框架，努力做到历史逻辑与理论逻辑的内在统一。每个历史发展阶段研究书写的具体框架是，国家要实现的发展目标及实现目标的指导思想、理论创新、总体布局；为实现每个历史阶段发展目标而进行的制度和政策安排，突出基本经济制度的建立和改革完善，突出重大政策的制定和实施；对每个历史阶段制度和政策下的经济运行，避免简单罗列统计数据，重点描述经济运行的阶段特征（包括经济总量增长波动、经济建设举措、技术进步、产业结构变迁等）和经济发展的动因。此外，还应注重对每个历史阶段的特征进行概括，并对每个历史阶段的经济发展进行评判和对经验教训进行总结。试图通过这样的探索，构建国史学科体系下能够真实、全面、清晰再现经济发展历史的研究书写框架。

第二，围绕国史编研开展中华人民共和国经济史研究。本所国史研究体系中的经济史研究，主要从三个层次展开。一是，扎实开展经济史专题研究，在发展战略思想、发展道路、制度、生产力、产业结构、生态环境、城乡关系、区域、收入分配等方面取得了进展，发表了诸多论文、专著。二是，在经济史专题研究的基础上，以 2013 年承担中国社会科学院创新工程项目《中华人民共和国经济史（1949—2012）》为契机，对中华人民共和国经济史进行全面系统书写，2016 年这一成果出版。经修订和补充，2019 年又出版了《中华人民共和国经济史（1949—2019）》。三是，承担国史编研任务。在国史研究序列的第二研究室，所开展的经济史研究要为国史编研服务，以便更好完成国史编研任务。在经济史研究的基础上，经济史研究室承担了《中华人民共和国史编年》《中华人民共和国史稿》《中华人民共和国简史》《新中国 70 年》《新中国社会主义发展道路 70 年》《中华人民共和国历史十讲》《中华人民共和国史小丛书》等编研任务，发挥了经济史研究在国史编研中的作用。在承担国史编研任务过程中，也促进了从整体史视角对经济史的研究，有利于形成与历史逻辑一致的研究成果。

第三，推进中华人民共和国经济史学术交流和学科发展。在发挥国史年会、中华人民共和国国史学会促进经济史研究的同时，还基于学科发展需要，积极推进经济史学科平台建设。继本所副所长武力担任第四、五届中国经济史学会副会长兼中国现代经济史专业委员会主任后，2012 年起郑有贵担任第六、七届中国经济史学会副会长兼中国现代经济史专业委员会主任；从 2011 年起，本所经济史研究室与本院经济研究所、中国经济史学会中国现代经济史专业委员会、中南财经政法大学经济史研究中心等单位联合连年召开“中国现代经济史学科研究动态与前沿问题”

研讨会。同时，根据学科发展的需要，本所还发起于2014年成立中华人民共和国国史学会三线建设研究分会，2019年换届本所副所长武力担任会长、陈东林担任副会长、郑有贵担任副会长兼秘书长，积极推进三线建设研究和学术交流。2019年，本所发起成立中国工业经济学会中国工业史专业委员会，副所长武力担任主任、郑有贵担任副主任。2017年还发起创办了《产业与科技史研究》辑刊（武力主编、郑有贵副主编）。通过学术交流平台的构建，组织推动和引领经济史研究广泛深入展开。

第四，发挥中华人民共和国经济史研究服务现实的作用。为了做好经济史研究，也为了更好发挥历史研究的作用，本所发挥当代史研究可以把历史文献分析与国情调研结合起来的优势，积极开展国情调研，把实践调研与历史研究、历史经验的总结与促进现实发展结合起来。从2011年起，经济史研究室每年开展与经济史相关的国情调研。2012年对攀枝花三线建设的调研和2013年对六盘水三线建设的调研，分别获得当年本所的国情调研一等奖。2012年院国情调研项目《三线建设和西部大开发中的攀枝花——基于攀枝花钢铁基地建设和改革发展的研究》入选《中国社会科学院国情调研丛书》。2016年所重点国情调研成果《新常态下经济转型升级研究》于2017年出版。把经济史研究与国情调研结合起来，通过深入的典型调研，对经济发展道路探索、政策选择、政策实施机制和绩效等有了深切的体悟，增强了研究的问题意识和针对性，促进了基于典型实践调研与历史文献分析结合的经济史研究的深化，也提升了发挥经济史研究为现实服务的能力。

以“经济发展战略思想及其实践”为主题，将本所部分经济史论文汇编成本书，并在此对本所的经济史研究进行粗略回顾，为本所建立30周年献礼。

第一部分

战略思想

中国共产党对解决“三农”问题的探索

郑有贵

新中国成立初期，农业生产力水平低下，破解“三农”（指农村、农业、农民）问题难度极大，如何解决中国人民的吃饭问题是中国经济社会发展面临的重要挑战。中华人民共和国成立70年来，“三农”工作取得了巨大成就，“三农”发展也为中国实现用几十年时间走完发达国家几百年走过的工业化历程的跨越发展提供了强大支撑，全体中国人民在富起来、强起来的征程上迈出了坚实步伐。可以说，新中国70年“三农”的巨大发展，是中国共产党对解决好“三农”问题实践和理论探索的成功。党的十八大以来，以习近平同志为核心的党中央高度重视“三农”问题。2018年中央一号文件《中共中央国务院关于实施乡村振兴战略的意见》提出：“我们有党的领导的政治优势，有社会主义的制度优势，有亿万农民的创造精神，有强大的经济实力支撑，有历史悠久的农耕文明，有旺盛的市场需求，完全有条件有能力实施乡村振兴战略。”这既是新时代如何实施乡村振兴战略的指南，也是新中国70年中国共产党解决“三农”问题探索的重要经验。

一、发挥党的领导的政治优势，破解工业化进程中的“三农”困境

新中国70年间的“三农”问题，不仅面临工业化、城镇化进程中的

挑战，还有两个特殊问题：一是中国历史发展进程中存在的小农经济自身发展局限等问题，二是中国作为后发国家，只有实现赶超才能摆脱劣势困境，这又要求“三农”发展为国家工业化作出贡献。如此多重因素累积于“三农”问题中，更增加了中国共产党解决“三农”问题与推进国家工业化的难度。而中国最终能够破解工业化进程中的“三农”困境，首先正是因为发挥了党的领导的政治优势。

中国共产党始终把解决好“三农”问题作为全党工作的重中之重。1949年，中国共产党进京“赶考”，既面临实现国家工业化的历史性课题，又面临着由其衍生出的如何解决好工业化进程中“三农”问题的课题。中国共产党基于“农村包围城市”革命道路的经验，始终把解决好“三农”问题放在重要位置，注意及时解决国家工业化发展进程中的“三农”问题。在我国工业化初期，中央就多次召开全会对“三农”问题进行专题研究，以毛泽东同志为主要代表的中国共产党人把农业现代化列入“四个现代化”宏伟目标，并提出以农业为基础、以工业为主导的方针。在农业社会向工业社会发展的过程中、在社会主义建设与改革的进程中，中国共产党从促进国家现代化发展出发，根据所处经济社会发展阶段，因时处理全局与局部、长远与近期发展的关系，构建社会主义城乡关系，探索形成与所处经济社会发展阶段相适应的强农惠农富农政策，既保障国家工业化发展，又解决好工业化、城镇化进程中的“三农”短板问题，促进工农城乡协调发展。

党的十八大以来，以习近平同志为核心的党中央坚持农业农村优先发展，明确指出“中国要强，农业必须强；中国要美，农村必须美；中国要富，农民必须富。农业基础稳固，农村和谐稳定，农民安居乐业，整个大局就有保障，各项工作都会比较主动”[①]，坚持每年底召开中央农村工作会议，讨论形成次年的中央一号文件。中央全面深化改革领导小组（后改为中央全面深化改革委员会）也审议通过了一系列重大“三农”改革发展举措。2019年6月24日，中共中央政治局会议审议《中国共产党农村工作条例》，强调要“以实施乡村振兴战略为总抓手，加强党对农村经济建设、社会主义民主政治建设、社会主义精神文明建设、社会建

① 《十八大以来重要文献选编》（上），中央文献出版社2014年版，第658页。

设、生态文明建设的领导，健全党领导农村工作的组织体系、制度体系和工作机制”，“坚持把解决好‘三农’问题作为全党工作重中之重”①，为解决好工业化进程中的“三农”问题提供了强有力的组织和工作保障。

二、发挥社会主义的制度优势，“三农”发展内生动力日益提升

新中国成立后，中国共产党领导农民完成了农业的社会主义改造，建立起农村土地集体所有制，以及以此为基础的农村集体经济组织。改革开放以来，以家庭联产承包责任制为主要内容的农村改革逐步深化，家庭联产承包责任制不断完善，最终形成农民家庭承包经营制度。在社会主义制度下，“三农”发展的内生动力日益增强。

发挥社会主义制度优势，形成共建美好家园的合力。农村土地集体所有制有利于发展壮大农村集体经济，引领农民发展致富，成为“三农”发展的重要基石。农村集体经济的发展，以及与之相适应的统筹机制的构建，不仅为农村建设提供了资金支撑，还形成了共建美好家园的机制，这是社会主义制度优势的突出体现。从新中国成立至20世纪70年代末，在农业基础设施方面开展了大规模的农田水利工程建设，在农村基础设施方面开展了乡村道路建设，在农村社会事业方面大力发展教育和合作医疗事业。随着经济的发展，中国逐步形成农村社区集体的“一事一议”及财政奖补制度，以推进农村基础设施和社会事业的发展。进入新时代，实施乡村振兴战略，开始按照产业兴旺、生态宜居、乡风文明、治理有效、生活富裕的总要求加快推进农业农村现代化。在实施乡村振兴战略中，2018年起实施农村人居环境整治三年行动，深入学习推广浙江“千村示范、万村整治”工程经验，全面推动以农村垃圾污水治理、厕所革命和村容村貌提升为重点的农村人居环境整治。70年来，在国家支持、统筹和农民参与下，农业农村现代化有序推进，农田水利、农村道路、

① 《审议〈中国共产党机构编制工作条例〉和〈中国共产党农村工作条例〉》，《人民日报》2019年6月25日。

农村电网、农村教育、农村卫生事业实现快速发展，农民生产生活条件显著改善。

发挥社会主义制度优势，组织动员全社会力量开展扶贫工作，解决贫困地区农民的民生和农业农村发展问题。解决贫困问题是社会主义的本质要求，是促进共同富裕的重要举措。自 1982 年起，我国在甘肃河西、定西和宁夏西海固（简称“三西”地区）开始扶贫开发，以后规模逐步扩大。1994 年起开始实施《国家八七扶贫攻坚计划（1994—2000 年）》，用七年解决 8000 万农村贫困人口的绝对贫困问题。2001 年起实施《中国农村扶贫开发纲要（2001—2010 年）》，要求尽快解决少数贫困人口温饱问题，同时使贫困地区基本生产生活条件和贫困人口综合素质得到改善和提高。党的十八大以来，我们党实施脱贫攻坚战，进行精准扶贫。2017 年 10 月 25 日，习近平总书记在十九届中共中央政治局常委同中外记者见面时强调，“2020 年，我们将全面建成小康社会。全面建成小康社会，一个不能少；共同富裕路上，一个不能掉队”。① 中国发挥社会主义制度优势，组织动员全社会力量，实施脱贫攻坚战，创造了解决贫困的中国方案，成效举世瞩目，书写了人类反贫困斗争史的新篇章。

三、发挥农民的创造精神，不断解放和发展生产力

解决好“三农”问题，必须发挥好农民的主体作用。中国共产党不仅从政治、经济、文化诸方面保障农民的主体地位，还在此基础上注重发挥农民的创造精神。

发挥农民的创造精神，促进农业农村的发展。新中国 70 年农业农村发展的历程，也是农民创造精神不断得以发扬的历程。新中国成立后，我们党注重农民的经验技术总结，涌现出一大批农民育种家，如洪春利、洪群英选育出中国第一个水稻矮秆品种②，李登海选育的紧凑型杂交玉米

---

① 《人民日报》2017 年 10 月 26 日，第 2 版。

② 《当代中国的农作物业》，中国社会科学出版社 1988 年版，第 86 页。

曾创世界夏玉米单产最高纪录[①]。改革开放以来，我国农民群众发挥“踏遍千山万水、吃遍千辛万苦、说尽千言万语、历尽千难万险”精神，走出了中国特色的农村工业化、农村城镇化之路。进入新时代，在党的领导下，农民群众因地制宜创造多种乡村发展模式，把优秀传统乡村文化传承与农村经济社会发展有机结合，把“绿水青山就是金山银山”理念贯彻到乡村生产生活中，促进了美丽乡村建设，提升了乡村资源价值，拓展了乡村发展功能和乡村发展空间，在实践中把美丽乡村建设与农业强、农民富有机统一起来。

发挥农民的创造精神，促进经营制度创新完善。我国农村人多地少、人均耕地规模小的资源状况给我们党解决“三农”问题提出了挑战，即一方面要朝着农业现代化必然要求的组织化方向发展，另一方面要尊重农业的特性和农民的选择。党的十一届三中全会以来，农村改革率先成功实现突破，尊重农民的首创精神，把农民首创的包产到户、包干到户的做法加以总结推广，形成并明确了以家庭承包为基础、统分结合的农村基本经营制度。基于这样一种制度，在探索小农户与大市场对接过程中，又创造了农业产业化经营和多种形式的合作经济发展模式，探索形成了有中国特色的农村经营制度，解放和发展了农村社会生产力。

发挥农民的创造精神，促进社会治理机制的完善。新中国成立 70 年来，在中国共产党的领导下，农民群众在改革开放初期创造了村民自治制度，并在实践中不断加以完善。1982 年，村民委员会制度被写入宪法；1987 年 11 月 24 日，六届全国人大常委会第二十三次会议审议通过《中华人民共和国村民委员会组织法（试行）》；1998 年 11 月 4 日，九届全国人大常委会第五次会议通过《中华人民共和国村民委员会组织法》；2010 年 10 月 28 日，十一届全国人大常委会第十七次会议又对其进行修订。在实践中，农民群众因地制宜创造了多种社会治理模式，促进我国农村社会朝着治理有效的目标发展。

① 《中宣部向全社会公开发布“时代楷模”李文祥和李登海》，新华网，2015 年 9 月 25 日，http://www.xinhuanet.com/politics/2015-09/25/c_1116676943.htm。

四、发挥国家强大经济实力的支撑作用，引领“三农”向现代化迈进

以工业化为重要标志的现代化的发展，为解决“三农”问题提供了强大支撑。综观一些工业化国家发展的历程，在工业化初始阶段，农业支持工业、为工业提供积累是带有普遍性的趋向；但在工业化达到相当程度以后，工业反哺农业、城市支持农村，实现工业与农业、城市与农村协调发展，也是带有普遍性的趋向。[①]随着国家工业化的发展和经济实力的增强，我国逐步加大了对“三农”的支持力度，农业和农村的现代化水平快速提升，“三农”的发展空间得到拓展。

中国共产党始终重视对“三农”的投入。早在工业化进程初期，毛泽东同志在《论十大关系》中指出：“苏联的办法把农民挖得很苦。他们采取所谓义务交售制等项办法，把农民生产的东西拿走太多，给的代价又极低。他们这样来积累资金，使农民的生产积极性受到极大的损害。”[②]进入工业化中期，我国一方面取消农业税，一方面实施农业直接补贴和公共财政覆盖农村政策，农民群众的生产积极性得到极大提升。

在国家工业化发展和经济实力增强的条件下，我们党探索出有利于破解“三农”问题的一二三产业融合发展和城乡融合发展之路。消灭工农城乡差别是中国共产党努力奋斗的目标，为此，除根据工业化发展阶段实施发展农用工业、发展装备农业、工农比价等政策外，我们党还从经济社会组织等方面进行探索，在 20 世纪 50 年代提出并建立工农商学兵结合的农村社区组织，在改革开放初期开启发展农村工业和促进城镇化的进程，在世纪之交提出打破城乡二元结构。随着工业化、城镇化的发展，2018 年全国常住人口城镇化率达 59.58%。农民在城镇就业创业，突破了就“三农”解决“三农”问题的发展路径，拓展了农民的发展空间。党的十八大以来，以习近平同志为核心的党中央提出促进一二三产业融

① 参见《胡锦涛文选》第 2 卷，人民出版社 2016 年版，第 247 页。
② 《毛泽东文集》第 7 卷，人民出版社 1999 年版，第 29—30 页。

合发展和城乡融合发展，从理念和实践上突破了城乡二元发展模式，形成了促进农业强、农民富、农村美的长效机制。

［原载《光明日报》2019年10月16日，第11版
发表时题为《新中国70年“三农”事业的探索与发展》］

建国以来毛泽东的惠农思想

沈雁昕

近些年来，中央为解决“三农”问题，采取了一系列惠农的重大方针政策和有效措施，使农业和农村发展呈现出良好的态势，农民生活不断改善。以改善农民民生为重要内容的惠农问题，事实上毛泽东很早就有论及。新中国成立以来，在破解“三农”难题的不懈探索中，毛泽东对事关农民利益的诸多问题，给予了极大关注，逐步形成惠农思想。惠农思想是毛泽东农业思想的重要组成部分，今天，系统地对这一思想进行考察，有助于我们深入理解毛泽东关于新中国农业发展的战略构想，这对于新时期如何更好地实现惠农，如何建设社会主义新农村，乃至如何引导农民走中国特色社会主义道路，都有重要的启示。本文试从惠农问题的重要性、惠农的基本原则和惠农的政策措施三个方面阐述毛泽东的惠农思想。

一

关于惠农，毛泽东着重强调的是：发展生产，减轻民负，改善农民生活，使农民群众共同富裕起来。1952 年 10 月 14 日，陈云将一份关于江苏省青浦县小蒸乡农民情况的调查报告报送毛泽东，该报告反映由于农业歉收、征粮过重和人多地少，农民生活普遍困难。15 日，毛泽东写信给华东局第三书记谭震林，要求认真解决此事。1955 年 10 月 11 日，毛泽东在中国共产党第七届中央委员会扩大的第六次全体会议上讲话，他说："要巩固工农联盟，我们就得领导农民走社会主义道路，使农民群众共同富裕起来，穷的要富裕，所有农民都要富裕，并且富裕的程度要大大地超过现在的富裕农民。"①

毛泽东之所以强调惠农，首先是由我们党的宗旨和农民所处的地位及所起的作用决定的。为最广大群众谋利益，是党的工作的出发点和归宿，中国是个农业大国，中国主要人口是农民，因此惠农意义重大。毛泽东指出："农民的情况如何，对于我国经济的发展和政权的巩固，关系极大。"②"革命靠了农民的援助才取得了胜利，国家工业化又要靠农民的援助才能成功"③。应该多给农民一些利益。1956 年 4 月 28 日，在中共中央政治局扩大会议上，毛泽东做总结讲话，关于利益分配问题，他说："个人和集体的利益分配问题。我同意这样一种意见，即农业总收入的百分之六十到七十应该归社员，百分之三十到四十归合作社和国家，其中包括合作社的公益金、公积金、生产费、管理费和各种杂费，包括国家的公粮和公粮附加。合作社和国家顶多占百分之四十，最好只占百分之三十，让农民多分一点。"④

毛泽东之所以强调惠农，还是由农业的基础地位决定的。农业是基础，要惠农就必须发展农业。1957 年 1 月 21 日，在省市自治区党委书记会议上，他从六个方面阐释农业的基础地位，这六个方面是：（1）农业关系到五亿农村人口的吃饭问题，农业搞好了，五亿人口就稳定了；（2）农业也关系到城市和工矿区人口的吃饭问题，商品性的农产品发展了，才能供应工业人口的需要，才能发展工业；（3）农业是轻工业原料的主要来源，农村是轻工业的重要市场；（4）农村又是重工业的重要市场；（5）现在出口物资主要是农产品，农产品变成外汇，就可以进口各种工业设备；（6）农业是积累的重要来源，农业发展了，就可以为发展工业

---

① 《毛泽东著作专题摘编》（上），中央文献出版社 2003 年版，第 838 页。

② 《毛泽东文集》第 7 卷，人民出版社 1999 年版，第 219 页。

③ 《毛泽东文集》第 6 卷，人民出版社 1999 年版，第 79—80 页。

④ 《毛泽东文集》第 7 卷，人民出版社 1999 年版，第 52—53 页。

提供更多资金。[①]

毛泽东之所以强调惠农，也是借鉴了苏联工业化的经验。1933年至1956年，苏联在工业化进程中，收购农产品的一项主要办法是义务交售制，规定集体农庄和个体农户每年必须按照国家规定的义务交售的数量和价格向国家提供农产品。毛泽东反对像苏联那样把农民挖得过苦，他说：苏联采取“所谓义务交售制等项办法，把农民生产的东西拿走太多，给的代价又极低。他们这样来积累资金，使农民的生产积极性受到极大的损害。”[②]毛泽东形象地打了个比喻：“你要母鸡多生蛋，又不给它米吃，又要马儿跑得好，又要马儿不吃草。世界上哪有这样的道理？”[③]因而必须给农民更多的利益。

二

毛泽东重视农民利益，关心农民生活，他所提倡的惠农，主张“让农民多分一点”[④]，是以“兼顾国家、集体和个人三个方面”[⑤]为基础的，是从新中国社会主义发展的战略大局来思考惠农问题，他的惠农思想与他对于新中国社会主义发展战略问题的思考密切相连，并由此决定了惠农的如下基本原则：

（一）既施“小仁政”，更施“大仁政”：把重工业作为我国建设的重点

新中国成立后，根据中国所处的国际环境（受到以美国为首的帝国主义国家的包围和侵略威胁）和国内实际状况（几乎没有重工业，交通运输极不发达，轻工业虽有一些，开工还不足，而且得不到新装备的补充和改造），毛泽东和中国共产党选择了优先发展重工业的方针，同时，

---

① 参见《毛泽东文集》第7卷，人民出版社1999年版，第199—200页。

② 同上书，第29—30页。

③ 同上书，第30页。

④ 同上书，第53页。

⑤ 同上书，第28页。

鉴于中国是一个落后的农业大国，优先发展重工业所需资金，只能主要取自农业积累。但对此，当时党内外都有不同意见，有人提出：由于建设重点在工业，“生活之差，工人九天，农民九地”[①]。1953年9月12日，针对这一说法，毛泽东在中央人民政府委员会第二十四次会议上发表讲话，强调和阐释了如何“施仁政”的问题，他说：说到“施仁政”，我们是要施仁政的。“所谓仁政有两种：一种是为人民的当前利益，另一种是为人民的长远利益，例如抗美援朝，建设重工业。前一种是小仁政，后一种是大仁政。两者必须兼顾，不兼顾是错误的。那末重点放在什么地方呢！重点应当放在大仁政上。现在，我们施仁政的重点应当放在建设重工业上，要建设，就要资金。所以，人民的生活虽然要改善，但一时又不能改善很多。就是说，人民生活不可不改善，不可多改善；不可不照顾，不可多照顾。照顾小仁政，妨碍大仁政，这是施仁政的偏向。”[②]显而易见，毛泽东从“大仁政”与“小仁政”、“当前利益”与“长远利益”的辩证关系入手，来阐释为什么要惠农就必须重点建设重工业。该讲话出发点和着眼点在惠农，中心在重点发展重工业。实际上，毛泽东阐述了惠农的一个基本原则——把重工业作为我国建设的重点。

为什么要惠农必须重点建设重工业呢！这主要因为：一方面，工业的发展是惠农的基础。社会主义工业化就是要使中国由工业不发达的国家变成工业发达的国家。“只有工业发达了，国家才能多造新农具和农业机器来帮助农民发展大规模的社会主义农业生产合作社（即集体农场），才能多修铁路公路把城市和农村联接起来，才能多修水利来发展农业，才能用大量的便宜的化学肥料、杀虫药剂、药品、糖、布匹、自行车、收音机、电影等各种日用东西来供给农民。”[③]另一方面，重点建设重工业并不是不发展农业，而是必须工农业并举。因为只有如此，工业才有原料和市场，才有可能为建立强大的重工业积累较多的资金。[④]具体而言：

---

① 《梁漱溟在一届全国政协常委会第四十九次（扩大）会议上的发言草稿》（1953年9月11日），《梁漱溟全集》第7卷，山东人民出版社1993年版，第6页。

② 《毛泽东著作专题摘编》（上），中央文献出版社2003年版，第988—989页。

③ 《建国以来毛泽东文稿》第4册，中央文献出版社1990年版，第380页。

④ 《建国以来毛泽东文稿》第6册，中央文献出版社1992年版，第356页。

第一，“如果没有足够的粮食和其他生活必需品，首先就不能养活工人”[①]，发展重工业也就根本无从谈起。第二，为了完成国家工业化和农业技术改造所需要的大量资金，其中有一个相当大的部分是要从农业方面积累起来的。积累的方式，除了直接的农业税之外，还有通过轻工业生产的大量生活资料同农民生产的商品粮和轻工业原料相交换。[②]第三，重工业是以农业为重要市场的。只有随着农业的技术改革逐步发展，农业日益现代化，为农业服务的机械、肥料、水利建设、电力建设、运输建设、民用燃料、民用建筑材料等的需求才能日益增多，才能进一步促进重工业的发展。[③]正因如此，毛泽东强调：我们对于工业和农业，决不可以分割起来和互相孤立起来去看，决不可以只强调一方面，减弱另一方面。在他看来，中国的发展应当是：“在以重工业为中心任务的条件下，实行工业与农业同时并举，逐步建立现代化的工业与现代化的农业。”[④]“随着国家工业化的发展，有步骤地积极地实行农业机械化。”[⑤]

在正确处理工业与农业的关系的同时，还有个如何巩固工农联盟的问题。针对“工人九天、农民九地”的议论，毛泽东指出：“由于我国被帝国主义者和他们的代理人压迫剥削了一百多年，变成一个很穷的国家，不但农民的生活水平低，工人和知识分子的生活水平也都还低。要有几十年时间，经过艰苦的努力，才能将全体人民的生活水平逐步提高起来。这样说‘苦’就恰当了。”毛泽东反对简单地拿农民每人每年平均所得和工人每人每年平均所得相比较，说一个低了，一个高了。他认为这不适当，他说：如果说解放以来，农民生活没有改善，单单改善了工人的生活，这就不对了。“其实，工人农民的生活，除极少数人以外，都已经有了一些改善。解放以来，农民免除了地主的剥削，生产逐年发展。”[⑥]“工人的劳动生产率比农民高得多，而农民的生活费用比城市工人又省得多，

---

① 《毛泽东文集》第7卷，人民出版社1999年版，第24页。

② 参见《建国以来毛泽东文稿》第5册，中央文献出版社1991年版，第250页。

③ 同上书，第356页。

④ 同上书，第594页。

⑤ 同上书，第605页。

⑥ 《毛泽东文集》第7卷，人民出版社1999年版，第222页。

所以不能说工人特别得到国家的优待。”[①]

（二）既行“小惠农”，更行“大惠农”：要引导农民通过合作化走社会主义道路

1953年10月15日、11月4日，毛泽东在第三次农业互助合作会议前和会议结束前夕，同中共中央农村工作部副部长陈伯达、廖鲁言进行了两次谈话。毛泽东明确提出对农民究竟是行“小惠”还是行“大惠”的问题。他说：“搞农贷，发救济粮，依率计征，依法减免，兴修小型水利，打井开渠，深耕密植，合理施肥，推广新式步犁、水车、喷雾器、农药，反对‘五多’等等，这些都是好事。”但是“只在小农经济基础上搞这一套，那就是对农民行小惠。”[②]毛泽东接着指出：“这些好事跟总路线、社会主义联系起来，那就不同了，就不是小惠了。必须搞社会主义，使这些好事与社会主义联系起来。”[③]在这里，毛泽东阐述了惠农的另一条基本原则——引导农民通过合作化走社会主义道路。这一原则包括以下四个方面的涵义：

第一，社会主义道路是我国农业唯一道路[④]。要惠农，为什么必须走社会主义道路？一是走资本主义道路不行。虽然资本主义道路，也可增产，但时间要长，而且是痛苦的道路。二是继续维持个体经济也不行。“个体农民，增产有限”[⑤]，而如果走社会主义合作化的道路，则“因为大家劳动，力量大，单干办不到的事，互助组能够办得到，互助组办不到的事，合作社能够办得到，……走一步就能使生产发展一步，生活提高一步”[⑥]。因而，毛泽东指出：“就农业来说，只有在农村中一步一步地实行社会主义的制度，才能使农业生产和农民生活一步一步地和普遍地获

① 《毛泽东文集》第7卷，人民出版社1999年版，第222页。

② 《毛泽东文集》第6卷，人民出版社1999年版，第302页。

③ 同上书，第302页。

④ 参见《毛泽东在中共中央政治局会议上的讲话》（1953年6月15日），《党的文献》2003年第4期。

⑤ 《毛泽东文集》第6卷，人民出版社1999年版，第299页。

⑥ 《建国以来毛泽东文稿》第4册，中央文献出版社1990年版，第381页。

得提高。”[①]

第二，必须将合作化道路与农业技术革命密切结合，在发展生产基础上改善农民生活。惠农与农业增产密切相连，毛泽东看到：在农村，有计划地大量增产的要求和小农经济分散私有的性质以及农业技术的落后性质之间的矛盾，是两个带根本性质的矛盾。他认为：解决矛盾的第一个方针，就是农业合作化；第二个方针，就是实行技术革命，在农业中逐步使用机器和实行其他技术改革。从而毛泽东提出要“在合作化的基础上适当地进行各种可能的技术改革”，以及将来工业发展以后“在农业中实行大规模的机械化”的规划，以根本解决农业增产与农民增收问题。[②]

第三，必须用合作化防止“两极分化”的出现。要惠农，就决不能搞“两极分化”，要防止和克服农村中出现“富农的资本主义所有制和像汪洋大海一样的个体农民的所有制”，要防止出现“农村中向两极分化的现象”日渐严重的趋势。毛泽东认为：一旦出现两极分化，“失去土地的农民和继续处于贫困地位的农民将要埋怨我们，他们将说我们见死不救，不去帮助他们解决困难。向资本主义方向发展的那些富裕中农也将对我们不满，因为我们如果不想走资本主义的道路的话，就永远不能满足这些农民的要求”。因而，要解决这个问题，就必须实现合作化，“在农村中消灭富农经济制度和个体经济制度，使全体农村人民共同富裕起来”。唯有如此，工农联盟才能获得巩固。进而，毛泽东告诫全党：“如果我们不这样做，这个联盟就有被破坏的危险。”[③]

第四，要以能否实现农民增收和农业增产作为农业合作化成败的关键。在农民增收问题上，毛泽东指出：“我们要尽可能使农民能够在正常年景下，从增加生产中逐年增加个人收入。”[④]他说：“除了遇到特大自然灾害以外，我们必须在增加农业生产的基础上，争取百分之九十的社员每年的收入比前一年有所增加，百分之十的社员的收入能够不增不减，

---

① 《建国以来毛泽东文稿》第4册，中央文献出版社1990年版，第379页。

② 参见同上书，第497—498页。

③ 《毛泽东文集》第6卷，人民出版社1999年版，第437页。

④ 《毛泽东文集》第7卷，人民出版社1999年版，第221页。

如有减少，也要及早想办法加以解决。”[①]要“使农村中没有了贫农，使全体农民达到中农和中农以上的生活水平”，这样才能“使农业得到发展，使合作社得到巩固”[②]。在与农民增收密切相关的增产问题上，毛泽东多次强调：“农业生产合作社，在生产上，必须比较单干户和互助组增加农作物的产量。决不能老是等于单干户或互助组的产量，如果这样就失败了，何必要合作社呢？更不能减低产量。”[③]

（三）从实际出发，既照顾小农经济特点，又进行必要的经济工作和政治工作

1959年3月，毛泽东在《党内通信》中号召全国的公社党委书记同志们：“一定要每日每时关心群众利益，时刻想到自己的政策措施一定要适合当前群众的觉悟水平和当前群众的迫切要求。凡是违背这两条的，一定行不通，一定要失败。”[④]这段讲话，毛泽东从工作方法和领导方法出发，道出了惠农的又一个基本原则：一切从实际出发。

从实际出发施行惠农，首先必须正确了解中国的农民。毛泽东指出：“农民是我们的朋友，我们应该知道他们的优点——这是他们基本的一面，同时也应该知道他们的缺点”，“他们是劳动者又是小私有者”，只有清醒地了解“这样两方面的情况，了解他们有保守性、但是他们的这种保守性又是可以被说服而加以改变的这样两方面的情况，才好帮助、教育他们，领导他们”[⑤]。只有对农民作出准确的认识，才能正确地领导和帮助他们。

从实际出发施行惠农，必须要照顾小农经济特点。这里的“照顾小农经济特点”，就是毛泽东所指出的：不要对农民干涉太多，要废止各项主观主义的和命令主义的办法。[⑥]他说：不顾需要和可能、不切实际、主

---

① 《毛泽东文集》第7卷，人民出版社1999年版，第30页。

② 同上书，第222页。

③ 《毛泽东文集》第6卷，人民出版社1999年版，第426页。

④ 《毛泽东文集》第8卷，人民出版社1999年版，第33页。

⑤ 《建国以来毛泽东文稿》第5册，中央文献出版社1991年版，第414页。

⑥ 参见《建国以来毛泽东文稿》第4册，中央文献出版社1990年版，第253页。

观主义的计划，或者计划虽合实际，但用命令主义的方法去做，那就是干涉过多。主观主义、命令主义，一万年也是要不得的。不仅是对于分散的小农经济要不得，就是对于合作社也是要不得的。稳步不前，右了，超过实际可能办到的程度勉强去办，“左”了，这都是主观主义。冒进是错误的，可办的不办也是错误的，强迫解散更是错误的。①1953 年 6 月 24 日，毛泽东在审阅《中央转发莱阳地委关于物资供应工作总结报告》时，以推销农具、肥料为例强调惠农工作方法的重要性，他说：“推销农具、肥料等工作中的强迫命令和形式主义，是必须反对的。”强迫群众接受，就会把好事办成坏事，“这是必须反对的”。一切对群众有利的，可用的，能为群众所接受的事情，必须积极地去办。“办法不对，要改办法。”②

从实际出发施行惠农，必须进行必要的经济工作和政治工作。干涉过多、主观主义的和命令主义的办法固然必须废止，小农经济的特点固然需要照顾，但是，又“不能把需要做、可能做的事，做法又不是命令主义的，也叫做干涉过多”③。党和政府必须按照农民和国家的需要和可能，进行必要的经济工作和政治工作，以适当地和有力地指导农业生产。④这里所说的经济工作，主要就是指“利用商品生产来团结几亿农民”⑤。对此，毛泽东举了个生动的例子，他说：“把陕西的核桃拿来吃了，一个钱不给，陕西的农民肯干吗？把七里营的棉花无代价地调出来，会马上打破脑袋。这是不认识五亿农民，不懂得无产阶级对农民应该采取什么态度。”⑥而相对经济工作而言，政治工作则更显重要，在毛泽东看来，“政治工作是一切经济工作的生命线”⑦。其基本任务是“向农民群众不断地灌输社会主义思想”⑧，要“提倡以集体利益和个人利益相结合的原则为一切言论行动的标准的社会主义精神”，要“反对自私自利的资本主

① 参见《毛泽东文集》第 6 卷，人民出版社 1999 年版，第 303 页。
② 参见《建国以来毛泽东文稿》第 4 册，中央文献出版社 1990 年版，第 254 页。
③《毛泽东文集》第 6 卷，人民出版社 1999 年版，第 303 页。
④ 参见《建国以来毛泽东文稿》第 4 册，中央文献出版社 1990 年版，第 253 页。
⑤《毛泽东文集》第 7 卷，人民出版社 1999 年版，第 437 页。
⑥ 同上书，第 438 页。
⑦《建国以来毛泽东文稿》第 5 册，中央文献出版社 1991 年版，第 497 页。
⑧ 同上书，第 503 页。

义的自发倾向"[①]。这项工作很艰巨，"必须根据农民的生活经验，很具体地很细致地去做，不能采用粗暴的态度和简单的方法。它是要结合着经济工作一道去做的，不能孤立地去做"[②]。

总之，从实际出发，既照顾小农经济特点，又进行必要的经济工作和政治工作。这是农村工作的基本工作方法和领导方法，事关党的各项农业政策的贯彻落实，事关惠农措施的施行，事关干群关系的好坏，意义重大。

三

我们党在新中国农业建设中，在毛泽东思想的指引下，因地制宜地从农村实际出发，探索出许多具体政策和措施。这些政策和措施，经农村反复实践，对于发展生产、改善农民生活，发挥了至关重要的作用。主要包括：

（一）大力发展农业生产，按"八字宪法"办事

大力发展农业生产是惠农的前提。为发展农业生产，新中国成立后，毛泽东和我们党领导广大人民全面推行农业增产措施，并在总结农民群众生产经验和进行科学研究的基础上，不断对农业增产规律进行理论概括，最终提出了农业"八字宪法"。"八字宪法"的提出是一个不断探索的过程：1955 年 7 月，毛泽东在《关于农业合作化问题》中指出：要增加农作物的产量，就必须提高耕作技术（深耕细作、小株密植、增加复种面积、采用良种、推广新式农具、同病虫害作斗争等）；增加生产资料（土地，肥料，水利，牲畜，农具等）。这段论述初步涉及了后来所提"八字宪法"的主要内容。1956 年 1 月，中共中央政治局提出了《一九五六年到一九六七年全国农业发展纲要（草案）》，进一步总结指出："增产措施的项目，主要是：（1）兴修水利，保持水土。（2）推

① 《毛泽东文集》第 6 卷，人民出版社 1999 年版，第 450 页。

② 同上。

广新式农具，逐步实行农业机械化。（3）积极利用一切可能的条件开辟肥料来源，改进使用肥料的方法。（4）推广优良品种。（5）改良土壤。（6）扩大复种面积。（7）多种高产作物。（8）改进耕作方法。（9）消灭虫害和病害。（10）开垦荒地，扩大耕地面积。”[①] 这就有了“八字宪法”的雏形。1958 年，毛泽东主持中央会议，制定农业增产的八项措施，对农业生产的基本要素和综合作用作出精辟概括。这八项措施是：土、肥、水、种、密、保、管、工，简称为农业“八字宪法”。具体而言：土，即土地深耕、土壤改良、土壤普查和土地规划；肥，即合理施肥，既要注重使用化肥，又要注意到化肥对土壤有破坏作用，施肥应以自然肥为主；水，即发展水利与合理用水；种，即推广使用良种；密，即合理密植，充分利用空气和阳光；保，即农作物、植物保护，防治病虫害；管，即田间管理；工，即农业工具更新和改革。至此，农业“八字宪法”成为我国农业生产长期的基本方针，卓有成效地促进了我国农业生产的发展。

（二）加强基本设施建设，特别是水利建设，提高防御灾害的能力，实现持续稳定增产

加强农业基本设施建设是惠农的重要内容，新中国成立后，我们党实施的重要举措主要有：水利建设、绿化荒山和村庄、按规格修建各种道路、建立有线广播网、完成乡和大型合作社的电话网等等，在众多的农业基本设施建设中，毛泽东对水利建设极为重视，他认为：首先，水利是农业的命脉，是保证农业增产的大事。只有兴修水利，才能保证遇旱有水，遇涝排水，进而解决几千年不能根治的水灾、旱灾问题。其次，水利建设是功在当代、利在千秋的大事。从短期看，单用价值规律衡量水利建设，似乎并不合算，但是，“从长远来看，粮食可以增加得更多更快，农业生产可以稳定增产。那末，每个单位产品的价值也就更便宜，人民对粮食的需要也就更能够得到满足”[②]。关于如何兴修水利，毛泽东有着全面的规划，即由国家负责兴修大型水利工程，治理为害严重的河流；

---

① 《建国以来重要文献选编》第 8 册，中央文献出版社 1994 年版，第 51 页。

② 《毛泽东文集》第 8 卷，人民出版社 1999 年版，第 127 页。

而诸如打井、开渠、挖塘、筑坝、水土保持等小型水利工程，则由农业生产合作社负责兴修，必要的时候由国家予以协助。[①] 他提议每县都应做出一个适当的水利规划，发挥群众的力量，同流域规划相结合，大量地兴修小型水利，实现农田水利化。新中国成立以来，毛泽东视察过黄河、长江等大江大河，发出了“一定要把淮河的事情办好”等号召，把治水害，兴水利纳入安邦治国大计实施，一大批防洪灌溉发电等多功能的水利工程，发挥了防灾抗灾减灾作用，促进了农业和其他经济的发展，保证了人民生命财产安全，为持续稳定增产打下了基础。

（三）以粮为纲，多种经营

毛泽东时刻把农业放在经济工作的重要地位，提出了以粮为纲，农林牧副渔全面发展的农业战略，为惠农提供了重要保证。

首先，农业生产要以粮为纲，全面发展。毛泽东认为农业是国民经济的基础，而粮食生产是重中之重，他强调：“不抓粮食很危险，不抓粮食，总有一天要天下大乱。”[②] 粮食又是发展工业的基础，因为无论是从保证工人必需的生活用品、为轻工业提供必要的原料，还是从发展商业和增加出口来说，都有赖于粮食生产的发展。只有粮食充裕，才能市场稳定，才能满足人民生活需要，才能实现社会稳定、国家长治久安。

其次，农、林、牧、副、渔五业必须共同发展。农业生产包括粮食作物生产和经济作物生产，当然，只有首先发展粮食生产，林、牧、副、渔各业才能得到发展；但同时，“以粮为纲”绝不是只抓粮食，忽视其他各业，毛泽东多次提醒注意粮食、猪肉、鸡蛋、蔬菜等问题，不要因集中搞粮，忽略了副业和经济作物，在七千人大会上，他把农业内部各个分业部门列出粮、棉、油、麻、丝、茶、糖、菜、烟、果、药、杂等 12 项，并提出有林业、畜牧业等等；此外，毛泽东还极具前瞻性地提出要充分发挥人民群众无限的创造力，“组织起来，向一切可以发挥自己力量的地方和部门进军，向生产的深度和广度进军，替自己创造日益增多的

---

① 参见《建国以来毛泽东文稿》第 6 册，中央文献出版社 1992 年版，第 4 页。

② 《毛泽东文集》第 7 卷，人民出版社 1999 年版，第 199 页。

福利事业。”①

（四）调整城乡关系、巩固工农联盟

缩小城乡差距是惠农的重要方面。新中国成立以来，毛泽东非常重视城乡关系的调整，他多角度反复强调要调整城乡关系。

首先，调整城乡关系是重点建设重工业的需要。新中国建设重工业的资金主要取自农业积累，城乡关系能否妥善得以调整将直接影响重工业建设成效，毛泽东呼吁全党高度重视这个问题，不能使农民生活过于艰难。因而，在工农业品交换方式上，他主张采取缩小剪刀差，等价交换或者近乎等价交换的政策；在向农民供应工业品方面，他主张采取薄利多销、稳定物价或适当降价的政策；在统购农产品方面，他主张按照正常的价格，保证农民不吃亏，并且收购的价格要逐步有所增长；在农业税的征收上，他主张兼顾国家和农民的利益，征收较轻的农业税；在向缺粮区农民供应粮食方面，他主张一般略有补贴。

其次，调整城乡关系有助于巩固工农联盟。只有工人在城市里建设，农民在农村里建设，农民和工人一面合作，一面比赛，把农村改造得和城市差不多，这样才能形成巩固的工农联盟。否则，“所谓工农联盟，就不能发展和巩固，而且有使已经建立的工农联盟归于破裂的危险”②。

最后，调整城乡关系有利于农业长期稳定发展。毛泽东预计：从长远看，随着农业机械化发展，农业人口必将减少，如果让减少下来的农业人口，都拥进城市，造成城市人口过分膨胀，就十分不利。要防止这一情况的产生，就要注意在平时调整城乡关系，“要使农村的生活水平和城市的生活水平大致一样，或者还好一些。”③

（五）提高农民素质，改善农民生活条件

新中国成立后，为提高农民素质，改善农民生活，我们党提出并实行了许多意义深远的重要措施，主要有：

① 《毛泽东文集》第 6 卷，人民出版社 1999 年版，第 457 页。

② 《建国以来毛泽东文稿》第 4 册，中央文献出版社 1990 年版，第 380 页。

③ 《毛泽东文集》第 8 卷，人民出版社 1999 年版，第 128 页。

第一，在农村基本扫除文盲。毛泽东关于在农村扫除文盲的主要思路是：依靠合作社集体的力量，由农民自己组织学文化。第一步，为记工的需要，学习本村本乡的人名、地名、工具名、农活名和一些必要的语汇，大约两三百字；第二步，再学进一步的文字和语汇。[①] 他呼吁合作社要重视扫盲问题，并要求在中央文化教育机关指导下，各省（市、区）教育机关编写通常应用的课本、继续提高的课本，帮助农民逐步提高文化素质。1955 年 11 月，毛泽东满怀信心地提出："在七年内，基本上扫除文盲，每人必须认识一千五百到二千个字"[②]。

第二，加强农民的技术学习。为提高农民劳动技能，毛泽东提议办技术夜校或农业学校。在办学方式上，他主张夜校和农校主要由乡来办，由青年团负责管理，教员可就地选拔，边教边学。毛泽东尤其重视发挥合作社的作用，主张技术学校同当地的农业合作社订立参加劳动的合同，派教师住到合作社，并由合作社保送一部分合于条件的人入学。[③]

第三，把医疗卫生工作的重点放到农村。中国绝大多数人口在农村，因而卫生工作必须为农村服务，毛泽东指出："不为农村服务，还叫什么为人民服务？"[④] 他严肃批评卫生工作一度出现的脱离群众的现象，批评卫生工作对多发病、常见病的防预和治疗不够注意。他说："大量的人力物力应该放在群众最需要解决的问题上去"[⑤]，"大量的应放在农村，重点在农村"[⑥]，要把医疗卫生工作的重点放到农村去。

（六）整顿干部作风，加强干部与农民群众的联系

在惠农政策措施的制订和实施过程中，干部发挥着至关重要的作用，毛泽东反复告诫全党要注意加强干部与农民群众的联系，多次倡议整顿干部作风：当征粮收税和催缴公债等项工作中出现干部强迫命令主义的

① 参见《毛泽东文集》第 6 卷，人民出版社 1999 年版，第 455 页。

② 同上书，第 510 页。

③ 参见《毛泽东文集》第 7 卷，人民出版社 1999 年版，第 360 页。

④《毛泽东著作专题摘编》（下），中央文献出版社 2003 年版，第 1656 页。

⑤《建国以来毛泽东文稿》第 13 册，中央文献出版社 1998 年版，第 110 页。

⑥《毛泽东著作专题摘编》（下），中央文献出版社 2003 年版，第 1656 页。

时候，毛泽东及时提出："整训干部已经成了极端迫切的任务"，这些作风"如不及时加以整顿，即将脱离群众"；[①] 当农村工作中的"五多"[②] 问题损害农民利益的时候，毛泽东一针见血地指出：区、乡工作中的"五多"问题必须加以改变，否则"必然要引起农民的反对，使我党脱离占全国人口百分之八十以上的农民群众，这是非常危险的"[③]；当党在工作中特别是在农村工作中出现主观主义、官僚主义、老爷作风的苗头时，毛泽东倡议："县、区、乡三级党政主要干部，凡能劳动的，每年抽一部分时间下田参加生产，从事一小部分体力劳动。县以上各级党政军主要干部（不是一般干部），凡能劳动的，也要这样做，每年以一部分时间，分别下田、下工厂、下矿山、下工地或者到其他场所，和工人农民一道从事可能胜任的一小部分体力劳动（哪怕是很少一点）。"他说："这样一来，党和群众就打成一片了"。[④]

总体来看，毛泽东的惠农思想特别是他所提出的惠农政策措施，其中许多已经在新中国农业建设的实践中得到落实、收到成效，但也有些受各方面因素的制约而无法完全实现。改革开放以来，特别是党的十六届五中全会坚持以人为本，全面协调可持续的科学发展观，提出建设社会主义新农村的重大历史任务后，农村基础设施和社会事业在统筹城乡中得到发展，农民收入实现较快增长，毛泽东早在新中国成立之初就已提出的许多惠农目标正逐步得以实现，其中一些极具前瞻性的课题，也正成为现今我们党解决"三农"难题的主攻点。毛泽东的惠农思想，对农业现代化建设，至今仍有着重要的启迪和指导意义。

［原载《现代哲学》2006 年第 5 期］

---

① 《毛泽东文集》第 6 卷，人民出版社 1999 年版，第 56 页。

② "五多"指任务多、会议集训多、公文报告表册多、组织多、积极分子兼职多。

③ 《毛泽东文集》第 6 卷，人民出版社 1999 年版，第 273 页。

④ 《毛泽东文集》第 7 卷，人民出版社 1999 年版，第 294 页。

从“吃穿用计划”到“战备计划”

——“三五”计划指导思想的转变过程

陈东林

1966年开始的发展国民经济第三个五年计划的制定和执行，标志着中华人民共和国从1953年开始的按五年计划进行的经济建设，在20世纪60年代初期由于严重经济困难局面被迫中断三年后，又重新走上了正轨。另一方面，“三五”计划制定过程中指导思想经历了由“解决吃穿用”到“以战备为中心”的变化，标志着中国经济建设实行了一个重大战略转变，其所奠定的指导方针一直影响到70年代的“四五”、“五五”计划。这个重大经济战略转变是怎样发生的？原因何在？今天我们应该如何评价这个以战备为中心的“三五”计划？通过对这些问题的研究，可以使我们深刻地了解到在中国社会主义经济建设过程中，以毛泽东为首的第一代领导人的不懈探索和深邃思考。

一、“吃穿用”计划设想的形成

“三五”计划应在1963—1967年实行，计划制订工作则应提前一二年。由于“大跃进”挫折和三年自然灾害，从1962年1月七千人大会到5月中央工作会议期间，中共中央曾设想这五年主要用来调整和恢复国民经济。后来国民经济恢复较快，毛泽东据此提出，1963—1965年这三年作为一个过渡阶段，贯彻调整方针，打下底子，从1966年起搞

“三五”计划。这个主张得到中央其他领导人的一致赞同。

1962 年 2 月 26 日，陈云在《目前财政经济的情况和克服困难的若干办法》的重要讲话中指出：“增加农业生产，解决吃、穿问题，保证市场供应，制止通货膨胀，在目前是第一位的问题”，必须“在国家计划中把这些事情摆到头等重要的位置”。3 月 7 日，他在中央财经小组会议上又说：“农业问题，市场问题，是关系五亿多农民和一亿多城市人口生活的大问题”,“为了农业、市场，其他的方面‘牺牲’一点，是完全必要的”。[①] 当陈云讲到准备采取“伤筋动骨”的办法改变重工业和基本建设的高指标时，周恩来插话说：可以写一副对联，上联是“先抓吃穿用”，下联是“实现农轻重”，横批是“综合平衡”。

1963 年初，由李富春、李先念、谭震林、薄一波等八人组成中央计划领导小组，研究编制长远国民经济计划和“三五”计划问题。2 月 20 日，李富春在讲话中指出：第三个五年的目标，集中力量解决人民的吃穿用。小组成员一致赞成这个意见，并写进了向中央报送的《关于编制长期计划工作的要点》。中共中央书记处同意了这个设想。为了加强农业，邓小平还提出：“三五”计划要建设五亿亩稳产高产农田，第二步再搞五亿亩。用于农业的总投资，可以从国家投资、群众投资、国家贷款三方面考虑，主要用于农田水利建设。他强调说，“三五”期间就是要努力解决吃穿用问题。

根据这个精神，1964 年 2—3 月，国务院召开了工交和农业长期规划会议，讨论了“三五”计划的中心任务。4 月底，国家计委在两个会议的基础上，提出了《第三个五年计划（1966—1970）的初步设想（汇报提纲）》（以下简称《初步设想》），规定这一计划的基本任务是：“一、大力发展农业，基本上解决人民的吃穿用问题；二、适当加强国防建设，努力突破尖端技术；三、与支援农业和加强国防相适应，加强基础工业，继续提高产品质量，增加产品品种，增加产量，使我国国民经济建设进一步建立在自力更生的基础上。相应地发展交通运输业、商业、文化、

① 《陈云文选》第 3 卷，人民出版社 1995 年版，第 205、210 页。

教育、科学研究事业，使国民经济有重点、按比例地向前发展。”[①] 计划将农业投资提高到总投资额的 20%，大大高于前两个五年计划的 7.1% 和 11.3%。当然，以农轻重为序并不意味着农业投资在比例上要超过重工业，而是指在制定计划时要先把农业生产及其需要安排好，然后根据农业提供的原料和市场需要，安排好轻工业的生产，最后根据农、轻工业的速度和规模，决定重工业的速度和规模。重工业投资在比例上仍然大大超过农业和轻工业。

4 月 29 日，国家计委党组向中共中央书记处汇报了《初步设想》。邓小平指示说，这次计划是按照新的方法搞的，还是以农业为基础，以工业为主导。工业搞不好，农业和国防也上不去。但是，工业还是首先为农业服务，为吃穿服务，为兼顾国防服务。方针提得好。他强调要把粮食生产搞上去，再有几年可以做到粮食不进口，以便腾出外汇进口一些新技术、新设备。国家粮食状况怎么样，这是真刀真枪。中央书记处认为，可以先将这个《初步设想》印发，以便中央工作会议讨论。

5 月 10 日至 13 日，国家计委领导小组向毛泽东汇报这一《初步设想》。李富春主讲，李先念、谭震林、陈伯达、薄一波补充。在汇报中，毛泽东的插话主要讲两方面内容：（1）要从实际出发，“只能是有多少钱办多少事，不要以我们这些人的寿命来考虑事情，要按客观规律来办事”，“建设也是有客观规律的”。（2）定计划要留有余地，“留有余地，过去讲是讲了，但没有做”，“过去我们吃过亏，把收入打得满满的，把基本建设战线拖得长长的”。[②] 毛泽东基本同意这个《初步设想》。另一方面，他对计划中把基础工业放在最后考虑，砍掉一些项目，流露出一些不安思绪。当汇报到铁路交通在“三五”计划内只能搞那么多时，毛泽东说：“酒泉和攀枝花钢铁厂还是要搞，不搞我总是不放心，打起仗来怎么办？”[③] 当谈到基础工业、交通同各方面还不适应时，毛泽东说：“没有坐稳，没有站稳，是要跌跤子的。”[④]1963 年 12 月，李富春提出过“各级

---

① 《关于第三个五年计划的文献选载》，《党的文献》1996 年第 3 期，第 10 页。

② 同上。

③ 陈东林主编：《中国共产党与三线建设》，中共党史出版社 2014 年版，第 40 页。

④ 《毛泽东年谱》第 5 卷，中央文献出版社 2013 年版，第 348—349 页。

计委必须克服屁股坐在工业上的毛病，要首先抓农业发展计划和支援农业的计划”的意见。这时，毛泽东认为：“两个拳头——农业、国防工业；一个屁股——基础工业，要摆好。要把基础工业适当搞上去；其他方面不能太多”[①]。对稳产高产农田的建设规模，毛泽东说：“已有二亿四千万亩了，再搞一亿六千万亩就是四亿亩，也很好嘛！不要套四亿五千万亩、五亿亩那个框子。”关于农业投资，毛泽东指出：要自力更生，“要像大寨那样，他也不借国家的钱，也不向国家要东西”[②]，“至于农业，我们要靠（山东曲阜）陈家庄陈玉梅、（山西昔阳）大寨陈永贵”[③]。

5月15日至6月17日，中共中央召开工作会议，讨论这个《初步设想》。5月18日，李富春作了具体安排的说明。他指出：农业方面的主要任务是建设4亿5千万亩旱涝保收农田，治理三河，保证大江、大河、大水库的安全，以粮为纲，多种经营。国防方面的主要任务是争取到1972年建立起一个小而全的国防工业体系。工业方面的主要任务是努力发展为农业和生活服务的化肥、化纤工业，增加农业和国防急迫需要的品种，发展新技术。交通方面的主要任务是加强旧线。具体指标是：农业总产值五年中平均每年增长5%，1970年粮食达到4300亿—4600亿斤，棉花3850万—4200万担。工业总产值平均每年增长10%左右，1970年钢产量达到1600万—1800万吨，煤炭2.85亿—2.95亿吨，石油1650万—1800万吨，化肥1100万—1200万吨。五年中财政总收入2800亿元，基本建设总投资1000亿元。

最后，李富春着重说明了这个计划中存在的矛盾，实际就是国防工业和基础工业投资相对不足的问题。如交通，张家口至白城子、湘黔、成昆等具有战略意义的重要铁路干线或者安排不上，或者修不通。酒泉、攀枝花这两个毛泽东特别予以重视的后方钢铁基地的建设，也只安排为“要积极准备条件”，暂不上马。

---

① 《毛泽东年谱》第5卷，中央文献出版社2013年版，第348页。

② 《六十年代三线建设决策文献选载》，《党的文献》1995年第3期，第11、14页。

③ 顾龙生编著：《毛泽东经济年谱》，中共中央党校出版社1993年版，第598页。

二、三线建设战略决策的提出

1959 年庐山会议前期，毛泽东在讲话中就曾指出，过去安排国民经济计划是重、轻、农，现在是否提农、轻、重，重工业要为轻工业、农业服务。《初步设想》的制定，正是遵循这一指导思想的。但 60 年代初期的国际环境变化，不能不对毛泽东及中央领导人的思考产生重要影响。

60 年代初期，美国在越南的侵略战争逐步升级，由出钱出物支持南越政权发展到直接派出军事人员参与，中国面临着与朝鲜战争前期某些相似的局势。此外，中国北部边境的形势也越来越严峻。苏联插手中国新疆伊犁地区民族分裂事件后，几年之中，向邻近中国边境地区派驻的军队由 10 个师近 20 万人逐渐增加到 54 个师近百万人，战略导弹直接指向中国。盘踞台湾的蒋介石政权一直在叫嚣反攻大陆，不断派出武装特务进行窜扰。西部边境自 1962 年印度军队入侵中国被击退后，局势尚未得到缓和。而当时，我国对战争万一发生的防备确实存在着问题。

1964 年 4 月 25 日，军委总参谋部作战部根据副总参谋长杨成武的指示进行调查研究后，在一份报告中认为，在国家经济建设如何防备敌人突然袭击方面，问题是很多的，有些情况还相当严重。主要是：（1）工业过于集中。14 个 100 万人口以上的大城市就集中了约 60% 的主要民用机械工业，50% 的化学工业和 52% 的国防工业。（2）大城市人口多，大部分都在沿海地区，易遭空袭，如何防空尚无有效措施。（3）主要铁路枢纽、桥梁和港口码头，多在大中城市附近，易遭轰炸破坏，缺乏应付措施。战争初期，交通可能陷于瘫痪。（4）所有水库紧急泄水能力都很小。232 个大水库中 52 个位于主要交通线附近，17 个位于 15 个重要城市附近。一旦遭到破坏，洪水将冲击北京、天津等附近，造成严重损失。报告建议国务院组织一个专案小组，采取积极措施予以解决，以防备敌人的突然袭击。外有强敌，内有隐患，这些都不能不使毛泽东感到焦虑，他终于下决心提出建议，对“三五”计划原定主要解决“吃穿用”的指导思想加以调整。

5 月 27 日，中央工作会议期间，毛泽东向刘少奇、周恩来、邓小平、李富春、彭真等人谈了自己的看法，主要是："三五"计划要考虑解决全国工业布局不平衡的问题，加强三线建设，防备敌人的入侵。他还风趣地说，如果建设攀枝花没有钱，把我们的薪水都拿去搞[①]。毛泽东的意见得到了其他中央领导同志的一致同意。5 月 28 日，在中央政治局常委、书记处书记和各中央局负责人谈"三五"计划问题的会议上，李富春、邓小平、周恩来、刘少奇先后作了拥护毛泽东的意见、调整原计划设想的讲话。

李富春说：这个计划"还有两个战略布局问题我们在计划中注意不够"，"一个是工业布局的纵深配备问题。现在是原子时代，我们整个工业的战略布局，必须要真正重视建设后方，搞纵深配备，战略展开"，"可是我们在计划中间对西南的建设就注意不够。比如铁路修建，成昆路没有安排，湘黔路只安排了一半"。[②]

周恩来在讲话中说："主席提出这个战略思想，我们从中可以引申出许多认识来。中国过去是半封建半殖民地，中国的人口也不平衡，经济发展更不平衡，以后就是要逐步走向平衡"，"现在我们要建立三线观点，同时又必须懂得一、二线怎么布局"。他批评提交讨论的《初步设想》说，"这个计划一看就看得出来，不仅成昆铁路跟张家口到白城子的铁路没有列上，就是拿整个运输力量跟整个生产量的对比来计算也能看出，交通运输方面的安排是通不过的"，"这就是说，这个布局是不完全的。基础工业上不来，怎么能够支援农业跟照顾国防呢？"周恩来总结说："这是一个平衡问题，就是农轻重、吃穿用、国防跟基础工业的平衡问题，比例关系问题。这个比例关系，我们还没有能够计算得很好。"[③]

刘少奇在讲话中强调："昨天在主席那里谈的基本的一点，就是搞四川这个第三线，现在要准备，要着手。现在不着手，耽误了时间，将来不利。要把西南这个战略方面打通。要搞成昆铁路，搞贵州的煤，搞西

① 《毛泽东年谱》第 5 卷，中央文献出版社 2013 年版，第 355 页。

② 陈东林主编：《中国共产党与三线建设》，中共党史出版社 2014 年版，第 50 页。

③ 《关于第三个五年计划的文献选载》，《党的文献》1996 年第 3 期，第 15、17 页。

昌的铁矿和钢铁厂，以这个为重点，其他的都可以慢搞。”[①]

邓小平在插话中说：“昨天主席讲，前一个时期，我们忽视利用原有的沿海基地，后来经过提醒，注意了，最近这几年又忽视屁股和后方了。”[②]

经过讨论，大家取得了一致的意见：在逐步解决吃穿用问题的同时，要加强三线基础工业的建设。鉴于国民经济经过几年调整，形势虽然有所好转，但各方面仍有不少困难，加强国防建设的重点和规模以及它同解决吃穿用的关系，必须安排得当。邓小平说：这次计划按农轻重、解决吃穿用和两个拳头、一个屁股进行安排，是建设的完整方针。攀枝花钢铁工业基地的建设，第三个五年计划打基础。

6 月 6 日，毛泽东在中央工作会议上讲话，要求改变制定计划的方法，又着重谈到要进行战备。他说：过去制定计划的方法基本上是学苏联的。这是摇计算机的办法，不符合实际，行不通。这样计算，把老天爷计算不进去。打仗计划不进去，国际援助也计划不进去。要改变计划方法，这是一个革命。[③]关于战备，毛泽东说：只要帝国主义存在，就有战争的危险。我们不是帝国主义的参谋长，不晓得它什么时候要打仗。要搞三线工业基地的建设，一二线也要搞点军事工业。各省都要有军事工业，要自己造步枪、冲锋枪、轻重机枪、迫击炮、子弹、炸药。有了这些东西，就放心了。三线建设的开展，首先要把攀枝花钢铁工业基地以及与此相联系的交通、煤、电建设起来。建设要快，但不要毛草。攀枝花搞不起来，睡不着觉。毛泽东还说：你们不搞攀枝花，我就骑着毛驴子去那里开会；没有钱，拿我的稿费去搞。[④]毛泽东的讲话激起了与会者的强烈共鸣。大家一致认为，应在加强农业生产、解决人民吃穿用的同时，迅速展开三线建设，加强战备。从此全国战备的气氛日趋浓厚。

随着对战争爆发可能性判断的加重，毛泽东的心情越来越急迫。7 月，他多次指出，北京、天津地区要搞三道防线，准备打仗；上海的工

---

① 《关于第三个五年计划的文献选载》，《党的文献》1996 年第 3 期，第 20 页。

② 《关于第三个五年计划的文献选载》，《党的文献》1996 年第 3 期，第 21 页。

③ 薄一波：《若干重大决策与事件的回顾》下卷，中共中央党校出版社 1993 年版，第 1199 页。

④ 《关于第三个五年计划的文献选载》，《党的文献》1996 年第 3 期，第 44 页。

厂要搬到山里去。1964 年 8 月初，美国制造北部湾事件，悍然大规模轰炸越南北方，将越南战争的战火燃到了中国的南部边界。严峻的国际环境，终于使毛泽东和中央领导人下决心改变原定的国民经济建设部署。起初，曾设想三线建设与解决吃穿用问题同时并举，但在“三五”计划指导思想的转变过程中，三线建设的决策和部署以更快的速度予以确立，成为当务之急和中心任务。

1964 年 8 月 17、20 日，毛泽东在中央书记处会议上两次指出，要准备帝国主义可能发动侵略战争。现在工厂都集中在大城市和沿海地区，不利于备战。各省都要建立自己的战略后方。会议决定，首先集中力量建设三线，在人力、物力、财力上给予保证。第一线能搬迁的项目要搬，明后年不能见效的项目一律缩小规模[①]。这一决定标志着国民经济建设指导思想的根本转变。此后，原定的“三五”计划《初步设想》经过逐步修改，由解决吃穿用向以战备为中心转移。

1964 年 8 月，李富春等提出建议，成立以李富春任组长，薄一波、罗瑞卿任副组长的国务院专案小组，研究备战问题，并具体提出了三线建设的初步部署意见：一切新的建设项目应摆在三线，按靠山、分散、隐蔽的方针布置；重要的工厂、高等院校、科研机构有计划地搬到三线；恢复人民防空委员会；积极修建地下铁道等。中央书记处经过研究后决定，用两个月制定具体方案，加快施行。此后，三线建设进入初期部署和实施阶段。主要地区为西南的四川、贵州、云南，西北的陕西、甘肃、宁夏、青海等省区。同时，一线部分企业的迁移，广东、山西、河南、湖北等地小三线的建设也开始逐步进行。

三线建设初期的主要项目有：四川、云南交界的攀枝花钢铁工业基地，成都至昆明的成昆铁路，以重庆为中心的常规兵器工业基地，以成都为中心的航空工业基地，以重庆至万县为中心的造船工业基地，陕西的航空工业、兵器工业基地，甘肃的航空工业基地、酒泉钢铁厂等。毛泽东十分重视攀枝花钢铁基地的建设，从立项到选址、施工多次做出指示。起初，在这个钢铁基地的选址上，发生了意见分歧，迟迟不能定案。

---

① 陈东林主编：《中国共产党与三线建设》，中共党史出版社 2014 年版，第 71—72 页。

毛泽东听取了有关的调查汇报后，毅然决定：攀枝花有铁有煤，钉子就钉在攀枝花！

在三线建设的规划中，中共中央和毛泽东形成了一系列重要的经济建设指导思想。由于近代历史的原因，中国工业的70%分布在东北和东南沿海一带，西南、西北内地十分薄弱，工业交通极不发达。毛泽东和中共中央抓住战备的契机，同时也提出了建设内地的长远战略要求。毛泽东在视察天津时询问："大三线建设，小三线建设，会不会是浪费？会不会化为水？"地方负责人回答："不会的，就是敌人不来，从经济建设上说，也是有用的。"毛泽东听了很满意。他指出："要争取快一点把后方建设起来，三五年内要把这件事情搞好。后方建设起来，敌人如果不来，也没有什么浪费。"他认为：三线是一个阵地，一、二线是一个阵地，以一、二线的生产来支援三线建设，也就是沿海工业支援内地工业，使内地工业逐步赶上沿海工业的发展水平。因此，他要求在加强三线建设的同时，做两手准备，即战备和长期建设。针对党内有些人认为大规模战争打不起来的看法，他说："他们的看法也是有些道理的，我们本来就是做两手准备的。"[①] 周恩来具体贯彻了这一思想。他指出："我们现在一方面备战，一方面还要摸长期规划，要备战和长期结合"，搞小三线，要看到长远规划，15年要全国搞成一个独立完整的经济体系。[②]

三、以战备为中心的"三五"计划

在三线建设迅速展开的同时，修订和重新编制"三五"计划的工作也随之进行，首先是计划工作方法的改变和"小计委"的成立。

毛泽东对"三五"计划《初步设想》不满意，国家计委自然负有责任。1964年8月20日，陈伯达在中央工作会议期间，给国家计委主任李富春写了一封信，认为"直到现在，苏联那一套""帮助修正主义生长的管理制度""还在束缚着许多人的手脚。现在已经到了改变这种状况的

① 《六十年代三线建设决策文献选载》,《党的文献》1995年第3期，第47、46、41页。
② 《六十年代三线建设决策文献选载》,《党的文献》1995年第3期，第39页。

时候了”。8 月 27 日，陈伯达把信抄送毛泽东，毛泽东立即批示给邓小平，要求印发中央工作会议，并在 10 月中央会议上讨论。他的批示说：陈伯达建议是“可行的”，“计划工作方法，必须在今明两年内实行改变。如果不变，就只好取消现有计委，另立机构”。

李富春看到批示后，立刻组织国家计委讨论学习。并向毛泽东、刘少奇、周恩来和邓小平汇报了他准备改进计划工作方法、编制长期计划的一些想法，拟定了《关于编制长期计划的程序问题》，提交中央讨论后，于 12 月 7 日送毛泽东审阅。

12 月 12 日，毛泽东对这个文件做出批示：“此件已阅，写的可以，是好的。但有骨头，无血肉，感到枯燥乏味，则是缺点。望你们在今后几个月内，搞出一个有骨有血有皮有毛的东西出来。要有逻辑有论证。否则仍然是形而上学的东西。”毛泽东特别尖锐地批示道：“十几年来，形而上学盛行，唯物辩证法很少人理，现在是改变的时候了。”① 从两次批示可以看出，毛泽东对国家计委的工作很不满意，他后来说，“要他们搞三线，要么就听不进去，不搞；要搞就拼命搞”。② 这样，“三五”计划已难以由原班人马领导编制修订工作了。

1965 年初，毛泽东决定成立一个专门制定计划的新班子，由石油工业部部长余秋里、副部长李人俊，浙江省委书记林乎加，北京市委书记贾庭三及陈伯达组成，称为“小计委”，超脱于国家计委之外。毛泽东要求小计委直接在周恩来领导下，不受其他副总理的干预，摆脱烦琐的日常工作，专门研究战略问题。他还逐件审阅了小计委在编制计划工作过程中报送中央的简报，称赞他们拟定的“三五”计划方针任务。后来李富春提出，为了工作的方便，请小计委的同志都担任国家计委副主任，余秋里担任第一副主任、党组书记，过渡一个阶段后接替他的国家计委主任工作。经毛泽东、周恩来批准，小计委正式主持国家计委的工作，进行“三五”计划的编制、修订工作。

6 月 16 日，毛泽东在杭州听取余秋里汇报新的“三五”计划设想

---

① 薄一波：《若干重大决策与事件的回顾》下卷，中共中央党校出版社 1993 年版，第 1206 页。

② 《六十年代三线建设决策文献选载》，《党的文献》1995 年第 3 期，第 41 页。

时指示说：计划要考虑三个因素，第一是老百姓，不要丧失民心；第二是打仗；第三是灾荒。要根据客观可能办事，还要留有余地，五年基本建设投资控制在800亿—900亿元，建设项目不要搞那么多。农轻重的次序要违反一下，吃穿用每年略有增加就好。搞农业要靠大寨精神，投资不要那么多。[①]国家计委根据毛泽东指示对"三五"计划的投资、项目和指标进行了修改和调整，7月21日，向周恩来汇报了调整修改后的"三五"计划设想。在此基础上，又分别向各大区征求了意见，回京再次修改。9月14日，国家计委向中共中央和毛泽东报送《关于第三个五年计划安排情况的汇报提纲（草稿）》（以下简称《汇报提纲》）。

《汇报提纲》在"方针、任务"中提出："三五"计划必须立足于战争，从准备大打、早打出发，积极备战，把国防建设放在第一位，加快三线建设，逐步改变工业布局。还特别指出，"三五"计划期间一定要把建设重点放在三线，否则"就会犯方针性错误"。在具体安排上，设想"三五"期间基本建设投资总额为850亿元，计划施工的大中型项目共2000个左右；预期到1970年的各项指标是：粮食4400亿—4800亿斤，钢产量1600万吨，原煤2.8亿—2.9亿吨，发电量1100亿度，原油1850万吨；工农业总产值2700亿—2750亿元，每年平均递增7%；农业递增4%—5%，工业递增8%。

与1964年5月提交中央工作会议讨论的《初步设想》相比，这个《汇报提纲》是一个"战备计划"。其特点是：指导思想由解决吃穿用转变为加强国防战备建设。整个基本建设投资中，按部门分，重工业、国防工业、交通运输共628亿元，比例占74%；农业120亿元，由原来的20%下降为14%；轻工业37.5亿元，占4.4%。按地区分，三线建设总投资为360亿元，占42%。原来没有安排的大项目如攀枝花、酒泉钢铁工业基地，成昆、湘黔铁路，都成为重点项目，要求在1970年以前基本建成。原定1972年建成的国防工业体系提前到1970年。而原定的4.5亿亩稳产高产农田目标被留置到"四五"计划考虑。基本建设总投资由

---

① 参见《中华人民共和国国民经济和社会发展计划大事辑要》，红旗出版社1987年版，第231页。

原来的1000亿元下降为850亿元，反映了毛泽东“有多少钱办多少事”的指导思想。计划所定的指标是比较低的，又反映了他“留有余地”的考虑。计划中还体现了毛泽东不要把人民搞得太紧张了的精神，尽可能地照顾人民生活的需要。

9月至10月，中央工作会议讨论通过了《汇报提纲》提出的计划方针和各项指标。由于第二年“文化大革命”的突如其来，这个提纲没有来得及形成正式“三五”计划，也没有付诸批准。但以后的几个年度计划都是据其方针安排的。

1966年，“三五”计划《汇报提纲》开始执行。实际上，许多国防建设和三线建设项目从1964年底就已动工，并取得了显著的进展。1966年4月，国家计委向中央汇报指出：经过一年多的实践证明，原设想的第三个五年计划，有可能提前两年实现。就建设来说，大小三线的许多重大项目，现在看，可以提前一年或两年建成。其中，攀枝花铁矿，酒泉镜铁山铁矿，贵州六枝、盘县、水城三大煤矿区，刘家峡水电站，成昆铁路，四川天然气等重点，1968年可以提前两年基本建成或达到原计划生产水平。就生产来说，1970年的主要生产指标，大部分在1968年可以完成，有些明年就可以完成。其中，钢、棉纱、石油、棉花1967年就可以达到或超过1970年的计划指标；煤炭、发电量、有色金属、机床、化肥、粮食等1968年可以完成1970年的计划指标。国家计委肯定地指出：“从现在的情况看，三年的时间完成原定五年计划的主要指标，是完全可能的。”①

面对经济建设的大好形势，国家计委向中央提出修改“三五”计划草案的设想：大幅度增加钢铁、煤炭、有色金属、电力、石油、铁路的生产建设指标，把农业机械化搞上去，努力增加集体经济的积累来源。但是，一个月后开始的“文化大革命”，打断了这个进一步蓬勃兴起大规模国民经济建设的计划设想。经过1969、1970年两年努力，“三五”计划才得以按期完成。

“三五”计划《汇报提纲》的指导方针，一方面从战备出发，强调加

---

① 陈东林主编：《中国共产党与三线建设》，中共党史出版社2014年版，第214—216页。

强三线建设，具有紧迫的现实意义；一方面从长远规划角度指出了改变我国工业布局不合理的状况的必要性，具有深远的战略意义，在今天看来也是正确的。正如江泽民所指出的：总的讲，当年党中央和毛主席作出的这个战略决策是完全正确的，是很有战略眼光的。其具体指标安排也基本适合当时的国力，留有较大余地。但是，由于在部署过程中，受到“文化大革命”“左”倾思潮的影响，一方面安排基本建设过快过大（到 1970 年实际执行 1028.7 亿元，超过原计划 21%），一方面经济效益下降，造成了较大的损失和浪费。

那么，如果当年不进行向《汇报提纲》的大转变，而是继续实行《初步设想》，是否更有利呢？要回答这个问题，首先必须分析当时战备的决策是否正确。确实，当时对战争爆发可能性存在着过高的估计，历史证明，大规模侵略战争并没有发生。但是，当时处于中美激烈对抗的时代，国际环境与现在有很大不同，战争的危险性比现在大得多。从有备无患的角度看，对战争的估计宁肯严重一些，也不能放松警惕。苏联卫国战争的教训是深刻的，决不能把国家的安危建立在对敌人的估计不足上。毛泽东当时正是研究了斯大林的这一失误。况且，战争没有爆发，我们积极防御、严阵以待也是起了遏制作用的。其次，进行三线建设，改变我国工业交通布局不合理的状况，是历史留下来的一项迟早必须完成的战略任务。即使战争没有爆发，西部地区的大规模基础工业建设也是必要的，并没有浪费，没有化为水。如果没有六七十年代的西部建设，到 80 年代改革开放时期，我们面临的缩小东西部经济差距的任务将更为艰巨。最后，还应看到，在资金极为有限的情况下，投资工业，将比投资农业更符合国家的根本性利益。正如周恩来早就指出的：“在国家集中力量发展重工业的期间”，“人民还是不能不暂时忍受生活上的某些困难和不便”。[①] 一些国家如战后日本的经济起飞，也大多要经过这样一个高积累的初期阶段。我国由于“二五”计划时期面临的困难，不得不暂时先解决吃穿用。而在“三五”时期继续用提高积累解决工业化的问题，也是必然的。只是由于“文化大革命”的干扰破坏，才没有完全达到预期的

---

① 《周恩来选集》下卷，人民出版社 1984 年版，第 133 页。

效益。

应该指出，提高国民收入中的积累率，是从中共八大起为完成“在三个五年计划的时期内，基本上建成一个完整的工业体系”目标就已确定的一项方针，而不是“三五”计划制定和实施中的“局限和不足”。早在中共八大上，薄一波就曾提出，积累占国民收入的比重不应低于20%，以后要逐步增加。这一建议得到了党内的认同。1964年5月李先念在讨论“吃穿用计划”时也指出：“在国民经济已全面恢复并有所发展的情况下，第三个五年计划期间，积累在国民收入中所占的比重”，“应当大体上保持并争取略高于第一个五年计划的水平。否则，就无法保证国家建设以适当的规模向前发展”。[①] 事实上，“三五”计划时期的积累率也并非“过高”，除开始的1966年和结束的1970年稍高外（这是各个计划执行中的通常情况），各年平均为26.3%，略高于“一五”计划时期的24.2%，而远低于“四五”计划时期的33%和“五五”计划时期的33.2%。

因此，“三五”计划指导思想的转变过程是必要的也是成功的，在根本目的上，毛泽东和其他中央领导人是一致的，抓“吃穿用”和抓“备战备荒”，以农、轻、重为序和以三线建设为形式优先发展重工业、基础工业，都是“为人民”。按照马克思所揭示的经济规律，除了经济出现危机或混乱时期，整个人类历史上特别是到了社会主义时期，总是要生产资料优先增长。优先发展重工业，也可以说是工业基础薄弱的中国为实现工业化目标，在一定时期优先发展生产资料的一种表述。事实上，“三五”计划指导思想的转变，反映在计划中，主要是投资比例的调整，并没有改变农、轻、重为序的方针。

当然，从计划工作的角度看，“三五”计划也不是没有缺点的。如果没有“文化大革命”，按1966年4月国家计委的估计，完全可能提前两年完成五年计划指标，说明计划本身规定的指标明显偏低，在执行中势必进行较大修改，否则将成为三年计划。虽然这是接受了“大跃进”盲目追求高指标的教训而从留有余地角度考虑的，但毕竟离实际有较大距

① 《李先念文选》，人民出版社1989年版，第286—287页。

离。然而，“文化大革命”的突然发动，1967、1968 年工农业生产的下降，正好使我们失去了本应节省下来的两年。可以提前到 1968 年完成的“三五”计划指标又退后到原定的 1970 年完成。这也可说是制定计划时始料未及的一个不幸巧合。

［原载《当代中国史研究》1997 年第 2 期］

中国共产党三代领导集体的西部开发思想与实践

陈东林

新中国成立以来，对西部落后地区的开发，始终是一个关系全局的经济战略问题，从毛泽东、邓小平到江泽民的三代中央领导集体对此给予了高度的重视，先后进行了可称之为三次西部开发高潮的建设。第一次，是20世纪50年代以“一五”计划为中心的大规模西部新工业基地建设；第二次是1964—1978年以战备为中心在西部后方进行的三线建设；第三次是1999年至今正在进行的西部大开发战略。与当前的西部开发相比，前两次西部开发在指导思想、实践过程上都是不同的，既取得了重要的成就和宝贵的经验，也留下了今天我们值得汲取的教训。

一、以“一五”计划为中心的第一次西部开发

1952年起，我国开始拟定第一个五年计划。当时，朝鲜战争尚未结束，台湾蒋介石集团不断地骚扰沿海岛屿，东部沿海地区的安全仍然没有得到可靠保障。另一方面，旧中国近百年半封建半殖民地的历史给新中国遗留下了沿海和内地极不平衡的经济布局。据1952年统计，沿海七省三市（即粤、闽、浙、苏、鲁、冀、辽七省和沪、京、津三市）的工业总产值，约占全国的73%。重工业中钢铁工业80%以上的生产能力在沿海地区，而资源丰富的内蒙古、西北、西南、中南地区几乎没有什么

钢铁工业。轻工业中纺织工业80%的纱锭和90%的布机分布在沿海，内地广大产棉区的纺织工业却很少。其他工业的分布情况，也大多如此。

根据这一情况，中共中央确定“一五”计划建设布局的指导思想是：“逐步改变旧中国遗留下来的这种不合理的状况，在全国各地适当分布工业的生产力，使工业企业接近原料、燃料产区和消费地区，并使工业布局适应巩固国防的要求，逐步提高落后地区的经济水平”。建设原则是：“一方面，合理地利用东北、上海和其他城市的工业基础，发挥它们的作用，并支援新工业基地的建设；另一方面，积极进行华北、西北、华中等地新的工业基地的建设，在西南开始部分的工业建设。”① 当时，内地的西北、西南地区经济在全国最为落后，华中、华北等中部地区经济也大大落后于东部沿海地区。因此，大致以京广铁路为界区分的沿海和内地，也具有后来东部、西部意义的区域经济概念。从80年代起沿海与内地概念逐渐被东部与西部概念取代。

1953年5月，中苏两国签订协定，计划在1953—1959年内，苏联援助中国建设与改建91个企业，加上1953年4月以前的50个企业，共141个。这些项目到1954年底国家制定第一个五年计划时，被确定为156项，正式施工的为150个，成为“一五”计划中的重点。其中43个国防工业项目里内地占35个，四川和陕西占有21个。其余107个民用工业项目，内地有48个。总计安排在内地的工业项目83个，约为总项目数的55%。② 围绕这些项目，又确定了694项限额以上重点配套工程，其中内地占68%。内地建设成为“一五”计划的重中之重。

除数量上占优势外，质量上内地也得到重视：新建工业基地主要放到内地地区，东北、沿海等老基地建设以改造扩建为主。“一五”计划期间，内地的新建投资比重超过全国总额的60%，83个项目中只有1项是扩建，其余都是新建。而东北和沿海地区的新建只占全国总额的25%，49项中有22项是续建、改建、扩建。

以“一五”计划为中心的这次西部建设，不仅是新中国历史上第一

① 《李富春选集》，中国计划出版社1992年版，第144页。

② 董志凯：《关于“156项”的确立》，《中国经济史研究》1999年第4期。

次西部大开发，而且从区域工业化的性质来说，是中国几千年历史上空前的现代化开发，填补了西部地区基本没有现代化工业交通设施的空白。到 1957 年，按可比价格比较，内地工业总产值占全国的比重，由 1952 年的 29.2%增加到 32.1%。陕甘宁青及云贵川七个最典型的西部省区，1957 年社会总产值指数已经分别比 1949 年增加 2.38—6.49 倍。在经济结构上，西部七省区的农业与工业总产值之比，由 1949 年的 78∶22，变为 1960 年的 36∶64，工业产值在中国几千年历史上第一次大大超过了农业产值。青海、宁夏等由原来只有简陋的生产马蹄铁、油灯等手工作坊，发展到拥有现代化的工业企业。原来工业基础薄弱的包头、兰州、西安、太原、洛阳、湘潭、大冶、株洲等城市成为新兴工业基地。包头、武汉钢铁公司，克拉玛依油田，三门峡水利枢纽，包兰、宝成铁路，康藏、青藏公路，武汉长江大桥等重大工程，不仅在中西部地区，在整个新中国建设史上都是载入史册的成就。

同时，新的矛盾也第一次摆在面前——如何处理东西部的发展关系？由于当时采用的是国家转移投资的建设方针，因此，在新中国成立之初资金极为匮乏的情况下，大量增加西部资金，必然要使东部资金急剧减少，原有生产能力得不到扩大。“一五”期间，中国最大的工业基地上海得到国家投资仅有 12.28 亿元，占全国同期基本建设投资总额的 2.08%，比同期上海上缴国家的固定资产折旧费还少。[①] 工业总产值 1955 年与 1952 年相比，内地增长 96%，沿海七省三市只增长了 54.4%，低于全国平均水平。全国工业增长速度 1955 年比 1954 年增长 8%，天津只增长 2.1%，上海甚至下降 4.5%。另一方面，沿海工业仍然是全国资金积累的主要来源，按照原计划，1957 年比 1952 年增加的工业总产值中，约有 70%主要靠沿海的原有企业，内地新建、改建企业只占 30%。沿海工业发展速度逐年下降的趋势，必然要严重地影响全国的经济发展，最终将使西部的资金也得不到保证。

最早注意到这一问题的是陈云。1954 年 12 月 31 日，他在国务院座谈会上指出：“五年计划中新建的工厂在内地，内地的市场可以靠新的来

---

① 《当代中国的基本建设》上卷，中国社会科学出版社 1989 年版，第 70 页。

维持。上海、天津没有新建的工厂，旧的搞垮了，就不能维持。”他提出“要利用原有工业设备，控制新建和扩建，控制国家基本建设的投资”[①]。1955 年 11 月 16 日，他在中央工作会议上更加明确地指出：“这在工业中是个内地与沿海的关系问题。沿海城市是历史上工业发展早的地方，现在内地也要发展，要开工厂，但是沿海城市的生产能力有余，内地工厂建立起来后，沿海城市就会发生困难。”“我们应该根据原料、生产、销售和运输的情况，进行综合研究，确定哪些工厂应在沿海，哪些工厂应在内地。”[②]毛泽东对陈云的看法予以了高度理论升华。1956 年 4 月 25 日，他在著名的《论十大关系》讲话中专门将此列为一个重要方面，指出：“最近两年，对于沿海工业有些估计不足，对它的发展不那么十分注重了。这要改变一下。”他指出必须这样做的依据，一是国际环境发生了变化，“现在，新的侵华战争和新的世界大战，估计短时期内打不起来，可能有十年或更长一点的和平时期。这样，如果还不充分利用沿海工业的设备能力和技术力量，那就不对了。”二是经济建设的规律使然，“从现有材料看来，轻工业工厂的建设和积累一般都很快，全部投产以后，四年之内，除了收回本厂的投资之外，还可以赚回三个厂，两个厂，一个厂，至少半个厂。这样好的事情为什么不做？”毛泽东精辟地论证沿海与内地的发展关系：“好好地利用和发展沿海的工业老底子，可以使我们更有力量来发展和支持内地工业。如果采取消极态度，就会妨碍内地工业的迅速发展。所以这也是一个对于发展内地工业是真想还是假想的问题。如果是真想，不是假想，就必须更多地利用和发展沿海工业，特别是轻工业。”[③]

根据毛泽东的这一发展沿海经济、促进内地建设的西部开发思想，当年 9 月刘少奇在中共八大政治报告中提出：“目前需要注意的是沿海和内地的配合”，“我们应当充分利用沿海各省的有利条件，继续适当地发展那里的工业，以帮助内地工业的发展，加速全国的工业化。”[④]报告要

---

① 《陈云文选》第 2 卷，人民出版社 1995 年版，第 268、269 页。

② 同上书，第 284 页。

③ 《毛泽东文集》第 7 卷，人民出版社 1999 年版，第 26 页。

④ 《刘少奇选集》下卷，人民出版社 1985 年版，第 229、229—230 页。

求，在第二个五年计划中要充分利用沿海和东北的工业基地的作用。

令人遗憾的是，从 1958 年开始的“大跃进”运动，在全国盲目上马大批基建项目，遍地开花，实际上使这一合理思想未能得到贯彻。

1958—1960 年的三年中，156 项的绝大部分虽然得到完成，但“大跃进”中又增加了大量新项目，超过了国家承受能力，留下了隐患。这一时期，虽然西部新增生产力有较快增长，但重工业主要产品的生产能力中有不少是简易投产，没有形成综合生产力，因此并不能持续增长。还有一些项目没有妥善考虑资源和配套，建成后长期不能实现预计生产能力。当国家遇到三年自然灾害和苏联中断援助的严重困难，不能继续投入资金时，生产力就出现了比东部更加下降的趋势。许多在建和规划的项目如成昆铁路、攀枝花和酒泉钢铁基地等不得不下马调整。1963—1965 年西部地区新增生产能力除发电机组容量比“一五”时期略有增加外，其余均低于“一五”计划时期。东西部经济差别一度比前期更加增大。1963 年西部七省区工业总产值占全国的 10.5%，比 1960 年的 11.46%下降了约 1%，甚至低于 1949 年的 11.15%。①

事实说明，主要依赖于计划经济体制下的投资，即外部输血方式的第一次西部开发，虽然在新中国成立初期是极有成效和完全必要的，但在经济效益方面没有达到预期的效果，不能保证西部地区拥有充沛的经济活力。西部开发的任务仍然非常艰巨。

这一时期西部开发思想探索的宝贵价值是，认识到了必须处理好东西部地区发展的关系，不能用牺牲东部地区经济的代价来换取西部的发展。

二、以三线建设为中心的第二次西部开发

1964—1978 年，在中国中西部的 13 个省、自治区进行了一场以战备为指导、以工业交通和国防科技设施为建设目标的三线建设。它历经

① 国家统计局综合司:《全国各省自治区直辖市历史统计资料汇编（1949—1989）》，中国统计出版社 1990 年版，第 9、696、727、757、803、835、864、891 页。

三个五年计划，投入资金2052亿元，投入人力高峰时达400多万，安排了1100个建设项目，堪称中华人民共和国历史上第二次西部开发。

三线建设决策确立前后，中央领导层对“三五”计划的指导思想曾有一个认识转变，其中也包含着对西部开发思想的再探索。

最早提出计划指导思想应该“抓吃穿用”的是陈云。1962年2月，他在讲话中指出：“增加农业生产，解决吃、穿问题，保证市场供应，制止通货膨胀，在目前是第一位的问题”，必须“在国家计划中把这些事情摆到头等重要的位置”。[①]经毛泽东批准，将陈云讲话发给全党，指导经济调整。这样，在制定“三五”计划前，中央已形成了“抓吃穿用”的共识。1964年4月下旬，国家计委提出了“三五”计划的《初步设想》，规定基本任务是：（1）大力发展农业，基本上解决人民的吃穿用问题；（2）适当加强国防建设，努力突破尖端技术；（3）与支援农业和加强国防相适应，加强基础工业。简单地说，就是一农业，二国防，三基础工业。从地区上看，解决吃穿用，就是要在农业发展的基础上充分利用东部雄厚的轻工业快速积累资金。

4月29日，邓小平主持中共中央书记处会议批准了《初步设想》。李富春最后提到计划中的矛盾：为了抓农业，西部地区的一些重要工业交通项目没有安排上，“国防方面，小而全的体系，还是原来的七年建成，提前两年有问题”。这是受国家有限的财力制约的。

5月10—12日国家计委领导小组汇报“初步设想”，毛泽东说：“酒泉和攀枝花钢铁厂还是要搞，不搞我总是不放心，打起仗来怎么办？”当李富春说到基础工业、交通还比较薄弱时，毛泽东说：“没有坐稳，没有站稳，是要跌跤子的。两个拳头——农业、国防工业，一个屁股——基础工业，要摆好。要把基础工业适当搞上去，其他方面不能太多，要相适应。”[②]

5月27日，毛泽东在讨论“三五”计划的中央工作会议上找来刘少奇、周恩来、邓小平、李富春等人，提出：在原子弹时期，没有后方不

---

① 《陈云文选》第3卷，人民出版社1995年版，第205页。

② 陈东林主编：《中国共产党与三线建设》，中共党史出版社2014年版，第40页。

行。“三五”计划要考虑解决全国工业布局不平衡的问题，要搞一、二、三线的战略布局，加强三线建设，防备敌人的入侵。这是毛泽东第一次提出把建设重点转移到西部后方去抓三线建设。毛泽东的态度迅速扭转了大家的认识。第二天，李富春检查说：“我们整个工业的战略布局，必须要真正重视建设后方，搞纵深配备，战略展开”，“可是我们在计划中间对西南的建设就注意不够。比如铁路修建，成昆路没有安排，湘黔路只安排了一半”。刘少奇说：“搞四川这个第三线，现在要准备，要着手。现在不着手，耽误了时间，将来不利。要把西南这个战略方面打通。要搞成昆铁路，搞贵州的煤，搞西昌的铁矿和钢铁厂，以这个为重点，其他的都可以慢搞。”①经过讨论，大家一致决定把毛泽东的意见和《初步设想》结合起来，在逐步解决吃穿用问题的同时，加强三线建设。邓小平说：“这次计划按农轻重、解决吃穿用和两个拳头、一个屁股进行安排，是建设的完整方针。”②

6—8 月，毛泽东多次明确地提出建设西部后方的主张：要搞三线工业基地的建设，一二线也要搞点军事工业。要准备帝国主义可能发动侵略战争。现在工厂都集中在大城市和沿海地区，不利于备战。各省都要建立自己的战略后方。毛泽东的讲话激起了与会者的强烈共鸣，统一了大家的认识。8 月 19 日，李富春、薄一波、罗瑞卿向毛泽东和中央提出《关于国家经济建设如何防备敌人突然袭击的报告》建议：一切新的建设项目，不在第一线建设；要把能搬的一线重要企业、科研机构、学校一部分迁移到三线、二线；今后一切新建项目都应贯彻执行分散、靠山、隐蔽的方针，不得集中在某几个城市。③“三五”计划的指导思想由抓吃穿用完全转向了抓西部地区的三线建设。

所谓三线的概念，一般是指：由沿海、边疆地区向内地收缩划分三道线。一线指东部沿海和边疆地区；三线指四川、贵州、云南、陕西、甘肃、宁夏、青海等省区（俗称大三线）及山西、河南、湖南、湖北、

---

① 《六十年代三线建设决策文献选载》，《党的文献》1995 年第 3 期。

② 薄一波：《若干重大决策与事件的回顾》下卷，中共中央党校出版社 1993 年版，第 1198、1199 页。

③ 《六十年代三线建设决策文献选载》，《党的文献》1995 年第 3 期。

广东、广西靠近内地的一部分，共涉及 13 个省区；二线指一、三线之间的中间地带。用今天的区域概念来说，三线地区实际就是除新疆、西藏之外的西部地区。

1965 年 9 月，国家计委向中共中央和毛泽东报送三五计划的《汇报提纲》，提出“三五”计划必须立足于战争，从准备大打、早打出发，积极备战，把国防建设放在第一位，加快三线建设，逐步改变工业布局。与“吃穿用计划”相比，新计划的投资顺序由农、轻、重转变为重、农、轻。整个基本建设投资中，按部门分，重工业、国防工业、交通运输比例占 74%；农业由原来的 20% 下降为 14%；轻工业占 4.4%。按地区分，三线地区投资占 42%。10 月，中央工作会议讨论通过了这个《汇报提纲》。由于第二年“文革”爆发，没有形成正式的“三五”计划，但以后几个年度计划都是据其方针安排的。

毛泽东为什么改变了他早在 1959 年就提出的“农轻重”方针，而把建设西部后方的国防和基础工业放在第一位呢？主要原因是当时的国际环境变化。

1964 年 4 月 25 日，总参谋部作战部写出一份报告，报送毛泽东。报告中说：“我们对国家经济建设如何防备敌人突然袭击问题专门进行了调查研究，从我们接触到的几个方面来看，问题是很多的，有些情况还相当严重。”（1）工业过于集中。14 个 100 万人口以上的大城市集中了约 60% 的主要民用机械工业，50% 的化学工业和 52% 的国防工业。（2）大城市人口多。大部分都在东部沿海地区，易遭空袭，特别是核袭击。（3）主要铁路枢纽、桥梁和港口码头，多在大中城市及其附近，易遭到破坏，战争初期，交通可能陷入瘫痪。（4）所有水库，紧急泄水能力都很小，被同时破坏后，北京市及周围广大地区将遭洪水冲击，并且危及天津。报告建议组织一个专案小组，研究采取措施，防备敌人的突然袭击。①

20 世纪 60 年代前期中国周边的国际环境确实是严峻的。东南面：台湾利用大陆经济困难不断进行军事骚扰，叫嚣反攻大陆，派出了 40 股武装特务登陆骚扰。1961 年 9 月和 1962 年 9 月，美国在台湾海峡进行了

① 《六十年代三线建设决策文献选载》,《党的文献》1995 年第 3 期。

出动军舰、核潜艇、轰炸机，发射导弹，演习袭击中国东部沿海港口、机场和军事设施，最后由美军登陆的两次大型核战争演习。美国还制定了对中国核基地进行突然袭击的多种计划。南面：美国在越南的侵略战争逐步升级到派出地面作战部队几十万人，1964 年 8 月又制造“北部湾”事件，对北越持续大规模轰炸，波及中国边境。西面：1962 年 10、11 月，印度军队向中国领土发动大规模入侵，中国军队被迫两次进行反击。其后虽然中国方面主动停火、撤军，但双方军事对峙局势尚未得到根本缓和。北面：苏联 1962 年在中国新疆伊犁、塔城地区策动了大批中国居民外逃事件，1963 年后向邻近中国边境地区和蒙古部署的军队由 10 个师近 20 万人逐渐增加到 54 个师近百万人。

战争的威胁，使中国西部地区迎来了特殊的开发建设。同时，毛泽东和中央也注意到战争也可能打不起来，做两手准备，用三线建设改变中国西部工业交通落后的不合理布局。毛泽东曾表示：“三五”计划要考虑解决全国工业布局不平衡的问题。[①] 他还说：“我们党内还有人认为打不起来，或者只是小打，不相信会大打。他们的看法也是有些道理的，我们本来就是做两手准备的。要争取快一点把后方建设起来，三五年内要把这件事情搞好。”[②]1965 年 1 月 14 日，他又指出：“两个阵地：三线是一个阵地，一、二线是一个阵地，以一、二线的生产来支援三线建设。”[③]这也就是要用东部来支援西部。周恩来具体贯彻了这一思想。他指出：“主席提出这个战略思想，我们从中可以引申出许多认识来。中国过去是半封建半殖民地，中国的人口也不平衡，经济发展更不平衡，以后就是要逐步走向平衡”。[④]1964 年 11、12 月和 1965 年 3、4 月，邓小平率领一大批省部级领导干部，走遍了大三线的西南、西北，勘察地形，审定规划，检查进度，为西部的开发建设作出了重要贡献。

三线建设取得了重大成就，初步改变了西部地区工业交通落后、资源开发水平低下的不合理布局状况。国防科技工业方面，建立了重庆常

---

① 金冲及主编：《周恩来传》第 4 册，中央文献出版社 1998 年版，第 1768 页。

② 《六十年代三线建设决策文献选载》，《党的文献》1995 年第 3 期。

③ 顾龙生编著：《毛泽东经济年谱》，中共中央党校出版社 1993 年版，第 622 页。

④ 《六十年代三线建设决策文献选载》，《党的文献》1995 年第 3 期。

规兵器工业、西昌卫星发射基地、贵州和陕西航空工业、川西电子工业、长江中上游船舶工业等一大批现代化生产和科研基地。交通运输方面，建成了成昆、湘黔、川黔、贵昆、襄渝、阳安、太焦、焦枝和青藏铁路西宁至格尔木段等重要铁路。机械工业方面，建成了湖北第二汽车制造厂、德阳第二重型机器厂、东方电机厂、东方汽轮机厂、东方锅炉厂等分布在重庆、成都、贵阳、汉中、西宁等地的工业基地。能源和原材料工业方面，建成了贵州六盘水和陕西渭北煤炭基地，葛洲坝、刘家峡、八盘峡、乌江渡水电站和四川石油天然气开发等重点企业和基地。三线建设还促进了西部的经济繁荣和科技文化进步，攀枝花、六盘水、十堰、金昌等过去是人烟稀少的荒山僻野，现在成为著名的新兴工业城市。到 70 年代末，三线地区的工业固定资产由 292 亿元增加到 1543 亿元，增长 4.28 倍，约占当时全国的三分之一。职工人数由 325.65 万增加到 1129.5 万，增长 2.46 倍。工业总产值由 258 亿元增加到 1270 亿元，增长 3.92 倍。到 1978 年，中西部地区的工业总产值占全国的 40.28%，比重达到了新中国成立 52 年来的最高峰。①

由于对战争形势估计过于严重和“文革”的干扰，这次以三线建设为形式的西部开发也存在着不少问题。首先，建设规模铺得过大，战线拉得过长，超过了国家的承受能力。特别是 1969—1971 年，新建和内迁的大中项目达一千多个，资金、设备、原料难以到位，一部分工程只好中途下马，还有些则长期不能投产，带来了经济损失。其次，有些项目未进行资源环境的调查和论证，就匆忙动工，产生了严重后患。再次，忽视经济效益和长期生产要求。一些现代化企业按“靠山、分散、进洞”的原则建设在山沟里，造成生产管理、协作十分不便。最后，在“文革”的干扰下，不惜代价地片面追求政治目标，打乱了正常的经济管理制度，造成了不应有的损失和浪费。

这次西部开发仍然没有解决经济效益不高的问题。从开发思路的探索看，仍然依靠计划体制下的转移投资方式，没有解决如何激活西部地区自身可持续发展生产力的问题。由于大规模减少东部投资和搬迁设施、

---

① 魏后凯：《21 世纪中西部工业发展战略》，河南人民出版社 2000 年版，第 51 页。

技术力量，对东部造成的负面影响则超过了20世纪50年代出现的偏差。

三、从邓小平的“两个大局”思想到“三个代表”重要思想指导下的西部开发大战略

中共十一届三中全会以后，根据陈云首先提出的经济建设要适合综合国力的意见和国际形势缓和的变化，中共中央果断采取了“调整、改革、整顿、提高”的新八字方针，停止了在西部地区摊子铺得过大的三线建设部署。以重工业和国防工业为主干、缺乏续投资金和产品出路的西部地区，面临着向何处去的问题。作为第二代领导集体核心的邓小平，也开始了他西部开发思想探索的新突破。主要内容可以概括为三点：

（一）必须走一部分地区先富起来，带动落后地区共同富裕的道路

尽管毛泽东在1956年《论十大关系》中已经有了要想真正发展内地就必须更多地发展沿海的宝贵思想闪光，但由于以后平均主义思想的影响和国际环境的制约，主要是作为纠正内地投资过多偏差的一项政策，没有形成坚持不变的建设方针，也没有付诸坚决的实践。直到改革开放新时期，这一思想才在邓小平的探索和推动中发扬光大，生长成建设有中国特色社会主义道路的重要内容之一。

1978年12月13日，邓小平在中央工作会议闭幕会报告中第一次作为一个“研究新情况，解决新问题”的大政策，提出了让一部分地区、企业和人生活先好起来的思想，“这样，就会使整个国民经济不断地波浪式地向前发展，使全国各族人民都能比较快地富裕起来。”①1984年1—2月，邓小平视察了深圳、珠海、厦门经济特区，特区几年中发生的巨大变化和呈现的蓬勃活力，坚定了邓小平一部分地区先富起来的思想。2月24日，他与几位中央负责人谈话说：“要让一部分地方先富裕

---

① 《邓小平文选》第2卷，人民出版社1994年版，第152页。

起来，搞平均主义不行。这是个大政策，大家要考虑。”[①]11 月 9 日，邓小平在会见意大利共产党书记巴叶塔时正式向全世界宣布说：“我们党已经决定国家和先进地区共同帮助落后地区。在社会主义制度下，可以让一部分地区先富裕起来，然后带动其他地区共同富裕。……经济发展起来后，当一部分人很富的时候，国家有能力采取调节分配的措施。”[②]这是邓小平的一部分地区先富起来的思想第一次作为党和国家的建设方针得到确立。

1986 年 3 月 28 日，邓小平在会见新西兰总理朗伊时更加具体地阐述了建立这一方针的理论依据——打破平均主义：“我们的改革是从农村开始的，在农村先见成效，但发展不平衡。有百分之十左右的农村地区还没有摆脱贫穷，主要是在西北干旱地区和西南的一部分地区。我们的政策是让一部分人、一部分地区先富起来，以带动和帮助落后的地区，先进地区帮助落后地区是一个义务。我们坚持走社会主义道路，根本目标是实现共同富裕，然而平均发展是不可能的。过去搞平均主义，吃‘大锅饭’，实际上是共同落后，共同贫穷，我们就是吃了这个亏。改革首先要打破平均主义，打破‘大锅饭’，现在看来这个路子是对的。”[③]

1988 年 9 月 12 日，邓小平在听取价格和工资改革初步方案的汇报时，第一次将沿海和内地的发展关系概括为“两个大局”的思想。他说：“沿海地区要加快对外开放，使这个拥有两亿人口的广大地带较快地先发展起来，从而带动内地更好地发展，这是一个事关大局的问题。内地要顾全这个大局。反过来，发展到一定的时候，又要求沿海拿出更多力量来帮助内地发展，这也是个大局。那时沿海也要服从这个大局。”[④]

1992 年 1 月 18 日至 2 月 21 日，邓小平视察武昌、深圳、珠海、上海等地，发表了著名的南方谈话，科学地将这一思想升华为理论高度：“走社会主义道路，就是要逐步实现共同富裕。共同富裕的构想是这样提出的：一部分地区有条件先发展起来，一部分地区发展慢点，先发展起

---

① 《邓小平文选》第 3 卷，人民出版社 1993 年版，第 52 页。

② 《邓小平思想年谱（1975—1997）》，中央文献出版社 1998 年版，第 303 页。

③ 《邓小平文选》第 3 卷，人民出版社 1993 年版，第 155 页。

④ 同上书，第 277—278 页。

来的地区带动后发展的地区，最终达到共同富裕。如果富的愈来愈富，穷的愈来愈穷，两极分化就会产生，而社会主义制度就应该而且能够避免两极分化。解决的办法之一，就是先富起来的地区多交点利税，支持贫困地区的发展。当然，太早这样办也不行，现在不能削弱发达地区的活力，也不能鼓励吃'大锅饭'。"他拟定的具体阶段和办法是："可以设想，在本世纪末达到小康水平的时候，就要突出地提出和解决这个问题。到那个时候，发达地区要继续发展，并通过多交利税和技术转让等方式大力支持不发达地区。不发达地区又大都是拥有丰富资源的地区，发展潜力是很大的。总之，就全国范围来说，我们一定能够逐步顺利解决沿海同内地贫富差距的问题。"① 在这次论述中，邓小平全面地总结了一部分地区先富起来、带动落后地区共同富裕思想的内容。首先，一部分地区先富起来是走社会主义道路的性质；其次，这样做的目的，是为了共同富裕，而不是两极分化；再次，解决方法是通过调节利税和技术转让等手段，而不仅是过去单纯的计划投资；最后，解决不发达地区的时机，是在 20 世纪世纪末期达到小康水平的时候。这次谈话，标志着邓小平西部开发思想的臻于完善。

（二）西部地区要顾全大局，但并不是消极等待，而是在调整改造中发挥作用

经过前两次西部开发建设，西部地区形成了以基础工业、国防工业为主的工业支柱，在要顾全大局的形势下如何发展，曾经引起了争论。有人主张西部企业掉尾巴再回到沿海，有的人甚至说，调整改造也没有用，钱扔下去是白白浪费。

邓小平不同意这种全面否定的消极态度，他首先提出了要实行"军转民"的大战略，1982 年 1 月 5 日正式确定为十六个字："军民结合、平战结合、军品优先、以军养民"。他在视察三线重点企业湖北第二汽车厂时还具体指出，三线企业要"保护竞争，促进联合"，"打破小而全"，走

① 《邓小平文选》第 3 卷，人民出版社 1993 年版，第 374 页。

专业公司的道路。[①]

根据邓小平这一指导思想，中共中央、国务院于1983年制定了西部三线企业调整改造、发挥作用的方针。12月，李先念在给国务院负责人的一封信中指出：在三线建设过程中，由于受到林彪的干扰破坏，不少工矿企业确实需要调整和改造。但就整个三线建设来说，还是很有意义的。可以继续调整我国不合理的工业布局，改变三线地区的落后面貌，促进内地经济的发展。要经过调查研究和统一规划，在一定时候和力所能及的情况下，应该把那些有条件、有前途的工程项目搞起来，使三线建设发挥越来越大的作用。在这一方针指导下，西部地区为顾全大局，对一部分企业进行了关、停、并、转、迁的调整。同时，也积极采取了适应改革开放新形势的多种努力，包括调整企业结构，改革管理体制，转产人民生活急需的家用电器、日用生活品和国际市场畅销的产品，到东部沿海地区开设贸易窗口等。到1990年，三线地区军工企业的民品产值已经达到155亿元，占当年军工企业总产值的75%，比1985年增长了1.93倍，生产了国民经济需要的一批重大技术设备和人民生活需要的一大批高中档耐用消费品，如民用飞机、汽车、电视机、电冰箱等。许多西部三线企业如四川长虹集团、陕西长岭集团、重庆嘉陵集团等成为全国驰名的现代化企业集团。这些都为20世纪末期西部大开发准备了物质条件。

（三）西部开发要适合自身的特点

我国西部地区的自然特点是:（1）资源丰富;（2）生态环境不容乐观。邓小平很早就注意到了这些特点，将其融入自己的西部开发思想中。

西南地区有着丰富的水利资源，20世纪70年代中期，国家曾经开始进行勘探规划。但是在70年代末期的经济调整中，对四川三峡和二滩水电站工程要不要继续上马，出现了不同意见。邓小平经过调查，从长远发展规划考虑，认为一些西部重点资源开发项目不能放弃。

---

① 中共中央党史研究室科研局编:《再造中华辉煌：邓小平纪事》，中共党史出版社1994年版，第174页。

1980 年 7 月，邓小平“文革”后第一次正式到四川，考察了长江三峡。到武汉后，他召来国务院有关方面负责人研究三峡工程问题，指出：“修建三峡工程，航运上问题不大，生态变化问题也不大，而防洪作用大，发电效益很大。轻易否定三峡工程不好。”①

二滩水电站位于雅砻江畔，水能资源十分丰富，以大渡河、金沙江、雅砻江为主干的大小河流有三百多条，水资源储藏量达 9456 万千瓦，可开发装机容量达 7135 万千瓦，富集程度居世界之冠。但多年来江水不舍昼夜地奔腾，得不到利用。当地人说：“一江春水向东流，流的都是煤和油。”有鉴于此，20 世纪 70 年代国家决定建设二滩水电站。但后来也有人提出这是极左年代的产物，应该立即下马。二滩工程反反复复，议而不决，一拖就是几年。

1982 年 9 月 22 日，邓小平在听取汇报时说：“建设二滩水电站，已经讲了很久了，我赞成。不只二滩水电站，还有一批项目要上。要搞现代化，没有大的骨干项目办不到，没有骨干工程，小项目再多也顶不了事。……不要徘徊，一徘徊，一两年就过去了。”②1983 年 6 月 30 日，他在中央工作会议上专门讲道：“不搞重点建设没有希望。能源、交通等重点项目，都是十年八年才见效的。比如三峡工程、长江上游的二滩工程，应该搞哪个，不要再犹豫了。”③1983 年夏天，他还询问了西藏铁路建设的线路、盐湖、冻土、经费问题，认为：“还是修青藏线好。”④虽然由于客观原因铁路没有立即上马，但也开始了积极的准备。1985 年 1 月 19 日，他又从更大的西部开发范围说：“三峡是个大项目，我们要从长远利益考虑，给子孙后代留下点好的东西。这是多么了不起，今后有意识地把工业项目摆在那里，可以帮助那里发展经济。”他提议：“可以把四川分为两个省，一个以重庆为中心，一个以成都为中心。”⑤在邓小平的直接规划指导下，西部建设在顾全大局的同时，没有等待，也进行了一些适

① 《邓小平思想年谱（1975—1997）》，中央文献出版社 1998 年版，第 161 页。

② 同上书，第 234 页。

③ 同上书，第 260—261 页。

④ 中共中央文献研究室编：《回忆邓小平》上册，中央文献出版社 1998 年版，第 335 页。

⑤ 《邓小平思想年谱（1975—1997）》，中央文献出版社 1998 年版，第 308、308—309 页。

合自身特点的规划开发。1992 年七届全国人大通过了兴建三峡工程的决议，1994 年正式动工，1997 年进入主体工程阶段。1989 年二滩水电站开工建设，1998 年第一台发电机组并网发电。1994 年黄河小浪底水利枢纽正式开工，1997 年实现截流。1997 年 3 月 14 日，邓小平逝世后不到一个月，八届全国人大五次会议通过决定，设立重庆直辖市。这些将在 21 世纪发挥重大作用的项目和规划，不仅是西部开发的先声，而且通过“西电东送”等方式，支援了全国经济的发展。

在邓小平西部开发思想中，注意保护西部自然生态平衡是个重要内容。1965 年 11 月 24 日，他视察三线来到贵州六盘水时就说：“林子太少，要大造林，山区要发展林业牧业。”听说贵州的自然灾害主要是旱灾，他遗憾地说：“贵州的水流走了，只是洞子里有点水。贵州的林木储量有多大？贵州到处可以变林区。”①

1981 年夏季，四川、陕西遭受了罕见的水灾。9 月，邓小平特地找到万里说：最近的洪灾问题涉及到林业，涉及到木材的过量采伐。看来中国的林业要上去，不采取一些有力措施不行。建议全国人大通过一项议案，中国公民每人每年都要种几棵树。②12 月 13 日，全国人大通过了《关于开展全民义务植树运动的决议》。

1982 年 11 月 15 日，邓小平会见参加中美能源、自然资源和环境会议的外宾时指出：我们准备坚持植树造林，坚持他 20 年 50 年。今年才算是认真开始，这件事情耽误了。特别是在我国西北，黄土高原连草都不长，水土流失。所以叫“黄”河，就是水土流失造成的。我们计划在那个地方先种草后种树，把黄土高原变成草原和牧区，人们就会富裕起来，生态环境也会发生很好的变化。③

1983 年 1 月中旬，邓小平对兰州军区司令员郑维山说：要下决心拿出 20 年时间，协助地方搞好西北高原的绿化工作，改变西北自然面貌，为子孙后代造福。④ 从 1982 年起，邓小平年年在植树节带头种树，直到

---

① 中共中央文献研究室编：《回忆邓小平》上册，中央文献出版社 1998 年版，第 350 页。

② 同上书，第 286 页。

③《邓小平思想年谱（1975—1997）》，中央文献出版社 1998 年版，第 239—240 页。

④ 中共中央文献研究室编：《回忆邓小平》上册，中央文献出版社 1998 年版，第 507 页。

1992 年 88 岁高龄还种下了一棵高山榕。

邓小平在南方谈话中为西部开发制定了时间表："可以设想，在本世纪末达到小康水平的时候，就要突出地提出和解决这个问题。"[①] 世界进入世纪之交，中国的"九五"计划即将胜利完成，国内生产总值按汇率计算已经相当一万亿美元，即实现了邓小平提出的"小康"水平。1999 年 6 月 9 日，江泽民在中央扶贫开发工作会议上宣布："现在，加快中西部地区发展步伐的条件已经具备，时机已经成熟。在继续加快东部沿海地区发展的同时，必须不失时机地加快中西部地区发展。从现在起，这要作为党和国家一项重大的战略任务，摆到更加突出的位置。"新中国的第三次西部大开发正式揭开帷幕。

这次西部开发，不仅在高度、广度、规模和时间上将大大超过新中国已经进行的前两次乃至中国几千年历史上的任何一次，更重要的是提出了新的开发思路——江泽民关于中国共产党要始终代表中国先进社会生产力的发展要求、代表中国先进文化的前进方向、代表中国最广大人民的根本利益的重要思想，对西部大开发战略有着重大指导性意义。

要代表先进生产力的发展要求，首先必须承认中国的东西部自然、历史的状况，造成了东部生产力较为先进、西部生产力较为落后的客观差异，在相当长的时间内不可能根本消除。因此，必须优先发展生产力先进地区的经济，使国家的整体经济得到快速的提高，赶上世界先进生产力水平，而不是用平均主义的办法，要求齐头并进，甚至降低东部地区先进生产力水平，求得低水平的平衡。正如江泽民指出："我国地域辽阔，人口众多，不能设想采用平均主义的办法可以实现共同富裕。""沿海发达地区运用自身较好的经济基础、优越的地理位置和一些特殊措施，经济和社会发展突飞猛进，积累了相当的实力。"[②] 同时，承认这个差异，根本目的还是为了缩小这个差异，用东部先进生产力来带动西部落后地区的生产力，而不是扩大这个差异。其手段应该重视适应先进生产力发展要求的市场调节，而不单纯是过去的计划投资。实践证明，搞平均主

① 《邓小平文选》第 3 卷，人民出版社 1993 年版，第 374 页。

② 江泽民：《在中央扶贫开发工作会议上的讲话》，《人民日报》1996 年 6 月 10 日。

义或两极分化，都是违背先进社会生产力发展要求的。分阶段分地区波浪式发展，是代表中国先进社会生产力的发展要求的可行之路。

生产力，一般认为是劳动者和生产资料（生产工具、劳动对象）结合而产生的改造自然的能力。几千年来，人类社会一直在自觉或不自觉地发展着生产力，具体到西部开发，就是大规模开采资源和垦殖，建设生产设施。然而过去的开发，大多注重劳动者、生产工具量的增加和质的提高，忽视了作为劳动对象的西部自然特点，因而造成了生态的严重破坏，一次次开发高潮留下了新的困境。显然，这种开发虽然在一定程度上促进了生产力，但并不适应先进生产力发展要求，难以持续发展。这个一直困惑开发者的矛盾由邓小平提出的“把黄土高原变成草原和牧区，人们就会富裕起来”开启了新的解决思路，到江泽民在当前的西部开发中所指出的“再造一个山川秀美的西北地区”，“改善生态环境，是西部地区的开发建设必须首先研究和解决的一个重大课题”，[①] 又将西部开发与代表中国先进社会生产力发展要求结合起来，形成了注重生产力各个要素协调发展的完整表述。江泽民还指出：要通过政策引导，吸引国内外技术、人才等投入西部开发，有目标、有阶段地推进投入西部地区人口、资源、环境与经济社会的协调发展。加快开发西部地区应该是全面的，普及科学教育、推广实用技术、发展特色旅游、交通通信设施建设等方面，都要统筹规划。这其中即包含着丰富的代表中国先进文化的前进方向内容，而不再像过去将西部开发简单地视为经济建设行为。关于东西部关系，江泽民强调：东部发达地区要继续帮扶西部贫困地区，以改变贫困地区基本生产生活条件为重点，按照优势互补、互惠互利、长期合作、共同发展的原则，开展多层次、多渠道、多形式的经济技术合作，把东西扶贫协作推向一个新的阶段。逐步缩小全国各地区之间的发展差距，实现全国经济社会的协调发展和最终达到全体人民的共同富裕，是社会主义本质特征的要求。最终达到共同富裕，而不是追求暂时的平均现象而人为地拉平东西部差距，更不是长期出现地区性贫富分化。

---

① 江泽民：《在西北五省区国有企业改革和发展座谈会上的讲话》，《人民日报》1999 年 6 月 19 日。

这个从社会主义本质特征上对西部开发的阐述，深刻地说明了代表中国最广大人民的根本利益所在。

三代领导集体，三次西部开发，“三个代表”重要思想——以西部开发为历史舞台，从毛泽东、邓小平到江泽民，中国共产党的建设有中国特色的社会主义道路探索，在世纪之交翻开了新的辉煌一页。

［原载《当代中国史研究》2001年第4期］

邓小平三线建设思想研究

陈东林

2014年是邓小平诞辰110周年，又是以毛泽东同志为代表的中国共产党第一代领导集体做出三线建设重要决策50周年。在这两个重要历史纪念时刻的交汇点，我们缅怀邓小平对三线建设的重要贡献，阐释他的三线建设思想对中国特色社会主义理论形成的作用，有着十分重要的历史价值和现实启示。本文试从三个方面进行阐述。

一、邓小平是三线建设的重要决策者和规划者

第三个五年计划（1966—1970年）是在邓小平主持下制定的，本来，计划的中心任务是抓“吃穿用”。1964年4月29日，邓小平在中南海主持中共中央书记处听取了国家计委党组的“三五”计划《初步设想》。他最后做总结说：“工业还是首先为农业服务，为吃穿用服务，为兼顾国防服务。方针提得好。”①

1964年5月10日，国家计委领导小组向毛泽东汇报“三五”计划《初步设想》。毛泽东担心地说：“酒泉和攀枝花钢铁厂还是要搞，不搞我总是不放心，打起仗来怎么办？”②5月15日起，中央工作会议在北京讨

---

① 邓小平1964年4月29日讲话记录稿，国家计委档案。

② 《毛泽东年谱》第5卷，中央文献出版社2013年版，第348—349页。

论“三五”计划《初步设想》。5月27日，毛泽东在中南海菊香书屋主持中央政治局常委会议，他说：在原子弹时期，没有后方不行的。要准备上山，上山总还要有个地方。北京出了问题，只要有攀枝花就解决问题了。前一个时期，我们忽视利用原有的沿海基地，后来提醒，注意了。最近这几年又忽视“屁股”[①]和后方了[②]。

邓小平当即表态支持毛泽东的意见。他算账说：现在主席强调三线，因搞三线而增加的投资，就需要从内部调整。从农业挤25亿，从国防挤15亿，从文教挤10亿，从工业交通内部挤10亿—20亿。挤出来的60亿—70亿，搞三线，屁股坐稳些。[③]

毛泽东之所以提出改变他原来同意的“三五”计划抓“吃穿用”的中心任务，是因为国际形势发生了变化。毛泽东对此十分担忧，要求中央书记处书记组织研究防备敌人突然袭击的问题。8月30日，邓小平批示将李富春、薄一波、罗瑞卿按照毛泽东意见研究后提出的《关于国家经济建设如何防备敌人突然袭击的报告》印发中央工作会议。[④]这是中央确立三线建设决策的第一份文件，奠定了三线建设的几个原则，具有重要的意义。

1964年9月5日，邓小平又主持中央书记处作出指示：（1）三线建设要落实。铁路建设队伍要在9月底到达工地，计委、经委成立落实小组，楼堂馆所要利用起来为三线建设服务。（2）二线的调整要立即行动。留下的企业进行技术改造，保证提高产量。（3）基本建设投资，首先要保证三线建设的需要，其他方面有多少钱办多少事。（4）工业生产，不论三线还是一线，都要发展。三线建设的中心是成昆线，要成立铁路指挥部、西南筹建处、后方支援小组，要什么给什么。西南建设以攀枝花为中心，重庆周围搞成一个小体系。在后方搞的厂子，一定要采用新技术。

在邓小平的主持下，“三五”计划中心任务由原来的抓“吃穿用”迅

① “屁股”指基础工业。

② 《毛泽东年谱》第5卷，中央文献出版社2013年版，第355页。

③ 陈东林主编：《中国共产党与三线建设》，中共党史出版社2014年版，第44页。

④ 《六十年代三线建设决策文献选载》，《党的文献》1995年第3期。

速完成了向三线建设为中心的转移。以后，他又多次讲到三线建设的重要性。

1965 年 5 月 19 日，邓小平在接见中共中央军委作战会议全体人员时特别强调：我们现在的钱要用到三线、兵工建设上，用到搞原子弹、导弹上，用到军事材料的储备上。要准备敌人使用原子弹把我们的沿海地区打烂，那个时候，其他地方还有材料生产。我们把钱要用到这些方面。每一个同志都要有全局观点。[①]

1966 年 2 月 26 日，邓小平在全国工业交通工作会议和工业交通政治工作会议上讲话，从全国布局战略角度，对三线建设的重要性做了全面性的论述。他说：要从立足国防战略布局抓三线建设。不把国防战略布局搞好，心放不下。我们要接受斯大林的教训。我们现在三线的钢 70 万吨还不到，三线加上二线，也只有 200 多万吨，连当时苏联的三分之一都不到。不是毛主席抓，一旦打起仗来，犯的错误不会比斯大林小。总之，立足于国防的战略布局，是个很大的问题，现在才开始抓，只要全国努力，是有希望搞好的。他还指出要用两个五年计划来搞：建设大小三线这个纲，贯穿着整个第三个五年计划。不只是第三个五年计划，至少第四个五年计划，还是这条纲。各行各业都要在三线搞成一套。特别是国防工业，更要放在安全地区，更要在三线成套。从长远来说，对工农结合、城乡结合，消灭三个差别都有好处。小三线，比如，赣西、湘西、闽西、皖西，等等，这些地方搞起来，会使工业布局更加合理。到处都有点底子了，空白点少了，发展就会更快。[②]

三线建设决策确立以后，首要的问题，就是在大三线如何布局。邓小平身体力行，风尘仆仆地两次奔赴西南、西北进行了勘察。

首先去的是大西南。当时交通条件十分落后，企业选址又多在崇山峻岭，乘坐汽车比较危险，邓小平一行的车队还有一辆车坠入了山谷。

1965 年 11 月 1 日至 11 日，邓小平、李富春、薄一波等来到成都等地，听取二机部负责人关于后方核工业基地选址情况的汇报。11 月 12

---

① 《邓小平军事文集》第 2 卷，军事科学出版社、中央文献出版社 2004 年版，第 344—345 页。

② 同上书，第 346—349 页。

日至19日，邓小平又到重庆视察军工企业。11月22日，邓小平在贵阳听取关于七机部黔北基地建设情况的汇报。11月23日，邓小平乘专列前往六枝煤矿，途经关寨时视察滇黔铁路施工现场。12月1日，邓小平在攀枝花视察兰尖铁矿、弄弄坪厂址。12月3日至5日，邓小平视察昆明钢铁厂、昆明机床厂。12月7日，邓小平在昆明饭店主持召开西南钢铁工业发展问题的会议。李富春、李井泉、程子华、廖志高、曾希圣、谷牧、刘澜波、吕正操、阎红彦、袁宝华、徐驰、高扬、钟子云、郭维城、鲁大东等中央部门和西南地区负责人都出席。余秋里及西南局、各部委负责人做了汇报。由于毛泽东在上海紧急召开处理林彪等人诬告罗瑞卿问题的会议，邓小平于当天中午匆匆离开昆明，结束了第一次对大西南的三线布局考察。

1966年3月10日起，邓小平率李富春、薄一波、谷牧等人又前往西北考察三线布局，奔波于戈壁大漠和黄土高原之间。

第一站是3月10日至15日在陕西西安等地视察。邓小平主持召开了三线建设工作会议，研究西北航空、航天等国防工业和三线建设发展问题，还视察了三机部六院第八、十二、三十研究所和庆安机械厂等，观看了我国自行研制的国产战斗机飞行表演。3月16日至27日，邓小平在甘肃兰州等地视察了兰州炼油厂、兰州化学工业公司、金川有色金属公司、白银有色金属公司、酒泉钢铁公司、404厂、酒泉导弹实验基地和刘家峡、盐锅峡、八盘峡水电站、兰州石油化工机器厂等，观看了地对空导弹的发射实验，就甘肃三线工厂的厂址选定和干部安排，河西地区军事工业等问题做了指示。在酒泉钢铁公司，邓小平指出：酒钢地处三线，毛主席非常关心，要尽快把酒钢建设好，不能再动摇了。3月30日，邓小平到青海视察位于金银滩草原的青海核武器研制基地221厂。他指出：你们这里集中了不少尖子！首先要注意保护人，还要保护重要设备。你们知识分子成堆。干这个事没有知识分子不行。3月31日，邓小平在兰州听取王恩茂汇报时说：这次来西北，主要的印象，第一，对西北地区一、二、三线的界线弄清楚了，这对今后的建设很重要。从整个战略布局来说，整个三线的大东西还是摆到秦岭以南地区，青海西宁以南地区。

由此可以看出，三线建设的决策从提出到执行，无不浸透着邓小平的心血。

二、邓小平根据毛泽东的指示，提出了统筹兼顾、综合利用进行三线建设的思想

毛泽东在提出三线建设决策的建议以后，一直在思考，怎样使三线建设取得国防与民用、多种工业配套发展，发挥工农业互相促进的作用。1964 年 5 月，他第一次提出搞三线建设时就要求：应该把攀枝花和联系到攀枝花的交通、煤、电的建设搞起来。①1965 年 1 月 23、24 日，毛泽东听取余秋里汇报三线建设，又说：三线只修铁路、只规划煤钢？应当是机械、化工、军工什么都有才好。喊了多少年，成龙配套，总是没有配套。是要抓个成套，就可节省投资、节省物力、节省劳动力。②6 月 16 日，当余秋里汇报工业建设一定要注意综合利用时，毛泽东表示赞成，并对过去不注意综合利用的现象作了批评。他说：单打一总是不成。搞化工的单搞化工，搞石油的单搞石油，搞煤炭的单搞煤炭，总不成吧！煤焦可以出很多东西。采掘工业也是这样，采钨的只要钨，别的统统丢掉。水利工程，管水利的只管水利，修了坝以后船也不通了，木材也不通了。是个大浪费。综合利用大有文章可做。过去综合利用规划不好的，现在要治病，治病救人也好嘛！救鱼、救船、救木材。③

毛泽东的这些思想，由邓小平在西南、西北大三线考察中予以贯彻和发挥，形成了许多统筹兼顾、综合利用的部署和思想。

邓小平在重庆视察时指出：三线建设委员会要特别注意布局问题，像机械工业，可以搞成协作网。除了搞大厂、主厂外，搞些小厂、卫星。他在贵阳谈到电力问题时指出：贵州有煤，搞火电快。这方面要很好地进行规划，搞好综合利用。将来贵州一定是大工业区。他视察六枝煤矿时指出：看到西南有煤、有铁，我就放心了。不然，建好多工厂也没有

---

① 《毛泽东年谱》第 5 卷，中央文献出版社 2013 年版，第 355 页。

② 陈东林主编：《中国共产党与三线建设》，中共党史出版社 2014 年版，第 136、137 页。

③ 同上书，第 137 页。

用处。有煤、有铁，办好西南两个大型联合企业就有希望。他来到六盘水感慨地说："林子太少，要大造林，山区要发展林业牧业。"听说贵州的自然灾害主要是旱灾，他遗憾地说："贵州的水流走了，只是洞子里有点水。贵州的林木储量有多大？贵州到处可以变林区。"[①]

邓小平在陕西视察时指出：要在三线建立机床生产能力。军工厂要向专业化发展，造点机床的零部件，还要做些民用的东西。他在兰州听取汪锋汇报甘肃地方军工厂情况时说：军工厂的产品价格，太贵了不行。要用低工资等办法来降低成本。要搞点民用产品，不然，要背上个大包袱。要坚决防止小厂躺在国家身上。他在兰州听取王恩茂汇报时说：西北的关键问题是农业，不是工业。新厂的布局不能太集中。宁肯把工厂搞得远一点。工厂分散一点，便于工农结合，对备战也有好处。他在延安听取汇报后说：搞工业要根据农业的情况。不要以为工业搞多了就是好事，如果农业顶不住，要调入粮食，搞了工业也是个很大的负担。陕西省委、西北局决定在这里搞一些工厂，但不要勉强搞。

这些思想，总结起来包括四点：（1）重点工业要与周围资源、动力、制造等多方面工业配套发展。（2）工业要促进农业、林业协调发展。（3）军工企业也要生产民用产品，不能成为国家的包袱。（4）搞工业要因地制宜，不适宜的地方不要勉强。这些思想，虽然在三线建设过程中由于"文化大革命"的干扰，没有得到很好的执行，但在改革开放时期却大放光彩，成为中国特色社会主义理论的成功实践。其中最成功的例子是以攀枝花为中心的大西南"钟摆式"经济布局。

本来按照 1964 年 7、8 月国家计委和西南局的西昌会议规划，攀枝花主要发展钢铁，六盘水主要发展煤炭，之间没有什么互动。1965 年 11 月，邓小平视察了西南三线企业布局以后，敏锐地关注到了六盘水与攀枝花，西南煤炭与钢铁这两个大型联合企业共同发展的重要关系。他最后在攀枝花指出：煤钢联盟，中心是煤。攀枝花是得天独厚的好地方。

12 月 7 日，邓小平在昆明主持西南钢铁工业发展会议，明确提出了"煤钢联盟"，即从六盘水向攀枝花运进煤炭，同时在六盘水建立钢铁厂，

---

① 中共中央文献研究室编：《回忆邓小平》中册，中央文献出版社 1998 年版，第 350 页。

利用向攀枝花运煤的返回空车运回铁矿石的“钟摆式”对流关系，还建议要在水城、盘县多搞点火电，可以就地消耗煤。[①]从更大范围看，这个两点一线“钟摆式”布局涵盖了整个西南，即以四川攀枝花为钟轴，以成昆、贵滇铁路为两摆，向成都、重庆、昆明和贵州六盘水辐射。把攀枝花、六盘水资源与重庆、成都、昆明制造基地紧密联系起来，形成了一个西南新经济格局。

现在，经过 50 年建设，这个“钟摆式”布局发挥了巨大的作用，当年的点线分布扩展为生机勃勃的新经济区。成昆铁路沿线辐射范围 13.6 万平方公里，包括四川、云南的 7 个地、市和所属 50 个县、市。铁路支线和高速公路四通八达，企业和科研机构星罗棋布，崛起了西昌、绵阳、雅安、乐山等新型工业城市。攀枝花集团主产高铁钢轨、无缝钢管、特殊钢、钒钛钢铁的企业，延伸到四川凉山州、成都市、绵阳市及重庆市、广西北海市等地建厂。贵州六盘水形成了煤炭、电力、钢铁、建材四大支柱产业，昔日黔西不毛之地，成为重要工业基地。通过攀枝花和六盘水，还形成了攀西——六盘水资源开发区。有经济学家指出，“两点一线”带动西南少数民族地区的社会和经济水平提高，相当于跨越了 50 年。

三、邓小平是三线企业调整改造和西部大开发战略的设计师

中共十一届三中全会前，邓小平根据国际形势的变化，已经在重新考虑三线建设的问题。1978 年 7 月，他在听取五机部负责人汇报时指出：“我们有一个总的战略思想，仗可能五年打不起来，军工产品数量可以搞得少一些，但要把技术搞上去，把质量搞上去。”由这个判断，他提出小三线的调整改造问题说：小三线的基础是有了，问题是如何改造，怎么发挥作用。小三线的生产要合理，技术要提高，从原材料起必须保证质量。[②]

---

① 陈东林主编：《中国共产党与三线建设》，中共党史出版社 2014 年版，第 201—203 页。

② 《邓小平军事文集》第 2 卷，军事科学出版社、中央文献出版社 2004 年版，第 130—133 页。

1985 年 6 月 4 日，邓小平在中央军委会议上做了国际形势判断和对外政策两个重要转变的著名讲话。他说："第一个转变是对战争与和平问题的认识。过去我们的观点一直是战争不可避免，而且迫在眉睫。我们好多的决策，包括一、二、三线的建设布局，'山、散、洞'的方针在内，都是从这个观点出发的。"现在我们得出结论："在较长时间内不发生大规模的世界战争是有可能的，维护世界和平是有希望的。"①

根据对国际形势的这一新判断，西部地区以国防工业为主的三线企业，在要顾全大局的形势下缺乏续投资金和军工产品出路，如何发展引起了争论。有人主张三线企业掉尾巴再搬回到沿海一线，有的人甚至说，三线企业调整改造也没有用，钱扔下去白白浪费。

邓小平不同意这种全面否定的消极态度，他提出了新的要求：军工企业要走军民结合的道路，在国家的统一计划下，以军为主，搞军民结合。重点放在平时，至少拿一半转到民用，战时可以转产，这是一个大方针。最后确定为十六个字"军民结合、平战结合、军品优先、以军养民"。他在视察三线重点企业湖北第二汽车厂时还具体指出，三线企业要"保护竞争，促进联合""打破小而全"，走专业公司的道路。②

由此，中共中央、国务院制定了西部三线企业调整改造、发挥作用的方针。西部地区对一部分企业进行了关、停、并、转、迁的调整。同时，也积极采取了适应改革开放新形势的多种努力，包括调整企业结构，改革管理体制，转产人民生活急需的家用电器、日用生活品和国际市场畅销的产品，到东部沿海地区开设贸易窗口等。

在加快发展东部之时，邓小平没有忘记西部。1988 年 9 月 12 日，他第一次将沿海和内地的发展关系概括为"两个大局"的思想。他说："沿海地区要加快对外开放，使这个拥有两亿人口的广大地带较快地先发展起来，从而带动内地更好地发展，这是一个事关大局的问题。内地要顾全这个大局。反过来，发展到一定的时候，又要求沿海拿出更多力量来

---

① 《邓小平军事文集》第 2 卷，军事科学出版社、中央文献出版社 2004 年版，第 272—275 页。

② 中共中央党史研究室科研局编：《再造中华辉煌：邓小平纪事》，中共党史出版社 1994 年版，第 175 页。

帮助内地发展，这也是个大局。那时沿海也要服从这个大局。”[①]

1992 年 1 月至 2 月，邓小平视察武昌、深圳、珠海、上海等地，发表了著名的南方谈话，为“两个大局”思想拟定了具体时间表和实施办法：“可以设想，在本世纪末达到小康水平的时候，就要突出地提出和解决这个问题。到那个时候，发达地区要继续发展，并通过多交利税和技术转让等方式大力支持不发达地区。不发达地区又大都是拥有丰富资源的地区，发展潜力是很大的。总之，就全国范围来说，我们一定能够逐步顺利解决沿海同内地贫富差距的问题。”[②]

世界进入世纪之交，中国的“九五”计划胜利完成，国内生产总值按汇率计算已经相当于一万亿美元，实现了邓小平提出的“小康”水平。西部大开发正式揭开帷幕。三线企业不仅在西部大开发中提供着重要经验和物质基础，本身也在西部大开发中注入了新的活力。

习近平指出：“我们党领导人民进行社会主义建设，有改革开放前和改革开放后两个历史时期，这是两个相互联系又有重大区别的时期，但本质上都是我们党领导人民进行社会主义建设的实践探索。”[③] 这是我们解读邓小平三线建设思想与中国特色社会主义关系的一把钥匙。

改革开放前的 20 世纪 60 年代，面对严峻的国际形势和东西部经济布局严重不平衡，从抓“吃穿用”转变到三线建设战略是必要的。改革开放后的 80 年代，面对国际形势的相对缓和和优先发展东部地区的要求，三线建设战略转变到三线企业调整改造、发挥作用，也是必要的。最后的目标，是通过可持续发展的西部大开发，实现东西部共同富裕。邓小平的三线建设思想，体现着中国特色社会主义理论的精髓——实事求是。

[原载《开发研究》2014 年第 6 期]

---

① 《邓小平文选》第 3 卷，人民出版社 1993 年版，第 277—278 页。

② 同上书，第 374 页。

③ 《人民日报》2013 年 11 月 8 日。

陈云与中国特色社会主义经济发展道路的探索形成

郑有贵

陈云从国情出发，立足于现代化目标的实现，坚持不懈地探索了经济建设方式、经济制度和经济体制的选择问题，主张以全国一盘棋和集中力量办大事的方式推进经济建设，主张在公有制主体地位下发展个体和私有经济，提出社会主义时期必须有两种经济的论断，对马克思主义中国化和中国特色社会主义经济发展道路的探索形成做出了重大的贡献。

一、关于经济建设方式的探索

在经济建设方式的选择上，陈云从落后的农业国实现工业化、现代化的目标出发，探索以全国一盘棋和集中力量办大事的方式推进经济建设，为改革开放以来中国特色社会主义经济发展道路的形成和经济的持续高速发展奠定了坚实的思想基础、实践基础和物质技术基础。

中国特色社会主义道路，以经济建设为中心是其要义。以往对陈云经济建设思想的研究，主要集中在陈云关于经济建设要有利于人民利益、从国情出发、量力而行、综合平衡、打牢农业基础等思想上。本文在以往研究的基础上，从新中国经济建设道路开辟和中国持续高速发展原因的新视角，对陈云的经济建设方式做一探索。笔者认为，陈云对中国特色社会主义经济建设方式的探索和中国经济持续高速发展的贡献是独特的和重大的。具体而言，陈云作为第一代中央领导集体成员和负责财经工作的领导人，面对在工业化、现代化落后状况下如何实现赶超发展的难题，从实施以156个工业建设项目为核心的“一五”计划起，在实践中探索出充分发挥社会主义的制度优势，发挥政府的作用，从国家和人民长远利益出发，全国一盘棋，集体力量办大事，组织实施了大规模的事关国计民生战略意义的重大经济建设项目。改革开放初期，陈云根据长时期领导经济建设的亲身体验和国家发展的需要，对新中国经济建设进行了深刻的思考，提出了重要的观点。

一是建设要有重点，不分轻重缓急，势必因小失大，处处被动，现代化就没有希望。我国是一个发展中国家，面对与发达国家的差距，只能迎头赶上，不能停滞不前，否则就难以摆脱落后挨打的厄运。然而，我国与其他发展中国家一样，面临如何突破“贫困陷阱”的问题。新中国成立后到改革开放前，我国通过计划经济的实施，集中力量实施了一系列关系国家长远发展的重大经济建设项目。1982年1月25日，陈云在与国家计委负责同志谈话时说：“人民的生活要提高，但国家只有那么多钱，这里摆多少，那里摆多少，都要有一个计划。人民的生活需要改善，可以改善，但改善的幅度要很好研究。还是那句话：从全局看，第一是吃饭，第二要建设。吃光用光，国家没有希望。吃了之后，还有余力搞生产建设，国家才有希望。只要把握住这一条就好。”①1983年6月30日，陈云在中央工作会议上特别告诫说：“建设要有重点。财力物力只有那么多，不分轻重缓急，大家一齐上，你挤我，我挤你，势必因小失大，处处被动。”②他进一步指出：“重点确定之后，就要动员全党全民集中财力物力保重点。这几年，有些地方和部门打乱仗，乱上基本建设项目，乱涨价，乱摊派，乱发奖金，把资金分散了。中央手里的钱，除去行政、科研、文教、国防的经常费用，剩下的可以说办不了什么大事。什么几个核电站，什么三峡工程，什么增加港口、铁路，通通办不成就是了。所以，这次有劳在座的‘各路诸侯’跑一趟，把口袋里的钱再拿

---

① 《陈云文选》第3卷，人民出版社1995年版，第309页。

② 同上书，第323页。

一些出来，并说服企业、部门的干部和工人、农民从全局和长远观点看问题，大家一齐来支援重点建设，支援骨干项目。否则，像现在这样下去，四化没有希望。”[①]1988 年 10 月 8 日，陈云在同中央负责同志的谈话中，在总结建设经验时说：“在历史上起过作用的办法，现在不应该全部照搬，但也不能一概否定。”“从‘一五’到现在近三十六年，中间虽有曲折，但发展也不算太慢。在过去这些年里，我们搞的一百五十六项、尖端科学技术、石油自给、武钢一米七轧机、十三套大化肥、宝钢以及铁路、电力、农田水利等建设，它们的作用不能低估。”[②]

二是集中力量办大事推进重点建设时，要从整个国家的全局利益和长远利益出发，要全国一盘棋。1980 年 12 月 16 日，在中央工作会议上的讲话上，针对权力过于分散、地方主义发展、中央由于财力不足导致中央权威有被削弱的危险的情况，陈云提出：“像我们这样的国家没有这样一个集中是不行的，否则就会乱套，也不利于改革。”[③]1981 年 12 月 20 日，陈云在省、自治区、直辖市党委第一书记座谈会上指出：“国家建设必须全国一盘棋，按计划办事。”“全国建设的进度，必须有先有后，有重有轻，按全国计划办事。”[④]1983 年 6 月 30 日，陈云在中央工作会议上指出：“现在看，农业、能源、交通是重点，一批骨干企业的建设和改造是重点，科技教育事业的发展、环境污染的防治以及知识分子生活待遇的提高等等也是重点。这些是从整个国家的全局利益和长远利益出发考虑的。重点只能由中央根据全局的长远的利益，经过综合平衡来确定。”[⑤]陈云不仅强调从全局利益和长远利益出发，还强调不能急于求成。1982 年 1 月 25 日，陈云在与国家计委负责同志谈话时说：“搞建设，真正脚踏实地、按部就班地搞下去就快，急于求成反而慢，这是多年来的经验教训。”[⑥]

---

① 《陈云文选》第 3 卷，人民出版社 1995 年版，第 323—324 页。

② 同上书，第 366 页。

③ 同上书，第 279 页。

④ 同上书，第 307 页。

⑤ 同上书，第 323 页。

⑥ 同上书，第 311 页。

一些人把中共十一届三中全会以来我国经济的持续高速发展完全归功于改革开放，无视改革开放前所奠定的物质和技术基础的作用，甚至根据新自由主义而脱离历史条件来否定发挥政府推进集中力量办大事的建设方式。如果改革开放前不从国家和人民长远利益出发，不通过发挥社会主义的制度优势而集中精力办大事，中国作为积贫积弱的农业国，在很短时间内建立起独立的工业体系和国民经济体系是难以想象的，突破“贫困陷阱”是难以想象的，到 2010 年我国跃居全球第一制造业大国和世界第二大经济体也就没有基础。我国发挥政府作用实行集中力量办大事的经济建设实践无疑是成功的，也为发展中国家突破“贫困陷阱”和实现赶超发展提供了经验。我们需要看清，新自由主义否定政府作用，实际上是为发展中国家设置的一个陷阱，正如林毅夫所说，如果发展中国家的政府不发挥积极作用就等于是自废武功，不可能赶超发达国家。[①]实践证明，发挥社会主义制度优势集中力量办大事，是中国特色社会主义经济发展道路成功的重要因素，其中陈云倾注大量精力推进 156 项重点工程等经济建设，为在较短时期内建立起独立的工业体系和国民经济体系做出了重大的贡献。

二、关于经济制度的探索

在经济制度的选择上，陈云从生产力落后的实际出发，主张在公有制主体地位下发展个体、私有经济，为公有制为主体、多种所有制经济共同发展的基本经济制度的形成奠定了实践和思想基础。

改革开放以来，我国形成了公有制为主体、多种所有制经济共同发展的基本经济制度，它是一整套相互衔接、相互联系的中国特色社会主义制度体系的重要组成部分。陈云基于我国生产力落后的实际，提出了“三个主体、三个补充”的经济体制设想及具体的政策主张，如在社会主义改造时期建议保留一些小商贩和有经营特色的小商店、夫妻店，主张农村人民公社搞自留地、家庭副业和包产到户，在改革初支持家庭承包

---

① 林毅夫:《新结构经济学与中国发展之路》,《中国市场》2012 年第 50 期。

经营改革等。笔者认为，从社会主义改造基本完成后，陈云把马克思主义关于生产力决定生产关系的理论与中国的实际情况相结合，主张在公有制主体地位下发展个私经济，支持家庭承包经营的发展，成为我国确立社会主义初级阶段基本经济制度的思想基础。

第一，在生产力水平较低的情况下，不能盲目搞集中大生产，很大一部分必须分散生产、分散经营。1956 年 8 月 23 日，陈云在国务院有关部门参加的关于工商业改造的组织形式问题座谈会上指出："不论是工业、商业和手工业，盲目搞集中，搞统一计算盈亏是错误的。我们要勇敢地大胆地来设想一番，最低限度是大多数不应该搞大的。手工业绝大多数（百分之七十至百分之八十）不应该搞大社，不要统一计算盈亏；地方工业一般也不要搞大的，就是重工业也不一定都要搞大的。资本主义国家大小都有，我们一搞都是大的，这是错误的。在公私合营中，采取'先联后并，联而不并'的方针是对的。在手工业中，不仅服务性行业不能集中，就是制造性行业绝大多数也不能集中，已合并了的要退出来，已统一计算盈亏的要分出来。中国手工业应该多搞合作小组，自负盈亏，发挥其积极性，以适应市场千变万化的需要。即使个别制造性行业可以集中生产，统一计算盈亏，但是百分之七十至百分之八十的手工业社应该分散经营，各负盈亏。这样便能做到小巧玲珑，适应市场的需要。"[①]9 月 11 日，陈云主持国务院第二十七次全体会议讨论《中共中央国务院关于加强农业生产合作社的生产领导和组织建设的指示》时分析了盲目追求大工厂存在的问题，指出："现在，大工厂是牺牲了很多产品才获得产量提高的。"[②]9 月 20 日，陈云在中共八大会议上的发言指出："工业、手工业、农业副产品和商业的很大一部分必须分散生产、分散经营，纠正从片面观点出发的盲目的集中生产、集中经营的现象。""手工业的制造性行业中，有一部分是可以适当合并的，但是绝大部分服务行业和许多制造行业不应该合并。为了克服由于盲目合并、盲目实行统一计算盈亏而来的产品单纯化、服务质量下降的缺点，必须把许多大合作社改

---

① 《陈云文集》第 3 卷，中央文献出版社 2005 年版，第 100—101 页。

② 同上书，第 103 页。

变为小合作社，由全社统一计算盈亏改变为各合作小组或各户自负盈亏。这种改变不但适合于绝大部分服务行业，而且适合于许多制造行业。”①

第二，在农业集体经营中可以搞分散经营、自负盈亏、自留地、家庭经营。陈云在中共八大上指出：“农业生产合作社的粮食、经济作物和一部分副业生产是必须由合作社集体经营的，但是许多副业生产，应该由社员分散经营。不加区别地一切归社经营的现象必须改变。许多副业只有放开手让社员分散经营，才能增产各种各样的产品，适应市场的需要，增加社员的收入。在每个社员平均占地比较多的地方，只要无碍于合作社的主要农产品的生产，应该考虑让社员多有一些自留地，以便他们种植饲料和其他作物来养猪和增加副业产品。”② 陈云在以“一大二公”为导向的背景下，在包产到户面临何去何从的关键时刻挺身而出，于1962年和1979年先后支持包产到户、家庭承包经营，为家庭承包经营制度在我国的普遍实行和农户经济的发展做出了重大贡献，也成为基本经济制度形成的思想和实践基础。

第三，从适应小生产和小私有发展的实际出发，不能事无大小统统搞计划。陈云主持国务院第三十七次全体会议时指出：“事无大小，统统计划不行。个体生产是集体所有制的补充。这种自由市场只有百分之二十五,百分之七十五都是国家统购。如果没有这个百分之二十五的自由就搞死了，这个百分之二十五的自由是必要的。现在，就是要在社会主义经济基础上，恢复一九五三年的情况，搞死了不行。应该是大的方面计划，小的方面自由。”③

第四，在以国有经济和集体经济为主条件下，个体经营和私人资本主义经济的存在不影响整个社会主义制度。对此陈云在中共八大上指出，“在工商业经营方面，国家经营和集体经营是工商业的主体，但是附有一定数量的个体经营。这种个体经营是国家经营和集体经营的补充”④。1979年3月8日，陈云在《计划与市场问题》中说：“解放初期，只掌握了第

① 《陈云文选》第3卷，人民出版社1995年版，第6、7页。

② 同上书，第8页。

③ 《陈云文集》第3卷，中央文献出版社2005年版，第103页。

④ 《陈云文选》第3卷，人民出版社1995年版，第13页。

一部分（指公有制经济部分——引者注），私人资本主义经济还存在，但我们仍然是社会主义国家。”[①]

三、关于经济体制的探索

在经济体制的选择上，陈云从搞活和尊重价值规律出发，提出社会主义时期必须有两种经济的论断，突破了社会主义排斥市场调节的认识，为引入市场手段的改革和最终确立社会主义市场经济的改革方向奠定了思想基础。

中国成功地实现了社会主义与市场经济的有机结合，社会主义市场经济成为中国特色社会主义道路中最为鲜明的特色。在这一实践和认识的发展进程中，陈云的重大贡献可大致分为递进的三个阶段。

第一个阶段，陈云于 1956 年形成了计划经济也要有自由市场补充的思想。在社会主义改造完成后，当时负责全国财经工作的陈云发现，单一统一计划导致经济运行出现了一些问题，并从解决这些问题出发，提出了实行国家市场领导下的自由市场等政策主张。同年 8 月 23 日，陈云在关于工商业改造的组织形式问题座谈会上分析指出：“过去只有国家市场，没有自由市场，现在要有国家市场，也要有在国家市场领导下的自由市场。如果没有这种自由市场，市场就会变死。”[②]9 月 11 日，陈云在国务院第三十七次全体会议上，专门对“计划和自由的问题”进行了阐述，提出实行“大计划、小自由”的政策主张。9 月 20 日，陈云在中共八大上指出：“至于生产计划方面，全国工农业产品的主要部分是按照计划生产的，但是同时有一部分产品是按照市场变化而在国家计划许可范围内自由生产的。计划生产是工农业生产的主体，按照市场变化而在国家计划许可范围内的自由生产是计划生产的补充。因此，我国的市场，绝不会是资本主义的自由市场，而是社会主义的统一市场。”[③] 陈云之所以能够早在 1956 年就提出要实行国家市场主体

① 《陈云文选》第 3 卷，人民出版社 1995 年版，第 245 页。

② 《陈云文集》第 3 卷，中央文献出版社 2005 年版，第 99 页。

③ 《陈云文选》第 3 卷，人民出版社 1995 年版，第 13 页。

地位下的自由市场，主要有三个方面的原因：第一，从我国社会主义改造已经基本完成、适应小生产和小私有发展的要求、满足人民群众需要的实际出发。第二，吸收了苏联的经验教训。1956 年 8 月 23 日，陈云在关于工商业改造的组织形式问题座谈会上指出："商业方面是国家一家垄断。这种垄断商业，过去用来对付资本主义是对的，但是到社会主义改造高潮之后就不适应了。不要商业，工业就要停产。苏联十月革命后，市场完全死了。我们今天也把市场搞得很死，若不注意解决这一问题，天下就会大乱。"还指出："如果全部集中起来，统一计算盈亏，产品必然会减少。苏联也有过这方面的教训。"①第三，在国家市场为主体下，允许一定范围内国家领导的自由市场不会影响社会主义。同年 9 月 20 日，陈云在中共八大上的发言指出："在社会主义的统一市场里，国家市场是它的主体，但是附有一定范围内国家领导的自由市场。这种自由市场，是在国家领导之下，作为国家市场的补充，因此它是社会主义统一市场的组成部分。"②陈云关于计划经济也要有自由市场补充的政策主张，在改革开放前的很长时期内得到了实施，对于搞活经济和促进经济发展起到了重要的作用，也为改革开放以来引入市场调节奠定了实践和思想基础。

第二个阶段，提出了社会主义时期必须有两种经济的论断。陈云关于计划经济也要有自由市场的政策主张因与当时的社会主义经济理论相悖而遭受排斥，在 20 世纪 60—70 年代自由市场与自留地、自负盈亏、包产到户一并被当作资本主义尾巴而加以严厉批判。然而，这并没有阻碍陈云的持续思考。1979 年，陈云在《计划与市场问题》中明确提出整个社会主义时期必须有两种经济的论断：（1）计划经济部分（有计划按比例的部分）；（2）市场调节部分（即不作计划，只根据市场供应的变化进行生产，带有盲目性调节的部分）。第一部分是基本的主要的；第二部分是从属的次要的，但又是必需的。既掌握了政权，又有了第一部分经济，就能够建设社会主义。第二部分只能是有益的补充（基本上是无害

---

① 《陈云文集》第 3 卷，中央文献出版社 2005 年版，第 98、100 页。

② 《陈云文选》第 3 卷，人民出版社 1995 年版，第 13 页。

的)。[①] 陈云之所以提出社会主义必须实行市场调节，一个重要的原因是长期实行单一计划经济实践中存在忽视价值规律的问题。陈云指出："所谓市场调节，就是按价值规律调节，在经济生活的某些方面可以用'无政府'、'盲目'生产的办法来加以调节。""忽视了市场调节部分的另一后果是，同志们对价值规律的忽视，即思想上没有'利润'这个概念。这是大少爷办经济，不是企业家办经济。"[②] 陈云关于社会主义时期必须有两种经济的论断，是"三个主体、三个补充"思想的深化和发展，突破了社会主义只能实行单一计划经济而不能实行市场调节的认识，为引入市场调节改革实践的推进和最终明确发展中国特色社会主义市场经济奠定了思想基础。

第三个阶段，在社会主义市场经济改革进程中，陈云强调不能脱离实际完全按照西方市场经济办，强调不能离开计划，要加强政府的权威。1988 年 10 月 8 日，陈云在同中央负责人谈话时直截了当地说："在我们这样一个社会主义国家里，学习西方市场经济的办法，看来困难不少。"他进一步分析指出："我在一九七九年三月说过，六十年来，无论苏联或中国的计划工作制度中出现的主要缺点：只有'有计划按比例'这一条，没有在社会主义制度下还必须有'市场调节'这一条。所以，我们需要改革。但在改革中，不能丢掉有计划按比例发展经济这一条，否则整个国民经济就会乱套。"他在这次谈话中，不仅强调计划，还强调加强中央的经济权威，指出：中央的政治权威，要有中央的经济权威作基础。没有中央的经济权威，中央的政治权威是不巩固的。在经济活动中，中央应该集中必须集中的权力。搞活经济是对的，但权力太分散就乱了，搞活也难。[③] 从中我们可以清晰地看出，陈云在这次谈话中反对搞西方市场经济是非常明确的。在中共十四大明确"我国经济体制改革的目标是建立社会主义市场经济体制"后，陈云 1994 年 2 月 9 日在同上海市负责同志谈话时，进一步强调加强中央的经济权威问题，"如果没有中央的权威，

① 《陈云文选》第 3 卷，人民出版社 1995 年版，第 245 页。

② 同上书，第 245—246 页。

③ 同上书，第 365—367 页。

就办不成大事，社会也无法稳定"[①]。陈云主张在推进社会主义市场经济改革发展中加强中央的经济权威，就是要确保中央政府能够充分发挥其职能，这样才能实现全国一盘棋和弥补市场的缺陷。

[原载《中国经济史论丛（2014）》，社会科学文献出版社2014年版]

① 《陈云文选》第3卷，人民出版社1995年版，第380页。

坚持中国特色社会主义不动摇、不懈怠、不折腾

——从陈云、邓小平到十八大对“不折腾”思想的发展

冷兆松

一、“不折腾”的提出和中央的高度重视

（一）“不折腾”是由陈云提出来的

谁是“不折腾”的最早提出者？有人认为，最早提出“不折腾”的中央领导是陈云和李先念[①]。这是不符合史实的错误观点。错误有二：一是与历史文献的原貌不符；二是依据片面的史料作出错误的结论。

首先，署名次序与历史文献不符。这种观点的依据是，1979年3月14日他们联名写给中央的一封信《关于财经工作给中央的一封信》[②]中第一次提出了“不折腾”。此文献表明，署名次序是李先念居前、陈云在后，而不是相反。所以，陈云和李先念提出“不折腾”的观点，颠倒了历史当事人的署名次序，与历史文献不符。

其次，另外两条密切相关的重要史料进一步揭示的历史细节表明，“不折腾”是由陈云首先提出来的。

---

① 张绍春：《李先念与“不折腾”原则考》，《当代中国史研究》2010年第5期。

② 《三中全会以来重要文献选编》（上），人民出版社1982年版，第72—73页。

1979 年 11 月 19 日，在中共中央政治局听取国民经济计划安排的汇报时，李先念说："当前人民更迫切的要求是政治局面的安定，经济的稳定发展。陈云同志叫做不要乱折腾。"[①] 这条史料表明，李先念本人亲口说，"不折腾"是由陈云提出来的，而不是他们两个人共同提出来的。为什么 1979 年 3 月 14 日李先念、陈云致中央联名信中写明的"不折腾"，李先念在这里说是陈云一个人提出来的呢？中共中央批准出版的《陈云传》所披露的详细史料，可以解开这个谜底。

1979 年 3 月 14 日，李先念、陈云联名致信中共中央，信的第二部分内容，即关于不要折腾和经济调整的六条意见，是陈云起草的。他写道：（1）前进的步子要稳。不要再折腾，必须避免反复和出现大的"马鞍形"。（2）国民经济能做到按比例发展就是最快的速度。（3）现在的国民经济比例失调的情况是相当严重的。（4）要有两三年的调整时期，才能把比例失调情况调整过来。（5）钢的发展方向，不仅要重数量，而且更要重质量。（6）借外债必须充分考虑还本付息的支付能力，考虑国内投资能力。[②]

上述文献史料表明，"不折腾"最早是由陈云提出来。1979 年 3 月 14 日，李先念、陈云致中共中央联名信，将陈云关于不要折腾和经济调整的六条意见报送中央。

（二）中央高度重视和肯定陈云关于不要再折腾的意见

陈云在十年"文革"中实际上几乎靠边站了，失去了参与中央高层决策的权利，十一届三中全会之后才全面恢复中央领导工作，分管中央纪律检查委员会和中央政法部门[③]。从"文革"期间到十一届三中全会之后的头几个月中（1979 年 3 月 21 日至 23 日中共中央政治局会议[④]之前），协助中央主要领导人分管中央财经工作的是李先念。因此，在考虑不要折腾、经济调整的关系国民经济发展大局的问题时，陈云多次同李先念商谈，并于 1979 年 3 月 14 日，以李先念署名居前、陈云在后的方

---

① 《李先念文选》，人民出版社 1989 年版，第 393—394 页。

② 《陈云传》，中央文献出版社 2005 年版，第 1556—1557 页。

③ 《陈云年谱》下卷，中央文献出版社 2000 年版，第 232 页。

④ 《陈云传》，中央文献出版社 2005 年版，第 1557—1561 页。

式联名致信中共中央，提出不要再折腾、应进行经济调整的六条政策主张。在当时，经济建设中急于求成的倾向还严重地存在着，中共中央领导层中对是不是要下决心对国民经济进行调整的认识并不完全一致的复杂背景下，中央分管财经工作的领导人李先念署名在前是有分量的。

这封信，立刻引起中央其他主要领导人的高度重视。3 月 17 日，即联名信发出的第三天，华国锋批转给中央副秘书长姚依林，要求“印发政治局同志”。3 月 21 日至 23 日，中共中央政治局召开会议，讨论经济调整问题，并确定了经济调整的方针和“由陈云、李先念两同志挂帅”统管全国财经和经济调整。①

值得注意的是，通过比较发现，1978 年 12 月 10 日陈云在作为十一届三中全会准备的中央工作会议上发表的五点意见②，与 1979 年 3 月 14 日李、陈联名信中关于不折腾、要调整的六条意见，主要观点和内容基本相似，前者相当于初稿，后者相当于定稿。这也表明，“不折腾”思想的提出，是陈云经过长时间反复思考、认真总结改革开放前 30 年经验教训的结果。

1958 年至 1960 年“大跃进”、1966 年至 1976 年“文化大革命”、1977 年至 1978 年“洋跃进”等多次大规模折腾，教训是深刻而惨痛的。因此，陈云“不折腾”的话一出，很快并且持续得到了得到邓小平、李先念、薄一波、胡乔木、邓颖超、万里、方毅、陆定一、陈丕显等中央领导同志的积极回应③，在广大干部群众中也得到了积极的反响。1980 年

---

① 《陈云传》，中央文献出版社 2005 年版，第 1557、1561 页。

② 《陈云文选》第 3 卷，人民出版社 1995 年版，第 235—238 页。

③ （1）邓颖超：《关于党的建设问题》（1979 年 10 月 10 日）。李先念：《经济发展要有秩序地前进》（1979 年 11 月 19 日）、《在全国计划会议上的讲话》（1979 年 12 月 20 日）。（2）薄一波：《三十年来经济建设的回顾》（1980 年 1 月 15 日）。李先念：《坚持财政收支平衡、略有结余的方针》（1980 年 3 月 3 日、6 日）。胡乔木：《〈历史决议〉要注意写的两个问题》（1980 年 3 月 15 日）。万里：《靠政策靠科学 抓好农业区划工作》（1980 年 7 月 28 日）。陈丕显：《学习总纲 增强党性》（1980 年 9 月下旬）。方毅：《关于发展科学技术的方针》（1980 年 12 月 28 日）。（3）陈丕显：《认清形势，重视与加强纪检工作》（1981 年 2 月 18 日）、《怎样看农村形势》（1981 年 4 月 3 日）。李先念：《安排经济发展速度要实事求是》（1981 年 9 月 2 日）。（4）李先念：《改革、开放政策符合中国国情》（1987 年 3 月至 6 月）。（5）陆定一：《免于急躁就能免于折腾》（1989 年 1 月 12 日）。（6）薄一波：《进一步搞好经济特区的改革开放》（1990 年 12 月 22 日）。以上参见《李先念文选》，人民出版社 1989 年版；《薄一波文选》，人民出版社 1992 年版；《胡乔木文集》第 2 卷，人民出版社 1993 年版；《邓颖超文集》，人民出版社 1994 年版；《万里文选》，人民出版社 1995 年版；《方毅文集》，人民出版社 2008 年版；《陆定一文集》，人民出版社 1992 年版；《陈丕显文选》第 3 卷，中共党史出版社 2000 年版。

12 月 16 日，中央工作会议高度评价了陈云关于不折腾、要调整的意见和建议，认为这对于我们摆脱经济领域“左”的指导思想的长期束缚，“对于我们渡过困难，使经济建设走上正确的轨道，具有重要的作用”。[①]

二、陈云所提“不折腾”的含义

陈云从来没有专门论述过他所提出的“不折腾”的含义。但是，经过查阅文献资料，有一点是肯定的，陈云在讲到“不折腾”的时候，主要是与国民经济的发展规律、发展状况、经济政策相联系的。因此，我们可以联系陈云的经济思想，理解“不折腾”的含义。

国民经济建设要稳步前进，避免折腾，这是陈云经济思想的核心。[②]这种观点是有一定道理的。新中国历史上经济建设遭受的几次挫折，都是由于超越国力，急于求成，片面追求过高发展速度，造成比例关系失调。陈云关于经济建设要稳中求快、好中求快、不折腾的思想，有利于避免经济发展的大起大落、忽上忽下，有利于实现全面、协调、可持续发展。

在从 1958 年开始的历次“左”的浪潮中，陈云始终坚持这种科学态度，因而他多次被指责为“右倾保守”。1979 年在谈到调整钢铁工业指标的时候，陈云感慨地说：“过去似乎我是专门主张少搞钢的，而且似乎愈少愈好。哪有这样的事！我是共产党员，也希望多搞一点钢。问题是搞得到搞不到。”[③]陈云当时分析了国民经济的比例关系、钢铁工业同其他工业部门的关系以及钢铁工业内部的比例关系，指出 1985 年搞 6000 万吨根本做不到。这种预见惊人的准确，我国钢产量到 1989 年才突破 6000 万吨。

比例性是社会生产和再生产正常进行的必要条件，一旦主要的比例关系严重失调，发生破裂，就会出现经济倒退的危机。我国社会主义经

---

① 《三中全会以来重要文献选编》（上），人民出版社 1982 年版，第 608—626 页。

② 卢继传：《陈云思想的基本出发点——陈云生平与思想研讨会评述》，《人民日报》1995 年 12 月 6 日。

③ 《陈云文选》第 3 卷，人民出版社 1995 年版，第 250—255 页。

济体制赋予中央政府利用计划手段直接调控国民经济活动的职能，有利于避免比例关系长期严重失调；但是，如果我们出现严重失误和错误（普遍的倾向是急躁冒进、指标过高），反而会导致比例关系严重失调，发生经济倒退的危机，即人们常说的“折腾”。

陈云多次讲，经济活动按比例，各种比例关系相协调，就能取得最快的速度和最好的效益；否则，效益就下降，经济就混乱，甚至倒退、陷于危机。陈云在1978年12月至1979年3月期间提出并坚持进行经济调整的意见，正如他在20世纪60年代初提出进行经济调整一样，是基于对国民经济比例失调状况和急于求成的“左”的倾向的深刻分析。

1979年9月，陈云在国务院财政经济委员会召开的汇报会上的讲话，是陈云关于不要再折腾、落实经济调整思想的重要文献，被《陈云文选》和《三中全会以来重要文献选编》收录。陈云在讲话中说：（1）经济调整，即实行调整、改革、整顿、提高的方针，是必要的，基建投资超过国家财力物力可能的状况，自1970年以来就存在了，这是一个老问题。（2）根据新中国30年的经验，找出基本建设投资在财政支出中所占比重，是必要的。年年用发票子来搞基建，到了一定的时候，就会“爆炸”，局面会更坏。（3）除了要上若干个大项目以外，重点应该放在国内现有企业的挖潜、革新、改造。“目前人民向往四个现代化，要求经济有较快的发展。但他们又要求不要再折腾，在不再折腾的条件下有较快的发展速度。”①

陈云关于在不折腾的情况下平稳协调发展、重质量、重效益的思想，是我党经济发展指导思想摆脱多年来“左”的思想束缚的先声，因而在中国共产党经济思想史上具有重要历史地位。

三、邓小平全面发展“不折腾”的思想

邓小平在开创中国特色社会主义理论的过程中，全面发展了“不折腾”的思想，并且把它与“一个中心、两个基本点”的基本路线联系起来。

① 《陈云文选》第3卷，人民出版社1995年版，第264—268页。

（一）“不折腾”是对改革开放前 31 年经验教训的正确总结

《贯彻调整方针，保证安定团结》这篇文献，是 1980 年 12 月 25 日邓小平在中共中央工作会议上的讲话，他第一次论述了“不折腾”的思想观点。

关于“不折腾”的提出，邓小平在这里主要讲了两个观点。他说，1978 年 12 月十一届三中全会以后陈云“提出了调整方针”[①]，“不折腾”是陈云在提出经济调整方针的同时提出来的，“正确地总结了我国三十一年来经济工作的经验教训，是我们今后长期的指导方针”。[②]

1979 年 3 月陈云提出“不折腾”的想法，一是对改革开放前 30 年新中国经验教训的总结，二是用来说明经济调整的必要性和指导经济调整。经过十年“文化大革命”的破坏和折腾，中国经济已经到了崩溃的边缘，加之“文化大革命”结束之后的两年中我们没有摸清情况，追求“洋跃进”、高指标、瞎折腾，各种重大的经济比例关系严重失调，全国经济面临非常严峻的困难局面。所以，陈云向中央提出进行经济调整、不要再折腾的建议。但是，当时全党对经济调整必要性和紧迫性的认识很不统一，“因全党认识很不一致，也很不深刻，所以（经济调整方针——引者注）执行得很不得力”。[③]

针对这种情况，邓小平发表了这篇讲话。这篇讲话重点是统一认识、进一步贯彻经济调整的方针，但是，考虑到大家担心十一届三中全会以来的方针、政策改变，因为 31 年历史上的多次折腾大家怕了，邓小平论述了经济调整绝不会改变十一届三中全会确定的改革方向这个重大问题，给大家吃了“定心丸”。他说：“这次调整，是不是要改变三中全会以来的方针、政策呢？决不是。”[④]“我完全同意陈云同志的意见，今后一段时间内，重点是要抓调整，改革要服从于调整，有利于调整，不能妨碍调整。改革的步骤需要放慢一点，但不是在方向上有任何改变。”邓小平在

---

① 《邓小平文选》第 2 卷，人民出版社 1994 年版，第 354 页。

② 同上书，第 354、356 页。

③ 同上书，第 354 页。

④ 同上书，第 357—358 页。

这里强调，改革的步骤和节奏可以变动，但是，十一届三中全会以来的改革方向，不能有任何改变；改变，就是折腾，就会引起广大群众和干部的担心和害怕，他们有这种“怕反复、怕折腾”的心情。[①]

（二）“不折腾”是两个“不变”，绝不仅是一个“不变”

在1986年12月30日《旗帜鲜明地反对资产阶级自由化》、1987年4月16日《会见香港特别行政区基本法起草委员会委员时的讲话》这两篇文献中，通过总结改革开放以来的经验教训，邓小平对“不折腾”形成了新的重大的发展，反复论述“不折腾”是两个“不变”、绝不是一个“不变”的重要思想观点。

在这里，邓小平用“不变”来解释“不折腾”是一种通俗易懂的办法。“折腾”的本意，就是变来变去，反复无常。“不折腾”，就是不变，不要反复无常地变来变去。他说：“如果搞资产阶级自由化，就是再来一次折腾。”[②]“我们反对资产阶级自由化，就是要保证中国的社会主义制度不变，保证整个政策不变，对内开放、对外开放的政策不变。……这个‘不变’的问题，是人们议论纷纷的问题，……我们要用事实证明这个‘不变’。”“中国的政策基本上是两个方面，说不变不是一个方面不变，而是两个方面不变。人们忽略的一个方面，就是坚持四项基本原则，坚持社会主义制度，坚持共产党领导。人们只是说中国的开放政策是不是变了，但从来不提社会主义制度是不是变了，这也是不变的嘛！”“我们坚持社会主义制度，坚持四项基本原则，是老早就确定了的，写在宪法上的。……看中国的政策变不变，也要看这方面变不变。”[③]

关于“不折腾”，邓小平在这里发展出两个新的重要的思想观点。（1）“不折腾”，是指十一届三中全会以来的改革开放政策和坚持四项基本原则这两个“不变”。（2）“不折腾”，绝不仅仅是指改革开放这一个“不变”，绝不能忽视坚持四项基本原则和社会主义制度这个“不变”。邓小平提醒说，人们往往只是说中国的改革开放政策是不是变了，但从来

① 《邓小平文选》第2卷，人民出版社1994年版，第362、357页。

② 《邓小平文选》第3卷，人民出版社1993年版，第197页。

③ 同上书，第216—219页。

不提四项基本原则、社会主义制度是不是变了——这种倾向是值得注意的，如果这些变了，我们要在20世纪末达到小康水平、在21世纪中叶达到中等发达国家水平的目标就没有希望了。[①]

（三）“不折腾”与“一个中心、两个基本点”

这两个“不变”，实际上就是后来在邓小平主持下，由中共十三大确定的社会主义初级阶段基本路线中的“两个基本点”。1987年7月4日，邓小平说：“搞社会主义现代化建设是基本路线。要搞现代化建设使中国兴旺发达起来，第一，必须实行改革、开放政策；第二，必须坚持四项基本原则，主要是坚持党的领导，坚持社会主义道路，反对资产阶级自由化，反对走资本主义道路。这两个基本点是相互依存的。……我是实事求是派，坚持改革、开放政策，坚持党的领导和社会主义道路。”[②]1989年5月16日，邓小平说：我这一生“对国内工作的参与，确定了党的基本路线，确定了以四个现代化建设为中心，确定了改革开放政策，确定了坚持四项基本原则”[③]。

（四）邓小平“不折腾”思想的关键精神实质

从1980年、1986年、1987年到1992年的不断发展历程看，邓小平“不折腾”的思想是一贯的和丰富的。

1980年邓小平第一次论及“不折腾”时，重点论述以经济建设为中心是对改革开放之前31年经验教训的正确总结，论述经济调整与坚持十一届三中全会确定的改革方向的关系。

1986年和1987年邓小平第二、三次论及“不折腾”时，重点论述坚持改革开放和四项基本原则两个“不变”。至此，这就把“不折腾”的思想与“一个中心、两个基本点”内在地联系起来。

在1992年南方谈话中，邓小平强调，坚持十一届三中全会以来的路线、方针、政策，关键是坚持“一个中心、两个基本点”一百年不动摇。

---

① 《邓小平文选》第3卷，人民出版社1993年版，第218页。

② 同上书，第248—249页。

③ 同上书，第295页。

由于到1987年邓小平的论述，已经把“不折腾”与“一个中心、两个基本点”全面而紧密地联系起来，因此，结合1992年南方谈话，邓小平“不折腾”思想的关键精神实质可以理解为，坚持“一个中心、两个基本点”的基本路线一百年不动摇。

四、中共十八大丰富发展“不折腾”思想

中共十八大对“不折腾”思想的丰富发展表现为两个方面：（1）把“不折腾”与坚持中国特色社会主义道路、理论、制度联系起来，强调坚定道路自信、理论自信、制度自信；（2）首次把“不折腾”写入中国共产党全国代表大会的报告中，意义重大。

2008年12月18日，在纪念党的十一届三中全会召开30周年大会上的讲话中，胡锦涛说：“只要我们不动摇，不懈怠，不折腾，坚定不移地推进改革开放，坚定不移地走中国特色社会主义道路”，就一定能够胜利实现“两个一百年”的宏伟蓝图和奋斗目标。[①]《人民日报》评论员文章说，这是对30年改革开放经验的深刻总结。改革开放的30年，是中国经济社会发展最快的30年，也是折腾最少、稳定最多的30年。我们不能折腾，因为30年改革开放所开辟的中国特色社会主义道路，是国家富强、民族振兴的唯一正确道路，必须沿着这条道路坚定不移推进改革开放。[②]

2008年12月胡锦涛的讲话，表明中国共产党对“不折腾”思想的认识更加丰富更加深化，其内容不但包括陈云、邓小平关于“不折腾”的全部认识，而且丰富、扩展和深化到坚持中国特色社会主义道路不动摇、不懈怠、不折腾。

又经过四年的实践探索和理论总结，2012年11月8日中共十八大进一步推进和发展了关于“不折腾”的认识，把“不折腾”与坚持中国特

---

① 胡锦涛：《在纪念党的十一届三中全会召开30周年大会上的讲话》（2008年12月18日），《人民日报》2008年12月19日。

② 《不动摇，不懈怠，不折腾——认真学习贯彻胡锦涛同志“12·18”重要讲话之七》，《人民日报》2008年12月30日。

色社会主义道路、理论、制度联系起来。十八大报告指出，中国特色社会主义道路，中国特色社会主义理论体系，中国特色社会主义制度，是中国共产党成立九十多年和新中国成立六十多年来“奋斗、创造、积累的根本成就，必须倍加珍惜、始终坚持、不断发展”。坚持中国特色社会主义，“不动摇、不懈怠、不折腾，……要坚定这样的道路自信、理论自信、制度自信！”[①]

十八大首次把“不折腾”写入中国共产党全国代表大会的报告中，其意义非同一般。我们知道，中国共产党全国代表大会的报告历来是极其重要的纲领性文件，具有非同寻常的重要地位，起草、修改、审议、定稿的全过程都受到中共中央和全党上下的高度重视和关注，其中的每一个字每一个标点都经过了多次严格推敲。

“不折腾”思想载入十八大报告，表明从1979年3月陈云提出和中共中央政治局会议审议通过，再经过邓小平的全面发展，到十八大的时候已经比较完备和成熟了；表明“不折腾”思想已经成为中央和全党的共识，也就是坚持中国特色社会主义道路、理论、制度成为中央和全党的共识；表明这种共识不允许反复，不允许折腾的坚定不移的决心和信心。

五、结束语

1979年3月，陈云提出“不折腾”，并得到中央重视和肯定。陈云关于在不折腾的情况下平稳协调发展、重质量、重效益的思想，是中国共产党经济发展指导思想摆脱多年“左”的思想束缚的先声。

邓小平在开创中国特色社会主义理论的过程中，全面发展了“不折腾”思想，并且把它与“一个中心、两个基本点”的基本路线联系起来。他以两个“不变”而不是一个“不变”的论述，把“不折腾”与坚持改革开放、坚持四项基本原则这“两个基本点”内在地联系起来。结合1992年南方谈话，邓小平“不折腾”思想的关键精神实质可以理解为，

① 《中国共产党第十八次全国代表大会文件汇编》，人民出版社2012年版，第15页。

坚持“一个中心、两个基本点”的基本路线一百年不动摇。

中国特色社会主义理论体系的开创和发展是改革开放以来一以贯之的接力探索而形成的全党集体智慧的结晶，[①]“不折腾”思想从陈云、邓小平到十八大的不断丰富发展，就是一个很好的例证。

需要指出的是，关于“不折腾”的学术研究和理论宣传，一般都没有注意到邓小平两个“不变”的论述，只提改革开放政策这一个“不变”、一个“不折腾”，忽视了坚持四项基本原则这个“不变”、这个“不折腾”。这个片面理解必须纠正，这是邓小平早在1987年就特别提出需要予以警惕的一种片面倾向。

[原载《毛泽东邓小平理论研究》2014年第5期]

① 《中国共产党第十八次全国代表大会文件汇编》，人民出版社2012年版，第11页。

加快转变经济发展方式战略的形成历程与重大发展

冷兆松

加快转变经济发展方式战略，是科学发展观在创造性地回答实现什么样的发展、怎样发展等重大问题过程中所形成的宝贵成果，使我们党对中国特色社会主义的认识达到新高度。中共十七大强调，实现未来经济社会发展目标，关键要在加快转变经济发展方式、完善社会主义市场经济体制方面取得重大进展。落实科学发展观、转变经济发展方式，已经成为全党和全国的基本共识。

一、加快转变经济发展方式战略的形成历程

（一）转变经济增长方式战略思想的提出和发展

1994年11月，江泽民在中央经济工作会议上首次提出转变经济增长方式的战略思想和战略任务。“我们通常讲的经济增长，既包括数量和规模的扩大，也包括质量和效益的提高。”转变经济增长方式，“是我国经济发展战略转变的核心内容和主要课题”。①

江泽民始终坚持并不断丰富、发展经济增长的新理念和转变经济增长方式的战略思想，对转变经济增长方式的基本要求、主要内涵、主要

① 江泽民:《论社会主义市场经济》，中央文献出版社2006年版，第193—195页。

途径等方面进行了丰富和发展。

江泽民指出：转变经济增长方式的基本要求体现在“两个转到”——从主要依靠增加投入、铺新摊子、追求数量，转到主要依靠科技进步和提高劳动者素质上来，转到以经济效益为中心的轨道上来。[①]转变经济增长方式的主要内涵体现在既有较高速度又有较好效益以及生产发展、生活富裕、生态良好的文明发展道路等方面。推进经济增长方式转变的主要途径有：第一，推进经济体制改革，形成有利于经济增长方式转变的体制机制。第二，实施科教兴国战略，建设国家知识创新体系，增强自主创新能力。第三，实施可持续发展战略，加强生态环境建设。第四，对经济结构进行战略性调整，是实现经济增长方式转变的主要着力点。

（二）加快转变经济发展方式战略的确立

以胡锦涛同志为总书记的党中央非常重视以江泽民同志为核心的第三代中央领导集体所提出并坚持探索的转变经济增长方式的战略课题和战略任务。十六届中共中央政治局共进行44次集体学习，其中15次以经济建设为主题、以转变经济增长方式问题为重点。

2006年10月，在中共十六届六中全会上，胡锦涛第一次提出促进经济“又好又快”发展的新要求[②]。从“又快又好”到“又好又快”，这绝不是简单的文字变动，而是中央关于经济发展理念的重大转变，是贯彻落实科学发展观的必然要求。在获得了这样重大的理念突破之后，“转变经济发展方式”的概念呼之欲出。

2007年9月，胡锦涛以科学发展观为指导创新发展理念，从战略高度提出转变经济发展方式的概念：中国将“努力实现经济社会又好又快发展。中国将坚持走科技含量高、经济效益好、资源消耗低、环境污染少、人力资源优势得到充分发挥的新型工业化道路，加快调整经济结构、转变经济发展方式”[③]。

10月，中共十七大将加快转变经济发展方式确立为重要的国家战略。

① 《江泽民文选》第1卷，人民出版社2006年版，第462页。

② 《十六大以来重要文献选编》（下），中央文献出版社2008年版，第679页。

③ 胡锦涛：《推进全面合作，实现持续发展》，《人民日报》2007年9月7日。

胡锦涛在十七大报告中明确指出：转变经济发展方式的总体要求，主要体现在“三个转变”——促进经济增长由主要依靠投资、出口拉动向依靠消费、投资、出口协调拉动转变，由主要依靠第二产业带动向依靠第一、第二、第三产业协同带动转变，由主要依靠增加物质资源消耗向主要依靠科技进步、劳动者素质提高、管理创新转变。[①]这是总结我国现代化建设长期实践得出的重要结论，是推动我国经济社会发展必须坚持的正确方向。实现未来经济发展目标，关键要在加快转变经济发展方式、完善社会主义市场经济体制方面取得重大进展。

随后，胡锦涛对十七大所作出的这项重大战略决策解读说：“由转变经济增长方式到转变经济发展方式，虽然只是两个字的改动，但却有着十分深刻的内涵。转变经济发展方式，除了涵盖转变经济增长方式的全部内容外，还对经济发展的理念、目的、战略、途径等提出了新的更高的要求。我们要正确处理好和快的关系，坚持好字优先，加快形成符合科学发展观要求的发展方式。”[②]

这 140 字的经典论述包括两个方面重要的战略要点：第一，通过“两破两立”，引导人们创新发展理念、目的、战略和途径。（1）正式宣布终止使用“转变经济增长方式”的概念，代之以“转变经济发展方式”的新概念。（2）正确处理好与快的关系，破除快字优先的“又快又好”的发展理念，不再将追求国内生产总值的快速增长置于战略优先地位；代之以坚持好字优先的“又好又快”的新发展理念，要求在“加快形成”符合科学发展观要求的发展方式上下功夫，将加快转变经济发展方式置于战略优先地位。第二，说明了转变经济增长方式与转变经济发展方式之间的联系。转变经济发展方式，是对转变经济增长方式的继承、发展和创新，除了涵盖转变经济增长方式的全部内容外还对经济发展提出了新的更高的要求。

简而言之，2007 年 9 月，胡锦涛第一次提出转变经济发展方式的概念；10 月，十七大将加快转变经济发展方式确定为国家战略，标志着加

① 《十七大以来重要文献选编》（上），中央文献出版社 2009 年版，第 17—18 页。

② 同上书，第 107 页。

快转变经济发展方式战略的正式形成和确立。

（三）转变经济发展方式是对转变经济增长方式的重大飞跃

一些人认为，中央提出转变经济发展方式意味着放弃或否定了转变经济增长方式的思想。这种理解是不确切的。二者之间既有内在的联系，也有显著的区别。转变经济发展方式，不但涵盖转变经济增长方式的全部内容，而且对经济发展的理念、目的、战略、途径等提出了新的更高的要求。

新中国成立后，由于历史条件的限制，我们只能走传统工业化道路，虽然也强调质量效益问题，但是基本的经济发展模式还是属于追求经济的数量和规模快速扩大为主要特征的粗放经济增长。改革开放后，党中央多次提出正确处理速度与效益、数量与质量的关系问题，但是转变经济增长方式始终未能上升为国家经济发展战略，不但成效不大而且难以摆脱长期困扰我们的经济在大起大落中"折腾"的怪圈。

1994 年，江泽民把提高质量和效益、促进整个经济的良性循环等新内涵赋予"经济增长"的概念之中，摒弃了传统的粗放的经济增长模式及其理念，并要求以这种新的经济增长理念作为评价和考核各部门各地区以及各企业经济工作和经营好坏的首要标准，提出转变经济增长方式的战略任务，对转变经济增长方式的基本要求和主要内涵、实现途径等作出了规定和部署，取得了一定成效。转变经济增长方式的战略思想摒弃了传统的粗放的经济增长模式及其理念，是关于经济发展思想的巨大的历史性进步，无论在中国数千年的发展史上，还是在中国特色社会主义建设数十年的发展史上，都是第一次，是具有重大历史意义的认识飞跃和战略优化。

在西方数百年的经济学论著中，曾将经济增长与经济发展当作内涵相同的概念来使用。但是，特别是在西方发达国家工业化以来，人们发现，很多国家经济增长的伴随结果是日益严重的环境污染、资源短缺、贫富差距、社会矛盾激化等层出不穷的社会经济政治和资源环境问题。在对这种"有增长而无发展"的反思中，出现了发展经济学、自然资源与环境经济学等新流派，将"（经济）增长"与"（经济）发展"作为两个概念区分开来，虽然不同流派对概念的界定略有不同，但是大家都同意把“经济增长”和“经济发展”作为两个概念区别使用。

胡锦涛以科学发展观为指导创新发展理念，将科学发展、和谐发展、和平发展、新型工业化道路、文明发展道路、经济社会全面进步、人的全面发展等新理念赋予“经济发展”概念之中，形成了符合中国特色社会主义理论本质的“经济发展”概念。以此为基础，中共十七大报告提出加快转变经济发展方式的战略思想和战略任务，标志着我国经济发展战略的核心思想完成了由转变经济增长方式到转变经济发展方式的重大飞跃，从认识上完成了由传统的粗放的经济增长方式向现代的创新驱动的经济发展方式转变的重大战略飞跃。

总之，从1994—2007年十多年的探索、酝酿和形成的历史进程看，加快转变经济发展方式战略的形成和确立可以划分为两个阶段，即以江泽民同志为核心的第三代中央领导集体以“又快又好”为理念追求转变经济增长方式的理论探索和实践摸索阶段；以胡锦涛同志为总书记的党中央以科学发展观为指导、以“又好又快”的新理念为导向、以提出转变经济发展方式概念和战略为标志的理论成熟和战略定型阶段。

二、十七大以来加快转变经济发展方式战略的重大发展

2007年10月中共十七大以来至今的三年多，汶川特大地震、国际金融危机等来自自然、国内外经济政治领域的重大挑战接连不断，其间党中央召开了五次中央全会，对“十二五”时期发展做出重大部署，加快转变经济发展方式战略在经受严峻的实践考验过程中获得了多方面的丰富和深化，其中重大的新进展可以概括为如下三个方面：

（一）关于战略的理念和概念、目的和意义方面的新发展

废止“转变经济增长方式”概念，代之以“转变经济发展方式”；废止“又快又好”理念，代之以“又好又快”。2007年12月17日，在新进中央委员会的委员、候补委员学习贯彻党的十七大精神研讨班上的讲话中，胡锦涛说：“由转变经济增长方式到转变经济发展方式，虽然只是

两个字的改动，但却有着十分深刻的内涵。转变经济发展方式，除了涵盖转变经济增长方式的全部内容外，还对经济发展的理念、目的、战略、途径等提出了新的更高的要求。我们要正确处理好和快的关系，坚持好字优先，加快形成符合科学发展观要求的发展方式。”[①] 随着经济发展和对外开放水平不断提高，当前阶段我国经济发展呈现出五个新的阶段性特征。一是经济增长高度依赖国际市场；二是主要依靠物质投入的传统发展方式与资源环境的矛盾日益尖锐；三是经济发展科技含量不高，产业结构不合理，企业技术创新能力不强；四是居民收入在国民收入分配中的比重偏低，社会收入差距过大，既造成投资和消费不平衡又影响社会和谐稳定；五是广大人民群众对生活质量的要求不断提高，对干净的水、新鲜的空气、优美的环境等要求越来越高，但我国生态总体恶化的趋势尚未根本扭转。总之，我国原有经济发展方式的不适应性更加凸显，加快经济发展方式转变日益成为保证我国经济发展和社会和谐的内在要求。

以“两个着眼于”表明加快转变经济发展方式的战略目的。2007 年 12 月 3 日，在中央经济工作会议的讲话中，胡锦涛说：“着眼于实现又好又快发展，着眼于抓紧解决我国发展面临的突出矛盾和问题，党的十七大强调要加快转变经济发展方式”[②]。我国是一个发展中国家，要实现各方面发展目标，必须保持一定的发展速度，但发展必须讲质量。“增长质量和产品质量关系发展可持续性，关系人民群众切身利益，关系国家形象。”[③] 这“三个关系”表明，如果我国长期以来存在的增长粗放和产品质量不高问题不能得到全面有效解决，总有一天会引发系统性经济风险，甚至会引发信用危机和社会动荡，反过来会影响发展进程。而且，当前我国已经进入发展的关键期、改革的攻坚期、矛盾的凸显期，经济社会运行中的新老矛盾和问题相互交织，无论是规模还是复杂性都是世所罕见的。在这种极富挑战的严峻情况下，我们要建成惠及十几亿人口的更高水平的小康社会，必须抓紧解决影响和制约科学发展的矛盾和问题，必须加快转变经济发展方式。

---

① 《十七大以来重要文献选编》（上），中央文献出版社 2009 年版，第 107 页。

② 同上书，第 76 页。

③ 同上书，第 760 页。

以“五个必然要求”深刻阐述加快转变经济发展方式的战略意义。2010年2月3日，在省部级主要领导干部深入贯彻落实科学发展观加快经济发展方式转变专题研讨班上的讲话中，胡锦涛指出：加快经济发展方式转变是适应全球需求结构重大变化、增强我国经济抵御国际市场风险能力的必然要求，是提高可持续发展能力的必然要求，是在后国际金融危机时期国际竞争中抢占制高点、争创新优势的必然要求，是实现国民收入分配合理化、促进社会和谐稳定的必然要求，是适应实现全面建设小康社会奋斗目标新要求、满足人民群众过上更好生活新期待的必然要求。我们只有加快经济发展方式转变，才能实现我们党对全国各族人民作出的庄严承诺，更好满足广大人民群众日益增长的物质文化需要。加快经济发展方式转变是我国经济领域的一场深刻变革，关系改革开放和社会主义现代化建设全局。①

（二）关于战略的基本要求、重点和主攻方向方面的新发展

胡锦涛以“四个必须”明确贯彻落实发展是第一要义的要求，从政治、经济两个方面明确加快转变经济发展方式战略的基本要求，比十七大所提出的“三个转变”的要求更加丰富和完备。2007年12月17日，在新进中央委员会的委员、候补委员学习贯彻党的十七大精神研讨班上的讲话中，胡锦涛说：“贯彻落实发展是第一要义的要求，必须坚持把发展作为党执政兴国的第一要务，牢牢扭住经济建设这个中心，坚持聚精会神搞建设、一心一意谋发展，不断解放和发展社会生产力。必须更好实施科教兴国战略、人才强国战略、可持续发展战略，着力把握发展规律、创新发展理念、转变发展方式、破解发展难题，提高发展质量和效益，实现又好又快发展。必须坚持走中国特色新型工业化道路，促进经济增长由主要依靠投资、出口拉动向依靠消费、投资、出口协调拉动转变，由主要依靠第二产业带动向依靠第一、第二、第三产业协同带动转变，由主要依靠增加物质资源消耗向主要依靠科技进步、劳动者素质提高、管理创新转变。必须把提高党的执政能力、保持和发展党的先进性，

---

① 《十七大以来重要文献选编》（中），中央文献出版社2011年版，第451—455页。

体现到领导科学发展、促进社会和谐上来，落实到引领中国发展进步、更好代表和实现最广大人民的根本利益上来，为科学发展提供可靠的政治和组织保障。”①

以“五个必须坚持”明确加快转变经济发展方式的战略重点。2007年12月3日，在中央经济工作会议的讲话中，胡锦涛指出：第一，必须坚持创新驱动。面对发达国家在科技上长期占优势的压力，面对西方国家在核心技术和关键技术领域对我国实行封锁的情况，面对我国缺少具有自主知识产权的核心技术和关键技术的现状，我们必须更加注重增强自主创新能力，走出一条中国特色自主创新道路，为转变经济发展方式、推动产业结构优化升级提供有力和持久的技术支撑。第二，必须坚持城乡统筹，形成城乡经济社会发展一体化新格局，实现城乡共同繁荣。第三，必须坚持节约资源、保护环境，加快形成节约能源资源和保护生态环境的产业结构、增长方式、消费模式。第四，必须坚持内外协调，统筹把握好国内产业发展和国际产业分工，努力促进我国发展和各国共同发展的良性互动。第五，必须坚持以人为本。我们推进发展的根本目的是造福人民，必须做到发展为了人民、发展依靠人民、发展成果由人民共享，更加注重发展成果的普惠性，更加注重改善民生，切实实现好、维护好、发展好最广大人民的根本利益；也只有这样，才能进一步形成我国经济增长以内需拉动为主的新格局。②2008年6月23日，在中国科学院第十四次院士大会和中国工程院第九次院士大会上的讲话中，胡锦涛以“四个必须”明确了走中国特色自主创新道路的基本要求，丰富和发展了加快转变经济发展方式的战略基点。第一，必须把提高自主创新能力作为科技发展的首要任务，这是统领建设创新型国家的战略主线；第二，必须以制度创新促进科技进步和创新；第三，必须培养造就宏大的创新型人才队伍，坚持人才资源是第一资源，全面实施人才强国战略；第四，必须以创新文化激励科技进步和创新。③

---

① 《十七大以来重要文献选编》(上)，中央文献出版社2009年版，第106页。

② 同上书，第77—79页。

③ 胡锦涛：《在中国科学院第十四次院士大会和中国工程院第九次院士大会上的讲话》，《人民日报》2008年6月24日。

从制度安排、经济结构、政绩考核三个方面明确主攻方向，力求在全国形成加快经济发展方式转变的强大合力，在发展中促转变、在转变中谋发展。2009 年 12 月 5 日，在中央经济工作会议上的讲话中，胡锦涛说：第一，从制度安排入手，完善加快经济发展方式转变的体制机制和政策导向。要下更大决心、用更大气力推进财税体制、收入分配制度、生产要素价格形成机制改革，健全相关法律法规，形成有利于加快经济发展方式转变的体制机制和利益导向。要进一步完善财税政策、信贷政策、环保政策、土地政策、贸易政策和技术标准，加强发展规划引导，形成系统的政策体系和强大的政策合力。第二，以优化经济结构、提高自主创新能力为重点，实现经济发展方式转变新突破。经济结构优化是经济发展方式转变的基本要求。要扩大国内需求特别是居民消费需求，把国内市场巨大潜力发挥出来，拉动经济结构调整优化；要把促进工业由大变强与大力发展服务业特别是现代服务业结合起来，把淘汰落后生产能力与抢占新兴产业制高点结合起来，提升经济整体素质和国际竞争能力；要坚持走中国特色自主创新道路，坚持把建设创新型国家作为面向未来的重大战略选择；要坚持人才资源是第一资源，全面实施人才强国战略，在创新实践中培育人才、发现人才、使用人才，培养造就宏大的创新型人才队伍。第三，以完善政绩考核评价机制为抓手，增强加快经济发展方式转变的自觉性和主动性。加快经济发展方式转变、推动科学发展，正确的政绩导向是关键。要完善促进科学发展的干部考核评价机制，既要看发展速度和规模，更要看经济结构是否优化、自主创新水平是否提高、就业规模是否扩大、收入分配是否合理、人民生活是否改善、社会是否和谐稳定、生态环境是否得到保护、可持续发展能力是否增强，总之要看是否真正做到好字当头、又好又快，从而使加快发展方式转变成为各级党委和政府的自觉行动。①

（三）明确战略关键，做出全面部署

胡锦涛明确指出转变经济发展方式的关键所在——要在“加快”上

① 《十七大以来重要文献选编》（中），中央文献出版社 2011 年版，第 285—286 页。

下功夫、见实效。国际金融危机对我国经济的冲击，表面上是对经济增长速度的冲击，实质上是对经济发展方式的冲击。国际金融危机使我国转变经济发展方式问题更加突显出来，综合判断国际国内经济形势，转变经济发展方式已刻不容缓。所以，2010 年 2 月 3 日，在省部级主要领导干部深入贯彻落实科学发展观加快经济发展方式转变专题研讨班上的讲话中，胡锦涛说："我想强调的是，转变经济发展方式关键是要在'加快'上下功夫、见实效。""如果我们不能加快经济发展方式转变，我国今后发展代价就会越来越大、空间就会越来越小、道路就会越走越艰难。"①

2010 年 2 月 3 日，胡锦涛以"八个加快"对加快转变经济发展方式的重点工作做出全面部署。第一，加快推进经济结构调整，把调整经济结构作为转变经济发展方式的战略重点，按照优化需求结构、供给结构、要素投入结构的方向和基本要求，加快调整国民收入分配结构，加快调整城乡结构，加快推进城镇化，加快调整区域经济结构和国土开发空间结构。第二，加快推进产业结构调整，适应需求结构变化趋势，完善现代产业体系，加快推进传统产业技术改造，加快发展战略性新兴产业，加快发展服务业，促进三次产业在更高水平上协同发展，全面提升产业技术水平和国际竞争力。第三，加快推进自主创新，紧紧抓住新一轮世界科技革命带来的战略机遇，更加注重自主创新，加快提高自主创新能力，加快科技成果向现实生产力转化，加快科技体制改革，加快建设宏大的创新型科技人才队伍，谋求经济长远发展主动权、形成长期竞争优势，为加快经济发展方式转变提供强有力的科技支撑。第四，加快推进农业发展方式转变，坚持走中国特色农业现代化道路，加快构建粮食安全保障体系，加快构建现代农业产业体系，加快推进农业科技创新，加快推进农业经营体制机制创新，大幅提高农业综合生产能力，大幅降低农业生产经营成本，大幅增强农业可持续发展能力，全面提高农业现代化水平，扎实推进社会主义新农村建设。第五，加快推进生态文明建设，深入实施可持续发展战略，大力推进资源节约型、环境友好型社会建设，

① 《十七大以来重要文献选编》(中)，中央文献出版社 2011 年版，第 455 页。

加快推进节能减排，加快污染防治，加快建立资源节约型技术体系和生产体系，加快实施生态工程，推动整个社会走上生产发展、生活富裕、生态良好的文明发展道路。第六，加快推进经济社会协调发展，针对社会发展和民生领域的突出问题，大力推进以改善民生为重点的社会建设，加快提高教育现代化水平，加快实施扩大就业的发展战略，加快社会保障体系建设，加快发展面向民生的公益性社会服务，更好推进经济社会协调发展。第七，加快发展文化产业，在重视发展公益性文化事业的同时，坚持经济效益与社会效益相统一，深化文化体制改革，加快公共文化服务体系建设，加快发展经营性文化产业，加快开拓文化市场。第八，加快推进对外经济发展方式转变，坚持对外开放的基本国策，坚持互利共赢的开放战略，统筹好国内发展和对外开放，加快调整出口贸易结构，加快调整进口贸易结构，加快提高利用外资质量和水平，加快实施“走出去”战略，不断提高开放型经济水平。①

总之，加快经济发展方式转变，既是一场攻坚战，也是一场持久战，必须通过坚定不移深化改革来推动。要深化经济体制、政治体制、文化体制、社会体制以及其他各方面体制改革，努力在重要领域和关键环节实现改革的新突破，着力构建充满活力、富有效率、更加开放、有利于科学发展的体制机制，形成有利于加快经济发展方式转变的制度安排，促进经济社会又好又快发展。

［原载《毛泽东邓小平理论研究》2011 年第 9 期］

① 《十七大以来重要文献选编》(中)，中央文献出版社 2011 年版，第 455—469 页。

第二部分

经济政策

土地改革政策与“和平土改”问题评析

——兼与何之光《〈土地改革法〉的夭折》一文商榷

叶明勇

土地改革是由中国共产党领导的废除封建土地所有制的伟大运动。早在第一次、第二次国内革命战争时期，中国共产党就在革命根据地实施了打土豪分田地、减租减息等各种土地政策，但大规模根本改变土地制度是抗战胜利后在各解放区开始的。解放战争时期和新中国成立初期分别在拥有1.6亿人口的老解放区及拥有2.6亿多农民的新解放区[①]进行了土改运动。由于新中国成立后新区的土地改革涉及的农业人口和土地面积都占全国总数的三分之二以上，因此这次改革成为评价中国共产党和人民政府土地改革的主要标志。学界的共识是：新中国土地改革的完成使两千多年来的封建土地剥削制度最终在中国土地上结束，是一个历史性的胜利。但是最近却出现了一些不同说法，何之光《〈土地改革法〉的夭折》一文（以下简称何文）[②]，通过对湖南省邵阳地区土地改革的描述，认为新中国新区土地改革开始后“党中央突然下达了‘反对和平土改’的指示”，“并说这是毛主席亲自提出来的”，从此“‘和平土改’变成了暴力土改”，使得新区土改乱打乱杀成风，土改运动成为“一段血淋淋的历史”。“1950年反对和平土改”“是在反民主法制、反人道、反科学的

① 1945年9月至1947年9月大反攻以前解放的地区通常称之为老解放区或老区、半老区；华东、中南、西南及西北等1947年9月大反攻后新解放的地区通常称之为新区。

② 何之光：《〈土地改革法〉的夭折》，《炎黄春秋》2006年第8期。

极左道路上，跨出了严重的一步。这是把新中国历史车轮推向倒退的第一步！”① 本文就这一时期新区的土地改革政策以及“和平土改”等问题做出分析与评价，与何文商榷。

一、土地改革有着严密完备的政策、法规以及审慎的步骤

近代以来，落后的农业大国的现状使得中国共产党成立之初就对农民和土地问题有所认识，并且初步提出解决农民和土地问题的政策。在随后几十年的革命斗争中，中共积累了丰富的农民运动的经验，其间虽然也出现过“左”的错误，有着深刻教训，但是经过纠正各种土地政策的偏向和错误后，中共在各个时期的土地政策也在不断完善。

各地区相继解放后，各地党政机关根据中央指示立即着手研究本地区的农村问题和土地问题，为制定各项有关政策提供可靠的依据。1949年9月15日，中共华东局和华东军政委员会颁布了《华东新区农村减租暂行条例草案》《华东区农民协会组织章程草案》，1950年3月21日又通过《关于土地改革准备工作的指示》；1950年2月15日，中南军政委员会通过了《中南区减租减息条例》；1950年3月，西南军政委员会颁布了《西南减租暂行条例》；1950年西北军政委员会第二次会议制定了《西北新区农村减租办法》，这些文件的颁布为土改的顺利进行做了必要的准备。在此基础之上，中共中央总结了各地的经验，结合新中国成立初期的形势和任务，经过周密谨慎的研究，拟定了《中华人民共和国土地改革法草案》。1950年6月6日在中共七届三中全会上讨论并通过了刘少奇《关于土地改革问题的报告》和《中华人民共和国土地改革法草案》。14日，以讨论土地改革为中心议题的全国政协一届二次会议召开，刘少奇对《中华人民共和国土地改革法草案》做了全面解释和说明。会议对这个草案做了若干修改和补充后正式通过。30日，毛泽东签署命令正式公布了《中华人民共和国土地改革法》（以下简称《土地改革法》）。

土地改革政策的制定是经过从上到下、再从下到上不断调查研究的

---

① 何之光：《〈土地改革法〉的夭折》，《炎黄春秋》2006年第8期，第13、30页。

结果，薄一波将其称为“民主决策的一个范例”，并用大量篇幅对这一民主决策过程做了详细的叙述。[①]他认为“这次土改进展比较顺利，主要是由于党中央在总结历次土改经验的基础上，根据建国后的新形势、新情况，制定和执行了一系列新的政策，其中最重要的一项就是保存富农经济，相应地在政治上实行中立富农的政策”。[②]因此，《土地改革法》的出台是中国共产党的土改政策经过实践检验再上升到理论的结果，是符合中国国情的一个里程碑式的土地改革基本法。

在完备严密的土改政策和法规的指导下，新区的土改坚持极其审慎的步骤。在新区进行大规模土改前，1949 年 10 月中旬，在华北地区城市的近郊、京津以及河南的一部分地区进行了土改试验。试验地区总共约有 2600 万农业人口，普遍进行减租减息、清匪反霸和建立地方政权的工作，在做好以上工作的前提下进行全面土改。土改试验至同年冬季达到高潮，1950 年春结束。这次土改试验是新中国土地改革的一个重要阶段，政务院、华北局及河南省委发出了一系列指示，不仅在政策上对该地区的土改给予指导，而且还提出了比较具体的方针、办法，并对各地土改的进程做了大体规划。根据各自的规划，以上地区通过召开干部会、农代会、举办训练班、工作组等形式学习政策、发动群众，全面开展土地改革。刘少奇在全国政协第一届第二次会议《关于土地改革问题的报告》中评价试验地区的土改时说：“一般地说来……没有出大的偏差，进行得比较顺利，很少有破坏的事件发生。人民，特别是分得土地和其他生产资料的农民，对于这种土地改革是满意的”[③]。

在华北、京津、河南部分地区成功试行土地改革后，接着就要在新区进行土地改革，即对华东、中南、西南、西北四大新解放区进行土改。当时的总体安排是：首先制定土改的总体规划。（1）1950 年秋收以后，在江苏、浙江、安徽、福建、江西、湖南、湖北、广东、陕西九省和甘肃、宁夏、青海汉族居住区，由省人民政府决定实行土地改革；（2）1951 年秋收以后，在云南、贵州、广西、四川、绥远和西康六省，

① 薄一波：《若干重大决策与事件的回顾》（上），中共中央党校出版社 1991 年版。

② 同上书，第 111 页。

③ 《建国以来刘少奇文稿》第 2 册，中央文献出版社 2005 年版，第 226 页。

由省人民政府决定实行土地改革；（3）新区和其他少数民族居住区以及少数民族与汉族杂居地区，1951年秋收以前均不实行土改。[①]这样，从1950年秋收以后，用2—3年时间基本上完成全国的土地改革。其次，规定了在土改开始前防范破坏现象、稳定农村经济秩序和社会秩序的必要政策和措施。1950年2月28日政务院发布了《关于新解放区土地改革及征收公粮的指示》。这些准备工作保证了土地改革在正常稳定的环境下按计划进行。

各个地区的土改都是由点到面，先办试点，然后再全面展开。这种方法充分体现了土改政策的稳妥和注重各地具体情况的差别。例如，华东地区7月份开始土改，各省、专区和县都选取1—2个乡进行典型试验，9月中旬召开第一次典型试验总结会，11月中旬又召开第二次典型试验总结会议，总结了由点到面的经验；12月，华东各省土改全面展开。中南地区自1950年秋收后土改开始，每一个县和区先在一些条件较好的乡村进行典型试验，然后经过农代会总结经验，再由点到面波浪式地推广。中南局1950年12月30日致电毛泽东并中央汇报中南地区土改工作情况时，就明确提到他们总结出的经验："坚持由点到面波浪式的发展方式，一般按一三九的比例向外扩张"[②]。

湖南省的土地改革共设有47个典型试验乡，分布在长沙、益阳、常德、邵阳、衡阳、零陵6个专区，包括滨湖、丘陵地、山地、老苏区、特种作物区和塘坝等地区，以便了解有关土改的各种情况，取得在各种不同地区进行土改的经验。典型试验从1950年7月初开始，经过调查研究、宣传政策、整顿农民队伍、划分阶级等前期工作，然后进入没收、征收和分配土地阶段。[③]以邵阳地区为例，1950年7月4日，邵阳地委决定成立土改工作队，新招800名土改工作队员，并把他们及原有4000名干部一起组织起来，学习《土地改革法》、刘少奇《关于土地改革问题的报告》和毛泽东在七届三中全会上的报告，使干部们明确了土改路线和

---

① 《关于新解放区土地改革及征收公粮的指示》，《人民日报》1950年3月1日，第1版。

② 《建国以来刘少奇文稿》第3册，中央文献出版社2005年版，第19页。

③ 光军：《湖南土改典型试验即将完成将取得成熟经验指导全省土改》，《人民日报》1950年10月19日，第2版。

政策，学会划分阶级成分。7月下旬，邵阳地委再次召开党代会，布置全区各级党委做好土改准备。10月17日，结束第一批试点的县又选择了58个乡进行第二批土改试验。10月下旬，邵阳地委召开第一次土改会议，总结试验土改的经验和教训，着重讨论如何贯彻执行土改的路线、方针和政策，并确定了全区分批完成土改的计划。据《邵阳市志》记载，这批土改有一半的村庄由于贫雇农没有真正发动起来，封建势力没有被打垮。1951年1月4日、17日，邵阳地委先后两次召开县委书记会议，总结前一阶段土改的经验教训，决定对存有“和平”土改倾向的村进行补课，同时展开第二批324个乡的土改。这批土改，群众发动充分，敢于起来同封建势力做斗争，但用政策武装群众、引导群众不够，以致在与地主斗争时出现了偏离政策的现象。1951年2月底，邵阳地委部署第三批土改，于春耕大忙之前完成。洞口、新宁、城步、锡矿山、邵阳市郊区等地所剩128个乡，推迟至1952年2—4月实行土改。这一批土改由于正确掌握了政策和策略，进行得十分顺利。①

这里尤其值得提出的是，为清理土改中的错误而进行了复查工作。1951年10月17日湖南省人民政府土改委员会发出《关于今冬明春开展土改复查、全面结束土地改革的意见》后，28日邵阳地委召开扩大会议，布置全专区集中进行土改复查。通过复查，纠正错划地主1832户、错划富农977户、错划小土地出租和小土地经营491户、错划中农201户、错划为其他阶级成分的163户；纠正错斗的地主1148户、富农586户、小土地出租和小土地经营23户、中农187户、其他135户；查处漏网地主2664人。土改复查结束前，为便于总结经验和教训，专区和各县均根据地委指示举办了土改展览，将土改经过和成果公之于众。②

由上可见，中共中央和人民政府将过去的农村政策和措施经过认真总结、不断完善，并最终形成法律，各个地区正是由于严格执行了中央的有关土改政策和法规，才能取得新区土改的巨大成功，这是中国共产党严肃对待土地改革的一个标志。邵阳地区的土改过程恰恰是一个生动

---

① 邵阳市地方志编纂委员会:《邵阳市志》第4册，湖南人民出版社1997年版，第186—187页。

② 同上书，第187页。

的说明。

二、“和平土改”与“反和平土改”问题

《土地改革法》的颁布使得新区的土改有法可依、有章可循，但是土改中仍然出现一些偏差。由于全国各地具体情况有很大差别，再加上干部队伍人员缺乏，有些干部甚至素质很差，因此在贯彻中央土改政策时难免出现或“左”或右的偏差。据中南局 1951 年 12 月 13 日向中共中央提出的《关于中南区 1951 年土地改革工作进行状况的分析和 1952 年土地改革工作方针的报告》，当时的“问题在于土改时间太短，干部水平太不整齐，有指挥能力的干部太少（一区平均不到一个）。而地主统治传统影响很大，使农民摆脱封建影响、按阶级的民主的组织原则组织起来，本是一件极其艰难的工作”，“工作要求已经超过主客观所允许的限度，而工作起来又容易发生性急倾向，不能有满意结果，是可以理解的”。[①]值得提出的是，当时农民普遍文化水平低下，而且受阶级局限，在土改运动发动时期，他们害怕地主报复，不敢起来和地主做斗争，这种情况也会导致土改流于形式。反之，一旦农民们被发动起来，又会走向另一个极端，他们往往不会用合法的手段解决问题，取而代之的是传统的“杀富济贫”行为。这也是土改中出现偏差的一个重要原因。朝鲜战争爆发后，一些反动地主认为第三次世界大战即将开始，因此向党和人民政府的反攻破坏活动加剧，再加上镇反运动的开展，使得土地改革中的阶级斗争出现紧张的状态。不法地主采取种种手段来抗拒、破坏土改，如分散或转移土地及其他应被没收的财产；收买干部或派代理人混入农民协会；散布谣言；打击谋害乡村干部和农民积极分子等。这些都说明农村阵地还很不稳固。1950 年秋收后至年底，不法地主的破坏活动尤为猖獗。当时，由于华东和中南地区的斗争激烈，因此颁布了《惩治不法地主暂行条例》。《人民日报》还为此专门刊发了《严厉制裁不法地主破坏

---

① 《建国以来重要文献选编》第 2 册，中央文献出版社 1992 年版，第 504 页。

土地改革的罪行》的社论。[①]

即使在打击不法地主的同时，各地区也都采取了措施纠正土改中出现的偏差。如华东军政委员会于 1950 年 12 月在《关于提早完成土地改革的指示》中重申了当年 8 月颁布的一系列有关土改的条例和指示。其中《干部在土改工作中的八项纪律》第一条规定：“严格执行人民政府的土地改革法令，不得违犯”；第六条规定：“依照法律手续办事，不得乱捕、乱罚、乱打、乱杀，不得使用各种肉刑和变相肉刑”。[②]当时，新区各地都颁布有类似的指示，强调执行政策和加强纪律教育，并在土改过程中要求采取果断措施及时纠正出现的偏差，从而保证土地改革健康和有秩序进行。但是，在何文的描述里，中央对新区土改存在着两种对立的态度，由于“毛主席亲自提出来的”，“党中央突然下达‘反对和平土改’的指示”，“《土改法》和《刘少奇报告》已从上至下被抛弃”。“‘和平土改’变成了暴力土改”。“这是领导人凌驾于法律之上随意毁法的严重事件，也是获取‘无法无天’权力的一个突破”。[③]这种说法是完全没有历史根据的。

首先，什么是“和平土改”？1951 年底，周恩来在中国人民政治协商会议第一届全国委员会第三次会议上的政治报告里面提出：“凡是依靠了贫农、雇农，基本上满足了他们的土地要求的，消灭封建制度的斗争就有力而彻底，反之，就发生了‘和平土改’和明改暗不改以及改后不久地主又反攻夺地等偏向”。“地主在土地改革中反攻夺地、破坏生产、砍伐树木、杀害农民和干部，甚至勾结或组织土匪进行暴乱者很多。因此，‘只要政府颁布法令、不要发动群众斗争’的‘和平土改’思想是错误的。”[④]

中南局在 1951 年 12 月 13 日向中共中央提出的《关于中南区 1951

---

① 《严厉制裁不法地主破坏土地改革的罪行》，《人民日报》1950 年 10 月 21 日，第 1 版。

② 《中国的土地改革》编辑部、中国社会科学院经济研究所现代经济史组编：《中国土地改革史料选编》，国防大学出版社 1988 年版，第 704 页。

③ 何之光：《〈土地改革法〉的夭折》，《炎黄春秋》2006 年第 8 期，第 14、15、30 页。

④ 周恩来：《政治报告——1951 年 10 月 23 日在中国人民政治协商会议第一届全国委员会第三次会议上的报告》，《人民日报》1951 年 11 月 3 日，第 1 版。

年土地改革工作进行状况的分析和1952年土地改革工作方针的报告》中也提到了“和平土改”：“在三大运动之后，地主用普遍分散财产的办法（一乡有百分之七十以上群众代藏财产），分化、控制农民，企图以假土改、地主式的和平土改去代替真土改；农民对土改胜利信心提高，但又被地主圈套所迷惑。在这种情况下，一有松懈，一不小心，就出现形式主义或斗乱阵营的错误。当前需要的是更深入、更艰苦地工作，更集中、更具体地指导。但是，急性松懈空气和精力分散现象，却弥漫于各方。”① “和平土改”在当时是土改过程中的一种错误倾向，而不是何文所说的广大农民“满意”的土改方式。② 当年曾经参与领导中南地区土改的杜润生在五十多年后回顾时，也认为当时确实存在偏颇的“和平土改”情况，中央是要求“左”、右的偏差都要反对的。他说：“中南局……把土改布置下去以后……发现干部对有秩序地进行土改，理解有偏颇，出现一种‘和平分田’的现象。把田地登记登记，然后把地主的田地一分了事”，“中央指示，政策上是既防‘左’又防右的，下边在避免‘左’的反思中，又偏右了”。③

其次，中共中央是否发出了何文所说那样一个使《土地改革法》“夭折”的“反对和平土改”的指示？笔者查阅了1950年、1951年关于土改的全部中央文件，没有发现这样一个指示。只是1950年12月6日中共中央向华东局、西北局、西南局、山东分局转发了中南局关于武昌土改试验通报的通知，指出中南局所说“和平分田”思想是“土地改革中的一种偏向。望注意你区有无此种偏向并予以阻止和纠正”。12月9日中共中央又提醒华东局注意“有无此种倾向，如有此种倾向，应注意纠正”。④ 这种提醒注意的口吻只涉及部分地区，并没有发动反对“和平土改”的运动，更没有以此使《土地改革法》“夭折”，这些指示都是刘少奇起草的，因此根本不存在毛泽东否定刘少奇的情况。

最后，何文提到的湖南省邵阳地区的所谓“反对和平土改”的情况

① 《建国以来重要文献选编》第2册，中央文献出版社1992年版，第504—505页。

② 何之光：《〈土地改革法〉的夭折》，《炎黄春秋》2006年第8期，第15页。

③ 《杜润生自述：中国农村体制变革重大决策纪实》，人民出版社2005年版，第15页。

④ 《建国以来刘少奇文稿》第2册，中央文献出版社2005年版，第581、604页。

又是怎样的呢？据《邵阳市志》记载，解放前夕国民党军、政、警、特头目在溃逃时均派员潜伏，伺机反扑，解放后逃往台湾、越南、香港等地的匪特人员陆续潜回邵阳，以城市为联络点，勾结当地地主、土匪，进行破坏活动。面对反革命分子的疯狂反扑，邵阳地委及所属县、市委于1950年开展了声势浩大的清匪反霸斗争，发出了一系列镇反指示，依法处决了一批罪大恶极的匪霸、特务，逮捕一批反动分子，沉重打击了反革命分子的嚣张气焰，稳定了社会秩序，保证了该地区土改的正常进行。① 何文显然把土改中的阶级斗争和镇反运动混淆了。在镇反运动的背景下，1951年1月邵阳地区展开的第二批土改中确实发生过与地主斗争时偏离政策的现象，但从当年2月起，邵阳地委即反复强调工作组要注意政策和策略，较好地执行了“依靠贫雇农、团结中农、中立富农，有步骤地、有分别地消灭封建剥削制度，发展农业生产”的土改总方针，使土改走上正轨。② 而何文只提到出现过激倾向的第二批土改，却对第三批土改以及复查、纠正过激错误的行动只字不提，只提邵阳地区而不看全国，以此否定全国的土地改革，显然严重不妥。

事实上，中共中央一向都注意反对土改中的“左”或右两种倾向。比如，1950年12月20日中共中央在批复中南局关于发动群众彻底完成土改计划的指示时指出，土地改革中应注意防止“左”倾危险。中央这份批示同时转给华东局、西北局和西南局，这四个地区正好是进行土改的新区，时间也正是何文所说的“反对和平土改”时期。中共中央指出：基本同意中南局发这样一个指示，着重纠正土改中的右倾偏向，以便发动群众进行土地改革。但还应增加一些防止“左”倾危险的指示，指出哪些“左”的错误是不许再犯的。例如侵犯中农利益、忽视联合中农的重要性、破坏富农经济、对地主普遍扫地出门、乱打乱杀、在工作方式上的强迫命令、大轰大嗡等。如此，才能一方面放手发动群众，另一方面又不犯或少犯“左”的错误。否则，某些干部很可能重犯过去某些“左”的错误。1951年6月20日中共中央转发当年6月15日华东局关

① 邵阳市地方志编纂委员会：《邵阳市志》第4册，湖南人民出版社1997年版，第190—191页。
② 同上书，第187页。

于结束土地改革及争取1951年底全部完成土改的指示时，也有严格依法进行土改的内容：对错划的阶级成分，应通过调查及群众评议并经县审查批准切实加以改订。对漏划的地主，应依法没收其土地财产。对确系错误提升的成分，不仅应在政治上坚决除去错戴的帽子，而且应在经济上坚决按照《土地改革法》的规定予以纠正。

根据以上事实，何文所谓毛泽东发出一个"反对和平土改"指示来否定刘少奇主持起草的《土地改革法》，根本不是事实。何文还说："文件我未看到"[①]，这也说明他只是一种臆测，得出的结论自然站不住脚了。

三、如何评价土地改革的伟大功绩？

理论界对土改分歧不多，对它的评价本来已经不是一个问题，但是何文不仅借邵阳地区的个别事例否定土改，而且进一步以此引申否定了土改以后建立的新中国的社会制度。所以，本文也必须再用一些篇幅来说明土地改革的伟大功绩。

中国共产党领导的土地改革运动最终结束了中国持续两千年的封建土地制度，实现了《共同纲领》中"耕者有其田"的基本目标，使旧中国的农村面貌发生翻天覆地的变化，这是一项功彪史册的伟大变革。1951年10月23日政协第一届全国委员会第三次会议在北京召开，周恩来在会上作的政治报告中对新中国土改作了精辟的评价。他认为，在完成了土地改革的地区，农村已起了根本变化。第一，在广大农村，土地改革废除了地主阶级封建剥削的土地所有制，实现了农民的土地所有制。农民群众所进行的一系列的斗争，与镇压反革命运动相结合，依据各区惩治不法地主暂行条例和人民法庭的处理，就彻底摧毁了地主阶级的反动势力，使被压迫的农民翻身成为农村的主人，完全掌握了农村政权，巩固了农村中的人民民主专政。第二，土地改革解放了农村生产力，土改后农民生产热情十分高涨。农民把土地改革中所得土地以外的果实十之七八投于生产，又得到各级人民政府的扶助，所以农村生产得到显著

---

① 何之光：《〈土地改革法〉的夭折》，《炎黄春秋》2006年第8期，第14页。

的恢复和部分的发展。1951年全国农业生产，普遍比1950年增产5%左右。新区土地改革后，农民购买力一般提高50%，城市工业品销路日畅，日用百货供应不足，说明土地改革为工业发展开辟了广阔的道路。第三，土地改革使得农民的政治觉悟空前提高。在“保卫翻身果实”的号召下，农村展开了轰轰烈烈的抗美援朝保家卫国运动，广大农民普遍订立爱国公约，自动报名参军，踊跃进行爱国增产捐献和缴纳爱国公粮，到处表现了他们的爱国热情，表现了他们对于共产党和人民政府的由衷爱戴。第四，土地改革使得农民组织起来，武装起来。华东、中南、西南、西北四大行政区农民协会会员约8800余万，其中妇女约占30%。农民积极分子在运动中大量涌现出来。四大行政区的民兵有750余万，加上其他地区，全国民兵已发展到1280余万。这是巩固人民民主专政和“保卫翻身果实”的重要力量。第五，土地改革使得农村文化逐步开展。1950年冬，全国农民上冬学的增至2500万人以上，1951年上常年夜校的有1100余万人。新的科学知识开始传布，劳动光荣逐渐成为风气。①

周恩来从非常具体的层面上对土改作了客观准确的评价，这个评价是令人信服的。薄一波在总结新中国成立初期的土地改革时认为：“通过土改，不仅使广大无地少地的农民分得了几亿亩土地和其他大量生产资料，每年不必再向地主交纳几百亿斤粮食的地租；更加重要的是：比较彻底地摧毁了封建土地制度，挖掉了我们民族贫困落后的一条重要根子，解放了农村生产力，巩固了工农联盟和人民民主专政，为国家工业化和农业的社会主义改造创造了有利条件。”②

我们今天根据有关史实和资料从更宏观的角度也可以得出同样的结论。③

第一，土地改革结束了中国农村延续千年的不合理的土地占有关系，使得中国农村的经济面貌发生了根本变化。新中国土改后，获得经济利

---

① 周恩来：《政治报告——1951年10月23日在中国人民政治协商会议第一届全国委员会第三次会议上的报告》，《人民日报》1951年11月3日，第1版。

② 薄一波：《若干重大决策与事件的回顾》（上），中共中央党校出版社1991年版，第111页。

③ 参见杜润生主编：《中国的土地改革》，当代中国出版社1996年版，第559—578页；李成瑞主编：《陈云经济思想发展史》，当代中国出版社2005年版，第146页。

益的农民（包括老区）有3亿多人，他们分得了被地主阶级占有的约7亿亩的土地和其他生产资料。农村中贫农、中农占有的耕地面积占全部耕地面积的比重上升为91%以上，原来地主、富农占有耕地面积的比重则下降为8%左右，原来地主占有大部分土地而农民无地少地的局面彻底改变了。过去有田者不耕、耕者无其田的不合理现象从此彻底被消除了。

第二，广大农民从封建土地关系的束缚中获得解放，生产积极性大大增强，从而有力地促进了社会生产力的发展。土地改革后，农民除获得必需的生产资料——土地外，还免除了过去每年必须向地主缴纳的约600亿斤粮食的地租。他们在自己的土地上提高技术、辛勤耕作，促使整个农业生产迅速恢复和发展。粮、棉等产量都超过新中国成立前最高水平。粮食由1949年的11318万吨增至1952年的16392万吨，增长44.8%，年均增长14.9%。棉花由1949年的44.4万吨增至1952年的130.4万吨，增长近2倍。1952年与1949年相比，粮食亩产量由68.5公斤增至88公斤，棉花由10.5公斤增至15.5公斤；人均农产品产量，粮食由209公斤增至288公斤，棉花由0.8公斤增至2.3公斤。以1952年不变价格计算，1952年全国农业总产值为484亿元，比1949年326亿元增加了48.5%，年均增长16.2%。在短短三年里，农业生产的迅速恢复和发展的根本原因就在于土地改革解放了农业生产力。①

第三，由于土地改革的完成，地主阶级作为一个阶级来说已经被消灭，进而铲除了帝国主义、封建主义和官僚资本主义在农村的社会基础，从根本上结束了中国社会的半封建制度。广大农民的政治地位发生了根本变化，人民政府得到亿万翻身农民的拥护，乡村政权进一步健全和巩固，工农联盟得到了加强。因此，土地改革有力地配合了当时的抗美援朝、镇反、“三反”、“五反”等运动及各条战线的民主改革，在巩固新中国人民民主政权的斗争中发挥了重要作用。

第四，近代中国的封建半封建的土地制度是一种落后和腐朽的制度，

① 国家统计局编:《中国统计年鉴（1985）》，中国统计出版社1985年版，第255、263、264、273、238页。

是国家民主化、工业化和独立、统一、富强的障碍。这种情况如果不加以改变，农业生产力以及全部社会的生产力就不能解放，中国的工业化、现代化就没有实现的可能。后来的实践表明，没有解放初期的土地改革，中国的工业体系就不可能在短期里建成。当然，中国的现代化需要诸多方面的条件并进行一定的历史积累，但毫无疑问，土地改革的完成为中国的现代化扫除了基本障碍、提供了良好的前提。

研究历史必须尊重事实，而不是断章取义甚至虚构；回顾历史必须尊重个人经历，但是更要站在整个国家和历史的全貌上来回顾，而不是攻其一点不及其余。

［原载《当代中国史研究》2007 年第 4 期］

马克思恩格斯关于国有制问题的基本观点

冷兆松

马克思和恩格斯依据生产力和生产关系的历史唯物主义基本原理考察和研究所有制实现形式问题[①]而形成的关于国有制问题的基本观点，对于我国国有企业改革和公有制实现形式的探索具有重要的理论价值和现实的指导意义。

一、国有制的起源

马克思和恩格斯认为："一个民族的生产力发展的水平，最明显地表现于该民族分工的发展程度。任何新的生产力，只要它不是迄今已知的生产力单纯的量的扩大（例如，开垦土地），都会引起分工的进一步发展。""分工发展的各个不同阶段，同时也就是所有制的各种不同形式。"[②]包括国有制在内的所有制的各种不同实现形式，都是社会生产力发展（分工发展）的必然结果。马克思和恩格斯正是以社会生产力的发展要求和发展状况为基础研究国有制的起源和发展问题的。

他们指出："第一种所有制形式是部落（stamm）所有制。它与生产的不发达阶段相适应，当时人们靠狩猎、捕鱼、牧畜，或者最多靠耕作

① 冷兆松：《马克思恩格斯所有制实现形式问题研究的基本方法》，《当代经济研究》2004年第12期；冷兆松：《国有企业改革新论》，中国经济出版社2005年版，第7—57页。

② 《马克思恩格斯选集》第1卷，人民出版社1995年版，第68页。

为生。……在这个阶段，分工还很不发达，仅限于家庭中现有的自然形成的分工的进一步扩大。”[①] 因此，原始社会不可能产生国有制。“第二种所有制形式是古典古代的公社所有制和国家所有制。这种所有制是由于几个部落通过契约或征服联合为一个城市而产生的。在这种所有制下仍然保存着奴隶制。……公民和奴隶之间的阶级关系已经充分发展。”[②] 国有制产生于古典古代的城邦制的奴隶社会初期，这是社会生产力发展的必然结果，这是分工的日益发达所导致的生产力社会化发展的必然结果。可见，国有制产生的原因，并不是像许多经济学家所认为的是弥补市场缺陷的结果。

从马克思和恩格斯关于国有制起源的理论观点我们可以认识到，国有制作为所有制的一种形式，自产生之日起就为私有制所利用，这是自奴隶社会以来生产力社会化发展的必然结果；而且，在从奴隶社会、封建社会到资本主义社会的历史发展长河中，由于生产力社会化发展的程度越来越发达，国有制也必将越来越发达和完善。从国有制的起源和发展历史来看，把国有制（国有经济、国有企业）简单地视为社会主义制度固有经济特征的观点是不正确的，简单地认为社会主义国有经济的规模和比重越大越好的观点或社会主义国有经济的规模和比重越小越好的观点，也都是不正确的。

二、社会主义国有制是人类社会生产力社会化发展的必然结果

恩格斯指出：“在危机中，社会性生产和资本主义占有之间的矛盾剧烈地爆发出来。”“一方面，资本主义生产方式暴露出自己无能继续驾驭这种生产力。另一方面，这种生产力本身以日益增长的威力要求消除这种矛盾，要求摆脱它作为资本的那种属性，要求在事实上承认它作为社会生产力的那种性质。”“猛烈增长着的生产力对它的资本属性的这种反

① 《马克思恩格斯选集》第1卷，人民出版社1995年版，第68—69页。
② 同上书，第69页。

作用力，要求承认生产力的社会本性的这种日益增长的压力，迫使资本家阶级本身在资本关系内部可能的限度内，越来越把生产力当作社会生产力看待。……某些生产资料和交通手段一开始规模就很大，它们，例如铁路，排斥任何其他的资本主义经营形式。在一定的发展阶段上，这种形式也嫌不够了：资本主义社会的正式代表——国家不得不承担起对生产的领导。这种转化为国家财产的必然性首先表现在大规模的交通机构，即邮政、电报和铁路方面。"资本主义国家越是通过国有制"把更多的生产力据为己有，就越是成为真正的总资本家，越是剥削更多的公民。工人仍然是雇佣劳动者，无产者。资本关系并没有被消灭，反而被推到了顶点"。[①]

这里的"顶点"，就是资本主义私有制实现形式向社会主义公有制实现形式质变和飞跃的临界点。对此，恩格斯注释说："只有在生产资料或交通手段真正发展到不适于由股份公司来管理，因而国有化在经济上已成为不可避免的情况下，国有化——即使是由目前的国家实行的——才意味着经济上的进步，才意味着达到了一个新的为社会本身占有一切生产力作准备的阶段。"[②] 这里的"新的……（社会）阶段"即社会主义社会。

马克思、恩格斯在《共产党宣言》第二章末尾提出："无产阶级将利用自己的政治统治，一步一步地夺取资产阶级的全部资本，把一切生产工具集中在国家即组织成为统治阶级的无产阶级手里，并且尽可能快地增加生产力的总量。""要做到这一点……在不同的国家里当然会是不同的"，"但是，最先进的国家几乎都可以采取下面的措施"：通过银行国有化把信贷集中在国家手里，把全部运输业集中在国家手里，增加国有工厂等。[③] 对于这些国有化措施在不同国家、不同地方和不同时期的适用性问题，1872 年马克思和恩格斯在《共产党宣言》德文版序言中告诫说："不管最近 25 年来的情况发生了多大的变化，这个《宣言》中所阐述的一般原理整个说来直到现在还是完全正确的。某些地方本来可以作一些修改。

① 《马克思恩格斯选集》第 3 卷，人民出版社 1995 年版，第 627—629 页。

② 同上书，第 628 页注①。这一思想恩格斯也多次重申于《反杜林论》《社会主义从空想到科学的发展》等重要文献之中。

③ 《马克思恩格斯选集》第 1 卷，人民出版社 1995 年版，第 293—294 页。

这些原理的实际运用，正如《宣言》中所说的，随时随地都要以当时的历史条件为转移，所以第二章末尾提出的那些革命措施根本没有特别的意义。如果是在今天，这一段在许多方面都会有不同的写法了。”[①] 他们的这一思想也曾多次重申于《再论蒲鲁东和住宅问题》、1888 年《共产党宣言》英文版序言等经典文献之中。

从马克思和恩格斯的有关论述中我们可以认识到：

1. 社会主义必须实行生产资料的社会主义公有制，消灭资本主义私有制。生产资料国有制[②]可以是社会主义国家消灭资本主义私有制、建立社会主义公有制的一种“措施”和形式，但不是唯一的形式，地租、租赁等都可以作为社会主义公有制的实现形式[③]。

上升为统治阶级的无产阶级，把一切生产工具变为社会主义国家所有，实行社会主义公有制，“同传统的所有制关系实行最彻底的决裂”的革命目标，是在“尽可能快地增加生产力的总量”的前提下“一步一步地”逐步实现的。[④] 社会主义国家绝不是不顾生产力的发展状况和发展要求，盲目地、一步到位地、全面地追求国有制的一统天下。

2. 在社会主义革命胜利之时，“最先进的国家几乎都可以”在《共产党宣言》中列举的关系国计民生的重要领域[⑤]“强制性”地实行国有制。例如，建立“独享垄断权的国家银行”，“全部运输业”实行国有制。

但是，马克思和恩格斯并没有确切预见到，社会主义革命首先在经济文化落后的国家获得胜利的情况。按照马克思和恩格斯关于所有制实现形式理论的基本原理，这一针对生产力发展状况“最先进的国家”的关于国有制的具体论断，显然并不能简单地照搬于经济文化落后的社会主义国家。

---

① 《马克思恩格斯选集》第 1 卷，人民出版社 1995 年版，第 248 页。

② 马克思和恩格斯提出的社会所有制和国家所有制这两个范畴的内容是相同的，都是指剥夺资产阶级的全部资本（生产资料）归无产阶级专政的国家所有。认为马克思和恩格斯所讲的生产资料归整个社会所有和归国家所有这两种提法具有不同含义的观点，是不对的。参见宋涛：《马克思主义生产资料公有制理论的实践和问题》，《经济评论》1996 年第 2 期。

③ 《马克思恩格斯选集》第 3 卷，人民出版社 1995 年版，第 217 页。

④ 《马克思恩格斯选集》第 1 卷，人民出版社 1995 年版，第 293 页。

⑤ 同上书，第 293—294 页。

3.“共产主义的特征……是要废除资产阶级的所有制”，以及通过这种“最彻底的”所有制革命解放生产力从而“尽可能快地增加生产力的总量”；但是，“这些原理的实际运用……随时随地都要以当时的历史条件为转移”，绝不可以盲目地照抄照搬。① 采取社会主义国有制的目的，是“尽可能快地增加生产力的总量”，否则，国有制就没有历史进步性和经济合理性。

马克思和恩格斯关于社会主义国有制是人类社会生产力社会化发展必然结果的科学论断，对于我们坚定我国国有企业改革和发展的信心，抵制和批驳各种诋毁社会主义国有经济的错误论调，都提供了科学的理论依据。

三、国有制历史进步性和经济合理性的判断标准

我国学术界的一种普遍的理论观点是笼统地断定资本主义国有企业的资本主义性质，而没有进一步区分哪些资本主义国有企业具有历史进步性和经济合理性，哪些不具有历史进步性和经济合理性。事实上，关于国有制历史进步性和经济合理性的判断标准问题，在恩格斯那里早已得到了明确而科学的解决。

恩格斯指出，是否顺应生产力社会化的发展要求是判断国有制历史进步性和经济合理性的标准。② 而且，他依据这个标准将资本主义国有制（国有企业）明确地区分为两种类型：资本主义那种适应生产力高度社会化发展要求而建立的现代国有企业是具有历史进步性和经济合理性的；那种不是适应生产力社会化发展要求，只是出于政治、战争、财政收入等维护资本主义上层建筑和生产关系目的而建立的国有企业，则是不具有历史进步性和经济合理性的。

生产资料“真正发展到不适于由股份公司来管理，因而国有化在经济上已成为不可避免的情况下，国有化……才意味着经济上的进步”③。资

① 《马克思恩格斯选集》第 1 卷，人民出版社 1995 年版，第 286、248、249、258 页。

② 《马克思恩格斯选集》第 3 卷，人民出版社 1995 年版，第 752 页注①。

③ 同上。

本主义生产力高度社会化的发展，把资本主义生产关系推到“顶点”——“生产力归国家所有”（资本主义国有制、国有企业），“生产力归国家所有不是冲突的解决，但是它包含着解决冲突的形式上的手段，解决冲突的线索”[①]，符合生产力社会化发展要求的资本主义国有企业，是从资本主义私有制向社会主义公有制转化的所有制实现形式演进过程中的临界点，“它包含着解决冲突的形式上的手段”，无产阶级夺取国家政权后，将首先把它们变为社会主义国有制形式的财产。[②]所以，资本主义这种适应生产力高度社会化发展要求而建立的国有企业，意味着达到了为社会主义生产资料公有制做准备的阶段，符合资本主义生产力高度社会化发展所要求的生产资料社会化占有的历史趋势，是具有历史进步性和经济合理性的。

决不能离开生产力社会化发展要求的判断标准，“无条件地把任何一种国有化……都说成社会主义的”，任何不符合生产力社会化发展要求的国有制，都不具有历史进步性和经济合理性。恩格斯举例说，拿破仑和梅特涅的烟草国营，比利时纯粹出于政治和财政考虑而修建的国家铁路干线，俾斯麦为了战争、政治、收入而把普鲁士铁路干线收归国有，这些“并非考虑经济上的必要”的国有化，“无论如何不是社会主义的步骤……否则，皇家海外贸易公司、皇家陶瓷厂，甚至陆军被服厂，……妓院国营，也都是社会主义的设施了”。[③]

同样，社会主义公有制实现形式也存在历史进步性和经济合理性的问题。在建立、巩固和发展社会主义公有制的具体途径和实现形式上，马克思和恩格斯都认为，包括是否采取国有制形式，以及在哪些领域、何时、采取何种形态的国有制形式，“随时随地都要以当时的历史条件为转移”[④]。恩格斯郑重地、不止一次地特别告诫说，《共产党宣言》中提出的国有化措施“根本没有特别的意义”，千万不要无条件地照搬，“如果是在今天，这一段在许多方面都会有不同的写法了”[⑤]；“一般说来，问题并不在于，无

---

① 《马克思恩格斯选集》第3卷，人民出版社1995年版，第629页。

② 同上书，第630页。

③ 同上书，第752页注①。

④ 《马克思恩格斯选集》第1卷，人民出版社1995年版，第248页。

⑤ 同上书，第249、258页。

产阶级取得政权后是去简单地运用暴力占有生产工具、原料和生活资料，还是为此立即给以补偿，或者是通过缓慢的分期付款办法赎买这些东西的所有权。试图预先面面俱到地回答这个问题，那就是制造空想”[①]。

四、国有制的内容和形式

国有制和它所实现的生产关系之间是形式和内容的关系，国有制和生产力之间是手段和目的的关系。马克思和恩格斯认为，产生于奴隶社会、长久为私有制所用的国有制，作为所有制的一种实现形式，不但可以为社会主义所用，而且可以作为几乎所有“最先进的国家”在社会主义革命胜利后消灭资本主义私有制、建立社会主义公有制的重要手段。[②]

根据生产力的发展要求，社会主义革命胜利后，必须消灭资本主义私有制，建立社会主义公有制。国有制是社会主义公有制性质的生产关系的一种实现形式，是尽快发展生产力的一种手段，不是社会主义经济制度的必要特征；它所实现和服务的社会主义公有制性质的生产关系，才是社会主义经济制度的本质特征。除了国有制之外，社会主义公有制还有其他的实现形式，还有其他的发展生产力的手段。

作为所有制的一种实现形式，国有制本身没有姓“私”姓“公”之分、姓“资”姓“社”之别，国有制（国有企业）既可以作为私有制的实现形式，也可以作为社会主义公有制的实现形式。国有制在历史上曾经长期作为奴隶主私有制、封建主义私有制、资本主义私有制的一种实现形式。当然，国有制为社会主义所用、为社会主义公有制性质的生产关系服务，就具有社会主义性质。

是否把国有制作为公有制的一种实现形式加以利用，何时、何地、如何把国有制作为公有制的实现形式，“随时随地都要以当时的历史条件为转移”。如果根据当时当地的条件，实行国有化、建立国有企业，最符合生产力的发展要求，有利于生产力的发展，有利于实现和巩固生产资

① 《马克思恩格斯选集》第3卷，人民出版社1995年版，第217页。
② 《马克思恩格斯选集》第1卷，人民出版社1995年版，第293、248页。

料的社会主义公有制，则应该实行国有制；反之，则不应该实行国有制。

而且，“国有”也并非意味着必须“国营”，“国有”并不排斥“民营”，“国有”可以和“民营”并行，也就是说，既可以“国有国营”，也可以“国有民营”。“国有”和“民营”属于两个层次、两个系列的不同概念，不可混淆。“国有”属于所有制实现形式层面和系列的概念，“民营”属于经营管理层面和系列的概念。“国有”也可以采取“民营”的经营管理方式，“民营”并不排斥“国有”的所有制形式，也并不必定否定“国有”的所有制性质。“国有”和“民营”不是非此即彼、相互否定的关系，而是相互兼容、互补互利的。恩格斯曾经明确地指出，全民所有制（国有制）决不排除租赁经营（国有民营的一种形式）：“‘劳动人民’将成为房屋、工厂和劳动工具的总所有者。这些房屋、工厂和劳动工具的用益权，至少在过渡时期难以无偿地转让给个人或团体。……由劳动人民实际占有全部劳动工具，决不排除保存租赁关系。”①

根据马克思和恩格斯关于国有制的内容和形式的基本观点，不能得出国有制（国有企业）可以在社会主义国家的经济体系中无所不在、一统天下的结论，也不能得出国有企业是社会主义公有制唯一实现形式的结论。但是，可以肯定的是，在生产力的发展日益社会化的社会主义市场经济条件下，国有制（国有企业）的存在和发展是不可或缺的，以瓦解和否定社会主义公有制为目的的所谓“国退民进论”是完全错误的。

综上所述，马克思和恩格斯关于国有制问题的基本观点，是他们以生产力和生产关系的历史唯物主义基本原理为指导研究国有制问题而得到的科学结论，对于批驳在国有制和国有企业改革问题上的种种错误观点，对于解决我国国有企业改革和发展过程中遇到的种种理论和现实问题，对于探索中国特色社会主义国有企业改革和发展道路，对于社会主义市场经济体制的发展和完善，都具有极其重要的方法论意义上的指导作用。

［原载《马克思主义研究》2005 年第 6 期］

① 《马克思恩格斯选集》第 3 卷，人民出版社 1995 年版，第 217 页。

“混合所有制经济”概念的形成发展及其核心内涵

冷兆松

一、引言

1979年，叶剑英《在庆祝中华人民共和国成立三十周年大会上的讲话》提出“个体经济，是社会主义公有制经济的附属和补充”[①]。1980年10月，《国务院关于开展和保护社会主义竞争的暂行规定》明确了支持和保护个体经济的政策方向。[②]1980年12月，邓小平在中央工作会议上指出，要切实保障“个体劳动者的合理利益”[③]。1982年，中共十二大提出了“两个决不允许”的政策方向。“生产资料公有制是我国经济的基本制度，决不允许破坏”；个体经济是公有制经济必要的和有益的补充，“决不允许任何方面对它们排挤和打击”。[④]1987年，十三大第一次从理论和政策上破除了发展私营经济的禁锢，提出私营经济“是公有制经济必要的和有益的补充”。[⑤]

---

① 《三中全会以来重要文献选编》(上)，人民出版社1982年版，第211页。

② 南宁法制网，http://www.nnfzw.com.cn/news_show.asp?id=14518。

③ 《三中全会以来重要文献选编》(上)，人民出版社1982年版，第636页。

④ 《十二大以来重要文献选编》(上)，中央文献出版社2011年版，第17—18页。

⑤ 《十三大以来重要文献选编》(上)，人民出版社1991年版，第31—32页。

1979 年至 1987 年十三大的这一系列重要文献表明，1978 年 12 月十一届三中全会以后，中央渐进、坚定、彻底地否定了十年“文革”期间对个体私营经济“割资本主义尾巴”的“左”的做法和政策方向。

1992 年十四大以来，人类历史上社会主义所有制经济从“一大二公三纯”的传统模式，向混合所有制经济的创新模式转变的历史进程，在中国特色社会主义伟大实践中悄然启动了。历经 1997 年十五大、2002 年十六大、2007 年十七大、2012 年十八大，中共关于发展混合所有制经济的理论和政策，逐步形成、发展和完善起来，并且成为指导经济体制改革和国有企业改革和发展重要的理论和政策依据。

二、初步提出“财产混合所有的经济单位”的模糊概念

1992 年，十四大提出：“在所有制结构上，以公有制包括全民所有制和集体所有制经济为主体，个体经济、私营经济、外资经济为补充，多种经济成分长期共同发展，不同经济成分还可以自愿实行多种形式的联合经营。”①

这里第一次明确了公有制经济和非公有制经济之间可以实行联合经营的政策方向，这是对马克思主义传统所有制理论的重大突破，颠覆了公有化规模越大越好、国有化程度越高越好、公有制成分越纯越好（“一大二公三纯”）的传统观念，为跨所有制的联营、并购、重组破除了思想禁锢。

以十四大提出的跨所有制联合经营的理论和政策为指导，党中央客观而大胆地总结了改革开放以来的实践经验，在 1993 年十四届三中全会通过的《中共中央关于建立社会主义市场经济体制若干问题的决定》中，初步提出“财产混合所有的经济单位”这样一个新概念。

1993 年十四届三中全会《决定》指出：在积极促进国有经济和集体经济发展的同时，鼓励个体、私营、外资经济发展，随着产权的流动和重组，“财产混合所有的经济单位越来越多，将会形成新的财产所有

① 《十四大以来重要文献选编》（上），人民出版社 1996 年版，第 19 页。

结构”[①]。

“财产混合所有的经济单位”，实际上就是指混合所有制经济的企业。这里的“混合”，是否可以是国企、集体、个体、私营、外资之间的混合，或者说是否可以是公有资本（资产）与私有资本（资产）之间的混合，既没有明确肯定，也没有明确否定。但是，有一点是可以肯定的，“财产混合所有的经济单位”这个模糊概念的提出，为推动混合所有制经济取向的理论创新、实践创新、政策创新开辟了丰富的想象空间，为“混合所有制经济”概念的提出提供了直接思想来源。

三、第一次提出和界定“混合所有制经济”概念

在中央文献中，1997 年十五大报告第一次提出和使用“混合所有制经济”这个新概念。“公有制经济不仅包括国有经济和集体经济，还包括混合所有制经济中的国有成分和集体成分。”[②]这里的“混合”，是指国有成分和集体成分这样的公有资本（资产）与其他非公有资本（资产）之间的混合。这层含义，尽管在十五大报告中没有展开阐发，但是在上下文的联系中已经被确切地锁定了[③]。这就比 1993 年十四届三中全会《决定》“财产混合所有的经济单位”这个模糊概念，有所前进。

当然，这个时候，还只是提出了混合所有制经济这样一个理念，没有形成界定清晰、定义完备的概念，没有作出理论阐发，没有作出政策决策，没有配套政策措施。

1999 年，十五届四中全会通过的《中共中央关于国有企业改革和发展若干重大问题的决定》，第一次初步阐发了发展混合所有制经济的思想，第一次明确了发展混合所有制经济的决策。“国有大中型企业尤其是优势企业，宜于实行股份制的，要通过规范上市、中外合资和企业互相参股等形式，改为股份制企业，发展混合所有制经济”[④]。

---

① 《十四大以来重要文献选编》（上），人民出版社 1996 年版，第 526 页。

② 《十五大以来重要文献选编》（上），人民出版社 2000 年版，第 21 页。

③ 同上书，第 21 页。

④ 《十五大以来重要文献选编》（中），人民出版社 2001 年版，第 1009 页。

2003年，十六届三中全会通过的《中共中央关于完善社会主义市场经济体制若干问题的决定》，第一次对"混合所有制经济"给予明确界定，即"国有资本、集体资本和非公有资本等参股的混合所有制经济"[①]。简单地说，就是用"三个参股"定义"混合所有制经济"的概念（简称"2003年版定义"）。

这个初步界定的概念，沿用了十年时间。

四、"混合所有制经济"概念的发展完善

真可谓"十年磨一剑，一朝试锋芒"。经过十年的理论和实践探索，2013年十八届三中全会通过的《中共中央关于全面深化改革若干重大问题的决定》，从三个方面发展、完善和创新了"混合所有制经济"的概念。

2013年十八届三中全会《决定》对"混合所有制经济"概念作出如下定义："国有资本、集体资本、非公有资本等交叉持股、相互融合的混合所有制经济，是基本经济制度的重要实现形式，有利于国有资本放大功能、保值增值、提高竞争力，有利于各种所有制资本取长补短、相互促进、共同发展。"[②]（简称"2013年版定义"）

这个定义，与2003年版定义有一个共同点，即"混合"的对象是相同的，都是国有资本、集体资本、非公有资本之间的混合。不同之处是，与2003年版定义相比较，2013版定义实现了"一个完善"和"两个创新"。

第一，2013年版定义以"交叉持股、相互融合"替代2003年版定义的"参股"，这就更加完善更加丰富地表达了国有资本、集体资本、非公有制资本相互之间"混合"的广度、深度和力度，弥补了2003年版定义比较笼统的不足。

第二，2013年版定义实现的第一个重大创新是，提出混合所有制经济是"基本经济制度的重要实现形式"。从提出使股份制成为公有制的主

---

① 《十六大以来重要文献选编》（上），中央文献出版社2005年版，第466页。

② 《十八大以来重要文献选编》（上），中央文献出版社2014年版，第515页。

要实现形式，到提出混合所有制经济是基本经济制度的重要实现形式，这是一个重大理论创新和决策创新。这是我们党认真总结改革开放35年来的实践经验获得的重大理论突破，是我们党对社会主义所有制理论和基本经济制度认识不断深化的重大认识成果，是我们党对社会主义初级阶段基本经济制度内涵的重大丰富和发展。

第三，2013年版定义实现的第二个重大创新是，以“两个有利于”厘清了混合所有制经济的功能和作用。混合所有制经济“有利于国有资本放大功能、保值增值、提高竞争力，有利于各种所有制资本取长补短、相互促进、共同发展”。这是我们党第一次对混合所有制经济本身的功能作出明确定位，这是混合所有制经济理论的新发展。

五、“混合所有制经济”概念的核心内涵

混合所有制经济，是基本经济制度的重要实现形式——十八届三中全会《决定》提出的这个新论断，准确揭示了混合所有制经济的核心内涵。

我国宪法规定：“国家在社会主义初级阶段，坚持公有制为主体、多种所有制经济共同发展的基本经济制度”①。混合所有制经济，既已被十八届三中全会《决定》确定为基本经济制度的重要实现形式，也必定是“公有制为主体、多种所有制经济共同发展”的重要实现形式。由此看来，混合所有制经济既是公有制经济的重要实现形式，又是非公有制经济的重要实现形式。

基本经济制度是内容，混合所有制经济是基本经济制度的重要实现形式，二者是内容和形式的关系。内容决定形式，形式服从内容。混合所有制经济的发展方向、发展形式、发展结果，必须服务于服从于基本经济制度的性质。

由于我国基本经济制度的性质属于社会主义，因此，混合所有制经

① 《中华人民共和国宪法修正案》（1999年3月15日第九届全国人民代表大会第二次会议通过），《十五大以来重要文献选编》（上），人民出版社2000年版，第808页。

济的发展必须有利于公有制主体地位的巩固，有利于国有经济主导作用的发挥，而不是相反。这一点尤为重要和关键，因为公有制经济在我国基本经济制度中处于生死攸关的主体地位，国有经济又在公有制经济中处于举足轻重的主导地位。

发展混合所有制经济的任何政策措施，必须有利于坚持和完善公有制为主体、多种所有制经济共同发展的基本经济制度，而不是相反。有人建议修改宪法关于公有制为主体、多种所有制经济共同发展的基本经济制度的规定，主张在发展混合所有制经济的过程中淡化甚至否定公有制主体地位，有人试图借助国有企业混合所有制改革的途径搞“国退民进”、搞私有化。这些，都是对发展混合所有制经济战略意图的严重歪曲。

六、国有企业混合所有制改革的方向和目标

十八届三中全会强调要积极发展混合所有制经济的战略决策之后，一些新自由主义者借机宣扬，发展混合所有制经济就是要大力推进私有化，要让更多私企、外企控股国企，要让更多国企退出竞争性领域等错误论调，制造思想混乱。

从我们党关于混合所有制经济的定义及其核心内涵可以看出，国企混改的方向绝不是削弱国有经济，不是削弱公有制经济，更不是私有化。习近平总书记对这个重大的根本性问题高度重视，反复强调。

2014 年 3 月，习近平在参加十二届全国人大二次会议安徽代表团审议时指出：发展混合所有制经济，基本政策已明确，关键是细则，成败也在细则。要吸取过去国企改革经验和教训，不能在一片改革声浪中把国有资产变成谋取暴利的机会。在参加上海代表团审议时，习近平指出：国企不仅不能削弱，而且要加强。①2014 年 8 月，习近平在中央深改组第四次会议上指出：国有企业特别是中央管理企业，在关系国家安全和国

① 《习近平谈所有制改革：国企民企“合”得来才能“混”得好》，中国经济网，2014 年 8 月 19 日，http://www.ce.cn/xwzx/gnsz/szyw/201408/19/t20140819_3382163.shtml。

民经济命脉的主要行业和关键领域占据支配地位，是国民经济的重要支柱，在我们党执政和我国社会主义国家政权的经济基础中也是起支柱作用的，必须搞好。中央企业负责同志肩负着搞好国有企业、壮大国有经济的使命。[①]2015 年 7 月，习近平在吉林调研时指出：我们要向全社会发出明确信息：搞好经济、搞好企业、搞好国有企业。国有企业是推进现代化、保障人民共同利益的重要力量，要坚持国有企业在国家发展中的重要地位不动摇，坚持把国有企业搞好、把国有企业做大做强做优不动摇。推进国有企业改革，要有利于国有资本保值增值，有利于提高国有经济竞争力，有利于放大国有资本功能。[②] 习近平关于国企改革“三个有利于”的重要论断，在理论上丰富了我们党关于混合所有制经济的内涵，在实践上是保障国企混合所有制改革方向的指南。

2013 年 8 月，习近平在印度尼西亚召开的亚太经合组织工商领导人峰会上说：“中国是一个大国，决不能在根本性问题上出现颠覆性错误”[③]。国企混合所有制改革的成败，就是这样一个关乎中国全局的根本性问题。从国内经济结构和经济基础的现实状况看，国有经济已经成为我国社会主义公有制经济的主要力量和根本基石。从国际竞争力看，国有企业是跻身世界 500 强的主力军，在国际市场上能与西方跨国公司抗衡的主要是国有企业特别是中央企业。2015 年 8 月，中共中央、国务院《关于深化国有企业改革的指导意见》指出：“国有企业属于全民所有，是推进国家现代化、保障人民共同利益的重要力量，是我们党和国家事业发展的重要物质基础和政治基础。”“面向未来，……在推动我国经济保持中高速增长和迈向中高端水平、完善和发展中国特色社会主义制度、实现中华民族伟大复兴中国梦的进程中，国有企业肩负着重大历史使命和责

---

① 《习近平主持召开中央全面深化改革领导小组第四次会议》，中央政府门户网站，2014 年 8 月 18 日，http://www.gov.cn/xinwen/2014-08/18/content_2736451.htm。

② 《习近平长春考察聚焦国有企业》，新华网，2015 年 7 月 17 日，http://news.xinhuanet.com/politics/2015-07/17/c_1115963593.htm；《习近平在吉林调研时强调保持战略定力增强发展自信》，新华网，2015 年 7 月 18 日，http://news.xinhuanet.com/politics/2015-07/18/c_1115967338.htm。

③ 郑永年：《中国十大可能的“颠覆性错误”》，求是网，2015 年 2 月 28 日，http://www.qstheory.cn/politics/ 2015-02/28/c_1114469360.htm。

任。”[1]国企私有化论调的根本目的，就是要摧毁我们党执政的经济基础，就是要摧毁中华民族伟大复兴中国梦的经济基础，所以，绝不能允许有人打着国有企业混合所有制改革的幌子搞“国退民进”、搞私有化。

国有企业混合所有制的社会主义市场经济改革方向，在中共中央、国务院《关于深化国有企业改革的指导意见》中得到了明确重申。国有企业改革要高举中国特色社会主义伟大旗帜，把坚持和完善基本经济制度作为深化国有企业改革必须把握的根本要求，坚持公有制主体地位，发挥国有经济主导作用，积极促进国有资本、集体资本、非公有资本等交叉持股、相互融合的混合所有制经济。[2]

《关于深化国有企业改革的指导意见》还明确了国有企业混合所有制改革的主要目标。到2020年，国有企业公司制改革基本完成，发展混合所有制经济取得积极进展。[3]

［原载《毛泽东邓小平理论研究》2015年第9期］

① 《关于深化国有企业改革的指导意见》，搜狐网，2015年9月13日，http://news.sohu.com/20150913/n421018689.shtml。

② 同上。

③ 同上。

发展混合所有制经济的决策演进

冷兆松

2013年11月12日，十八届三中全会通过的《中共中央关于全面深化改革若干重大问题的决定》，在发展混合所有制经济这个重大战略问题上实现了新的重大突破，首次厘清了混合所有制经济的概念及其功能定位，进一步厘清了社会主义市场经济体制中公有制经济和非公有制经济的相互关系及其功能定位，进一步完善和创新了非公有制经济的政策待遇、产权保护等一系列长期困扰我们的重大理论和政策问题。这个成果的取得是来之不易的，是十一届三中全会以来一代又一代中央领导集体接力探索的集体智慧的结晶。邓小平从来没有使用过“混合所有制经济”这个概念。但是，发展混合所有制经济的思想和决策，是对十一届三中全会以来形成的在公有制经济占优势前提下发展多种经济成分战略决策的继承、发展和创新。如果忽视三十多年来一脉相承的历史的、内在的演进逻辑，就不可能正确领会发展混合所有制经济的战略意图。

一、十一届三中全会至十四大：多种经济成分共同发展理论与政策的提出和发展

（一）十一届三中全会至十二大：在公有制经济占优势前提下发展多种经济成分战略决策的提出和发展

1979年9月，叶剑英《在庆祝中华人民共和国成立三十周年大会上

的讲话》指出："目前在有限范围内继续存在的城乡劳动者的个体经济，是社会主义公有制经济的附属和补充。"[①]1980 年 10 月，《国务院关于开展和保护社会主义竞争的暂行规定》指出：在社会主义公有制经济占优势的情况下，允许和提倡各种经济成分之间开展竞争，对于个体经济应予以支持和保护。[②]这是对十一届三中全会以来改革政策的肯定，从根本上否定了十年"文革"期间对个体经济实行"割资本主义尾巴"的"左"的做法和政策方向。

1981 年 10 月，《中共中央、国务院关于广开门路，搞活经济，解决城镇就业问题的若干决定》（以下简称《决定》）提出，在社会主义公有制经济占优势的根本前提下，实行多种经济形式和多种经营方式长期并存，"是我党的一项战略决策，决不是一种权宜之计"。《决定》提出，要坚决地迅速地改变歧视、限制、打击、并吞集体经济和个体经济的政策措施，代之以引导、鼓励、促进、扶持的政策措施。[③]

1982 年 9 月，十二大报告提出了"两个决不允许"的政策主张，即"生产资料公有制是我国经济的基本制度，决不允许破坏"；个体经济是公有制经济必要的和有益的补充，"决不允许任何方面对它们排挤和打击"。[④]

1984 年 10 月，《中共中央关于经济体制改革的决定》提出"实行国家、集体、个人一起上的方针，坚持发展多种经济形式和多种经营方式"。个体经济对于发展社会生产、方便人民生活、扩大劳动就业具有不可代替的作用，是社会主义经济必要的有益的补充，是从属于社会主义经济的。该决定提出"三个决不"的理论和政策主张——"坚持多种经济形式和经营方式的共同发展，是我们长期的方针，是社会主义前进的需要，决不是退回到建国初期那种社会主义公有制尚未在城乡占绝对优势的新民主主义经济，决不会动摇而只会有利于巩固和发展我国的社会主义经济制度。""全民所有制经济是我国社会主义经济的主导力量，对于

---

① 《三中全会以来重要文献选编》（上），人民出版社 1982 年版，第 211 页。

② 南宁法制网，http://www.nnfzw.com.cn/news_show.asp?id=14518。

③ 《三中全会以来重要文献选编》（下），人民出版社 1982 年版，第 983—984、987 页。

④ 《十二大以来重要文献选编》（上），中央文献出版社 2011 年版，第 17—18 页。

保证社会主义方向和整个经济的稳定发展起着决定性的作用，但是全民所有制经济的巩固和发展决不应以限制和排斥其他经济形式和经营方式的发展为条件。”①“三个决不”，从理论和政策两个方面否定了“一大二公三纯”的传统社会主义所有制模式和经营管理体制。这里“多种经济形式”这个词，与后来“多种所有制经济”是同义的，只是由于当时认识水平和改革实践的局限还不可能上升到这样的理论高度。

我们看到，在这个时期，我们党提出和不断完善在公有制经济占优势前提下发展多种经济成分的战略决策，出台了一些政策措施；但是，具体的政策措施，主要局限于允许、鼓励、扶持个体经济发展，很少涉及私营经济。

（二）十三大：以公有制为主体发展多种所有制经济战略方针的提出和发展

1987 年 10 月，十三大报告第一次从理论和政策上解决了发展私营经济问题。提出社会主义初级阶段私营经济“是公有制经济必要的和有益的补充”，必须尽快制订有关私营经济的政策和法律，保护它们的合法利益，加强对它们的引导、监督和管理。“在以公有制为主体的前提下发展多种经济成分”，确定为社会主义初级阶段“具有长远意义的指导方针”。②

1989 年 11 月，十三届五中全会通过的《中共中央关于进一步治理整顿和深化改革的决定》，对个体经济和私营经济提出了“一个鼓励、一个限制”的政策待遇——“鼓励它们在国家允许的范围内继续发展，发挥它们在发展社会生产、方便人民生活和扩大劳动就业等方面的积极作用，限制它们不利于社会主义经济发展的消极方面。”③

（三）十四大：提出不同经济成分可以实行多种形式联合经营的新政策与“财产混合所有的经济单位”的新概念

1992 年 10 月，十四大报告提出：“在所有制结构上，以公有制包括

① 《十二大以来重要文献选编》（中），中央文献出版社 2011 年版，第 65—66 页。
② 《十三大以来重要文献选编》（上），人民出版社 1991 年版，第 32、13—14 页。
③ 《十三大以来重要文献选编》（中），人民出版社 1991 年版，第 695 页。

全民所有制和集体所有制经济为主体，个体经济、私营经济、外资经济为补充，多种经济成分长期共同发展，不同经济成分还可以自愿实行多种形式的联合经营。”[①] 十四大报告第一次明确提出公有制经济和非公有制经济等各种不同经济成分之间可以实行多种形式联合经营的政策主张，这是对马克思主义传统所有制理论的重大突破，是对我们党传统所有制结构调整政策的重大突破。这个重大理论和政策的突破，为打破公有制经济和非公有制经济之间所有制界限，跨所有制联营、并购、重组，破除了理论禁锢，扫清了政策障碍。

1993 年 11 月，十四届三中全会通过的《中共中央关于建立社会主义市场经济体制若干问题的决定》，第一次提出“财产混合所有的经济单位”的概念。在积极促进国有经济和集体经济发展的同时，鼓励个体、私营、外资经济发展，随着产权的流动和重组，“财产混合所有的经济单位越来越多，将会形成新的财产所有结构”。[②]

我们看到，十四大的重大突破与创新，为发展混合所有制经济理论与政策的提出奠定了理论和政策基础。

二、十五大至十七大：发展混合所有制经济理论与政策的提出与发展

（一）发展混合所有制经济概念和决策的提出

1997 年，十五大报告第一次使用混合所有制经济的概念。“公有制经济不仅包括国有经济和集体经济，还包括混合所有制经济中的国有成分和集体成分。”[③] 这时候只是提出了一个理念，没有形成界定清晰、定义完备的概念，没有作出理论阐发，没有作出政策决策，没有配套政策措施。

1999 年，十五届四中全会通过的《中共中央关于国有企业改革和发展若干重大问题的决定》，第一次初步阐发了发展混合所有制经济的思想，第一次明确了发展混合所有制经济的决策。“国有大中型企业尤其是

---

① 《十四大以来重要文献选编》（上），人民出版社 1996 年版，第 19 页。

② 同上书，第 526 页。

③ 《十五大以来重要文献选编》（上），人民出版社 2000 年版，第 21 页。

优势企业，宜于实行股份制的，要通过规范上市、中外合资和企业互相参股等形式，改为股份制企业，发展混合所有制经济”。[①]2002 年，十六大报告重申了这个思想和决策[②]，这说明中共中央下定决心一以贯之地继续深化混合所有制经济理论，下定决心全面推进发展混合所有制经济决策的实施。

（二）第一次认定混合所有制经济概念、功能定位、政策导向、政策待遇

2003 年，十六届三中全会通过的《中共中央关于完善社会主义市场经济体制若干问题的决定》（简称“2003 年十六届三中全会《决定》”），第一次对混合所有制经济给予明确界定，即“国有资本、集体资本和非公有资本等参股的混合所有制经济”[③]。简单地说，就是用“三个参股”来定义混合所有制经济。这个初步界定的概念，此后沿用了十年时间。

2003 年十六届三中全会《决定》将发展混合所有制经济的政策导向确定为“进一步巩固和发展公有制经济，鼓励、支持和引导非公有制经济发展”。这里需要说明的是，十一届三中全会以来，我国经济体制的改革取向就是既巩固、发展公有制经济又鼓励、支持非公有制经济发展，这一点总体上说是从来没有动摇过的。但是，在发展混合所有制经济的新格局框架下，尝试厘清公有制经济和非公有制经济的相互关系及其功能定位、政策待遇等一系列重大问题，则是始于十五大。所以，习近平说:“坚持和发展党的十五大以来有关论述”，积极发展混合所有制经济。[④]

在强调“坚持公有制的主体地位，发挥国有经济的主导作用”的前提下，《决定》第一次将非公有制经济定位为重要力量，即“个体、私营等非公有制经济是促进我国社会生产力发展的重要力量”。

《决定》第一次把非公有制经济的政策待遇放宽到“同等待遇”，即消除体制性障碍、放宽市场准入，“非公有制企业在投融资、税收、土地

① 《十五大以来重要文献选编》（中），人民出版社 2001 年版，第 1009 页。

② 《十六大以来重要文献选编》（上），中央文献出版社 2005 年版，第 20 页。

③ 同上书，第 466 页。

④ 《十八大以来重要文献选编》（上），中央文献出版社 2014 年版，第 500 页。

使用和对外贸易等方面，与其他企业享受同等待遇”。[①] 这里的所谓其他企业，是否就是指国有企业、集体企业等公有制企业呢？没有明确。事实上，此前和此后很长一段时期，非公有制企业在投融资等多个领域，还没有享受到“同等待遇”。

（三）第二次在发展混合所有制经济新格局中认定非公有制经济的功能和政策待遇

2005 年《国务院关于鼓励支持和引导个体私营等非公有制经济发展的若干意见》（通称“非公经济 36 条”），对非公有制经济的功能定位，提升到“两个重要”“三个有利于”这样前所未有的战略高度。“改革开放以来，我国个体、私营等非公有制经济不断发展壮大，已经成为社会主义市场经济的重要组成部分和促进社会生产力发展的重要力量。积极发展个体、私营等非公有制经济，有利于繁荣城乡经济、增加财政收入，有利于扩大社会就业、改善人民生活，有利于优化经济结构、促进经济发展，对全面建设小康社会和加快社会主义现代化进程具有重大的战略意义。”[②]

“非公经济 36 条”对非公有制经济的政策待遇提升到“四个进一步”的新高度，并且具体化为 36 条全面推进非公有制经济发展的政策措施。“进一步解放思想，深化改革，消除影响非公有制经济发展的体制性障碍，确立平等的市场主体地位，实现公平竞争；进一步完善国家法律法规和政策，依法保护非公有制企业和职工的合法权益；进一步加强和改进政府监督管理和服务，为非公有制经济发展创造良好环境；进一步引导非公有制企业依法经营、诚实守信、健全管理，不断提高自身素质，促进非公有制经济持续健康发展。”[③] 从放宽非公有制经济市场准入、加大对非公有制经济的财税金融支持、完善对非公有制经济的社会服务、维护非公有制企业和职工的合法权益、引导非公有制企业提高自身素质、改进政府对非公有制企业的监管、加强对发展非公有制经济的指导和政

① 《十六大以来重要文献选编》（上），中央文献出版社 2005 年版，第 466 页。

② 《十六大以来重要文献选编》（中），中央文献出版社 2006 年版，第 684 页。

③ 同上书，第 684—685 页。

策协调 7 个方面，具体化为 36 条政策措施。[①]

“非公经济 36 条”明确提出，鼓励非公有制经济参与国有经济结构调整和国有企业重组，大力发展国有资本、集体资本和非公有资本等参股的混合所有制经济。

（四）第三次在发展混合所有制经济新格局中认定非公有制经济的功能和政策待遇

2007 年，十七大报告第一次把“两个毫不动摇”与发展混合所有制经济联系起来，明确发展混合所有制经济在所有制结构调整上的战略目标——形成各种所有制经济平等竞争、相互促进新格局。“坚持和完善公有制为主体、多种所有制经济共同发展的基本经济制度，毫不动摇地巩固和发展公有制经济，毫不动摇地鼓励、支持、引导非公有制经济发展，坚持平等保护物权，形成各种所有制经济平等竞争、相互促进新格局。”“以现代产权制度为基础，发展混合所有制经济。”[②]

为了落实和实现十七大确定的混合所有制经济的功能定位、政策待遇、战略目标，《国务院关于鼓励和引导民间投资健康发展的若干意见》（通称“新 36 条”）于 2010 年发布。“新 36 条”以“四个重要力量”“四个有利于”，大大提升了非公有制经济的功能定位，达到前所未有的新高度。（比较：2005 年“非公经济 36 条”作出“两个重要”“三个有利于”的功能定位，2003 年十六届三中全会《决定》作出“一个重要”的功能定位——均见前文。）

“四个重要力量”，即“促进经济发展、调整产业结构、繁荣城乡市场、扩大社会就业的重要力量”。“四个有利于”，即在毫不动摇地巩固和发展公有制经济的同时，毫不动摇地鼓励、支持和引导非公有制经济发展，“有利于坚持和完善我国社会主义初级阶段基本经济制度，以现代产权制度为基础发展混合所有制经济，推动各种所有制经济平等竞争、共同发展；有利于完善社会主义市场经济体制，充分发挥市场配置资源的

① 《十六大以来重要文献选编》（中），中央文献出版社 2006 年版，第 685—694 页。

② 《十七大以来重要文献选编》（上），中央文献出版社 2009 年版，第 20 页。

基础性作用，建立公平竞争的市场环境；有利于激发经济增长的内生动力，稳固可持续发展的基础，促进经济长期平稳较快发展；有利于扩大社会就业，增加居民收入，拉动国内消费，促进社会和谐稳定”。[①]

在政策待遇上，“新 36 条”规定，市场准入标准和优惠扶持政策要公开透明，对各类投资主体同等对待，不得单对民间资本设置附加条件。“新 36 条”从以下 12 个方面出台了 36 条鼓励、支持和引导非公有制经济发展的政策措施：进一步拓宽民间投资的领域和范围，鼓励和引导民间资本进入基础产业和基础设施领域，鼓励和引导民间资本进入市政公用事业和政策性住房建设领域，鼓励和引导民间资本进入社会事业领域，鼓励和引导民间资本进入金融服务领域，鼓励和引导民间资本进入商贸流通领域，鼓励和引导民间资本进入国防科技工业领域，鼓励和引导民间资本重组联合和参与国有企业改革，推动民营企业加强自主创新和转型升级，鼓励和引导民营企业积极参与国际竞争，为民间投资创造良好环境，加强对民间投资的服务、指导和规范管理。[②]

三、十八大以来：混合所有制经济概念、理论和政策的重大完善与突破创新

（一）完善和创新混合所有制经济的概念

2003 年十六届三中全会《决定》第一次对混合所有制经济给予明确界定，即“国有资本、集体资本和非公有资本等参股的混合所有制经济”，就是用“三个参股”简单定义混合所有制经济（简称“2003 年版定义”）。

此后，经过十年的理论和实践探索，2013 年十八届三中全会通过的《中共中央关于全面深化改革若干重大问题的决定》（简称“2013 年十八届三中全会《决定》”），从三个方面完善和创新了混合所有制经济的概念。

2013 年十八届三中全会《决定》对混合所有制经济概念作出如下定

① 中央政府门户网站，http://www.gov.cn/zwgk/2010-05/13/content_1605218.htm。

② 同上。

义："国有资本、集体资本、非公有资本等交叉持股、相互融合的混合所有制经济，是基本经济制度的重要实现形式，有利于国有资本放大功能、保值增值、提高竞争力，有利于各种所有制资本取长补短、相互促进、共同发展。"[①]（简称"2013 年版定义"）

这个定义，与 2003 年版定义有一个共同点，即"混合"的对象是相同的，都是国有资本、集体资本、非公有资本的混合。不同之处是，与 2003 年版定义相比较，2013 版定义实现了"一个完善"和"两个创新"，这样，混合所有制经济这个概念已经发展得比较完备。

第一，2013 年版定义以"交叉持股、相互融合"替代 2003 年版定义的"参股"，更加完善更加丰富地表达了国有资本、集体资本、非公有制资本相互之间"混合"的广度、深度和力度，弥补了 2003 年版定义比较笼统的不足。

第二，2013 年版定义实现的第一个重大创新是，提出混合所有制经济是"基本经济制度的重要实现形式"。从提出使股份制成为公有制的主要实现形式，到提出混合所有制经济是基本经济制度的重要实现形式，这是一个重大理论创新和决策创新。

这是我们党认真总结改革开放 35 年来的实践经验获得的重大理论突破，是我们党对社会主义所有制理论和基本经济制度认识不断深化的重大认识成果，是我们党对社会主义初级阶段基本经济制度内涵的重大丰富和发展。

第三，2013 年版定义实现的第二个重大创新是以"两个有利于"厘清了混合所有制经济的功能和作用。混合所有制经济"有利于国有资本放大功能、保值增值、提高竞争力，有利于各种所有制资本取长补短、相互促进、共同发展"。这是我们党第一次对混合所有制经济本身的功能作出明确定位，这是我们党关于混合所有制经济理论的新发展。

（二）作出服务于发展混合所有制经济的产权保护规定

2013 年十八届三中全会《决定》，提出"两个不可侵犯""两个国家

---

① 《十八大以来重要文献选编》（上），中央文献出版社 2014 年版，第 515 页。

保护”的规定，这个有利于发展混合所有制经济的产权保护规定，更加完善了混合所有制经济的法律保护体系。

该决定认为，产权是所有制的核心，为了推进混合所有制经济发展，必须健全归属清晰、权责明确、保护严格、流转顺畅的现代产权制度，并且作出“两个不可侵犯”“两个国家保护”的规定——“公有制经济财产权不可侵犯，非公有制经济财产权同样不可侵犯”；“国家保护各种所有制经济产权和合法利益，保证各种所有制经济依法平等使用生产要素、公开公平公正参与市场竞争、同等受到法律保护，依法监管各种所有制经济”。①

（三）对公有制经济和非公有制经济功能定位的重大历史性突破

2013 年十八届三中全会《决定》，提出“两个都是、两个重要”，实现了对社会主义市场经济体制下公有制经济和非公有制经济功能定位的重大历史性突破。

该决定指出，公有制为主体、多种所有制经济共同发展的基本经济制度，是中国特色社会主义制度的重要支柱，也是社会主义市场经济体制的根基。“公有制经济和非公有制经济都是社会主义市场经济的重要组成部分，都是我国经济社会发展的重要基础。”②

这“两个都是、两个重要”，突破了以往我们党对公有制经济和非公有制经济功能定位的认识传统，这是我们党第一次对公有制经济和非公有制经济赋予一视同仁的功能定位，不但在社会主义市场经济中它们“都是重要”组成部分，而且在我国经济社会发展中它们“都是重要”基础，突破了几十年来“厚公（公有制经济）薄非（非公有制经济）”的认识传统。这是一个重大历史性突破。

（四）第一次明确混合所有制经济的功能定位

2013 年十八届三中全会《决定》，第一次明确混合所有制经济具有

---

① 《十八大以来重要文献选编》（上），中央文献出版社 2014 年版，第 515 页。

② 同上。

“两个有利于”的重要功能。

该决定指出，积极发展混合所有制经济，“有利于国有资本放大功能、保值增值、提高竞争力，有利于各种所有制资本取长补短、相互促进、共同发展”。[①] 这“两个有利于”，是我们党第一次对混合所有制经济本身的功能作出明确定位。此前几十年中，我们都只是对公有制经济和非公有制经济之间相互关系及其各自功能进行探索并作出认定，从来没有对混合所有制经济本身的功能作出一个明确认定。

（五）非公有制经济政策待遇的重大完善与突破创新

2013 年，十八届三中全会《决定》，在非公有制经济的政策待遇方面提出“三个允许”“三个鼓励”“三个平等、两个废除、一个制定”，在多个方面有了新的重大突破。

“允许更多国有经济和其他所有制经济发展成为混合所有制经济。国有资本投资项目允许非国有资本参股。允许混合所有制经济实行企业员工持股，形成资本所有者和劳动者利益共同体。”“鼓励非公有制企业参与国有企业改革，鼓励发展非公有资本控股的混合所有制企业，鼓励有条件的私营企业建立现代企业制度。”[②] 这“三个允许”“三个鼓励”，为各种形式的非公有制企业深度参与国有企业改革开辟了广阔的政策空间；政策力度之大也是前所未有的，比如，“鼓励发展非公有资本控股的混合所有制企业”，这是第一次提出。

“坚持权利平等、机会平等、规则平等，废除对非公有制经济各种形式的不合理规定，消除各种隐性壁垒，制定非公有制企业进入特许经营领域具体办法。”[③] 这“三个平等、两个废除、一个制定”，为促进非公有制经济发展开辟了非常广阔的政策空间和发展前景。

---

① 《十八大以来重要文献选编》（上），中央文献出版社 2014 年版，第 515 页。

② 同上书，第 515—517 页。

③ 同上书，第 516—517 页。

四、正本清源：发展混合所有制经济的战略意图

（一）重新定性并不断升级个体私营经济的地位和功能，毫不动摇支持非公经济发展

从十一届三中全会至十四大期间，我们党深刻认识到我国处于并将长期处于社会主义初级阶段的基本国情，重新定性个体经济和私营经济的地位和功能，在理论上阐明了个体私营经济是社会主义公有制经济必要的和有益的补充，在政策上明确了鼓励支持扶持个体私营经济发展的长期方针，彻底否定了十年“文革”期间对个体私营经济“割资本主义尾巴”的“左”的政策方向，提出和发展了以公有制为主体、多种经济成分共同发展的理论与政策，进而，初步提出不同经济成分之间跨所有制联合经营的新思想和“财产混合所有的经济单位”的新概念，为发展混合所有制经济理论与政策的提出，破除了思想禁锢、理论禁区和政策压力。

发展混合所有制经济的理论与政策，在十五大至十七大期间得以形成和发展。1997 年十五大报告第一次使用“混合所有制经济”的概念。1999 年十五届四中全会通过的《中共中央关于国有企业改革和发展若干重大问题的决定》，第一次初步阐发了发展混合所有制经济的思想，第一次明确了发展混合所有制经济的决策。2003 年十六届三中全会通过的《中共中央关于完善社会主义市场经济体制若干问题的决定》，第一次认定混合所有制经济的概念、功能定位、政策导向、政策待遇。2005 年《国务院关于鼓励支持和引导个体私营等非公有制经济发展的若干意见》，对非公有制经济的功能定位提升到“两个重要”“三个有利于”这样前所未有的战略高度，对非公有制经济的政策待遇提升到“四个进一步”的新高度并且具体化为 36 条全面推进非公有制经济发展的政策措施。2007 年十七大报告，第一次把“两个毫不动摇”与发展混合所有制经济联系起来，把形成各种所有制经济平等竞争、相互促进新格局确定为发展混合所有制经济的战略目标。2010 年《国务院关于鼓励和引导民间投资健康发展的若干意见》，以“四个重要力量”“四个有利于”将非公有制经

济功能定位提升到新高度，在政策待遇上，该意见规定不得单对民间资本设置附加条件，并且从 12 个方面出台 36 条鼓励、支持和引导非公有制经济发展的政策措施。

2013 年十八届三中全会通过的《中共中央关于全面深化改革若干重大问题的决定》，从三个方面完善和创新了混合所有制经济的概念，使“混合所有制经济”概念比较完备了。十八届三中全会《决定》，第一次明确了混合所有制经济本身的功能定位，提出混合所有制经济具有“两个有利于”的重要功能。十八届三中全会《决定》，提出“两个不可侵犯”“两个国家保护”的规定，更加完善了混合所有制经济的法律保护体系。十八届三中全会《决定》，提出“两个都是、两个重要”的重要判断，突破了以往我们党对公有制经济和非公有制经济功能定位的认识传统，第一次对公有制经济和非公有制经济赋予一视同仁的功能定位，突破了几十年来“厚公（公有制经济）薄非（非公有制经济）”的认识传统。十八届三中全会《决定》，在非公有制经济的政策待遇方面提出“三个允许”“三个鼓励”“三个平等、两个废除、一个制定”，实现了非公有制经济政策待遇的重大完善与突破创新。

（二）坚定反对私有化，毫不动摇坚持公有制经济主体地位

十一届三中全会以来，我们党重新定性并不断升级个体私营经济的地位和功能，毫不动摇地鼓励支持非公经济发展，逐步形成发展混合所有制经济的理论与政策；与此同时，我们党始终坚定反对私有化，坚持公有制经济主体地位不动摇。

1989 年，江泽民在庆祝中华人民共和国成立 40 周年大会上的讲话中指出：在我国经济发展中，我们要继续坚持以公有制为主体、发展多种经济成分的方针，发挥个体经济、私营经济以及中外合资、合作企业和外资企业对社会主义经济的有益的、必要的补充作用。坚持这个方针，是为了更好地发挥社会主义经济的优越性，促进我国经济的更快发展，绝不是要削弱或取消公有制经济的主体地位，更不是要实行经济“私有化”。①

---

①《十三大以来重要文献选编》(中)，人民出版社 1991 年版，第 621 页。

2005 年“非公经济 36 条”，是十一届三中全会以来国务院出台的第一个鼓励支持引导非公有制经济发展的专门性文件，文件开篇第一句话就是：“公有制为主体、多种所有制经济共同发展是我国社会主义初级阶段的基本经济制度。”[①] 接着，重申“两个毫不动摇”，之后才是 36 条鼓励支持引导非公有制经济发展的政策措施。

2013 年，习近平在关于《中共中央关于全面深化改革若干重大问题的决定》说明中指出：《决定》强调必须毫不动摇巩固和发展公有制经济，坚持公有制主体地位，发挥国有经济主导作用，不断增强国有经济活力、控制力、影响力。混合所有制经济，是基本经济制度的重要实现形式，是新形势下坚持公有制主体地位，增强国有经济活力、控制力、影响力的一个有效途径和必然选择。坚持和完善基本经济制度必须坚持“两个毫不动摇”。[②]

2014 年 3 月，习近平在参加十二届全国人大二次会议安徽代表团审议时指出：发展混合所有制经济，基本政策已明确，关键是细则，成败也在细则。要吸取过去国企改革经验和教训，不能在一片改革声浪中把国有资产变成谋取暴利的机会。在参加上海代表团审议时，习近平指出：国企不仅不能削弱，而且要加强。[③]2014 年 8 月，习近平在中央深改组第四次会议上指出：国有企业特别是中央管理企业，在关系国家安全和国民经济命脉的主要行业和关键领域占据支配地位，是国民经济的重要支柱，在我们党执政和我国社会主义国家政权的经济基础中也是起支柱作用的，必须搞好。中央企业负责同志肩负着搞好国有企业、壮大国有经济的使命。[④]

2015 年 7 月，习近平在吉林调研时指出：我们要向全社会发出明确信息：搞好经济、搞好企业、搞好国有企业。国有企业是推进现代化、

---

① 《十六大以来重要文献选编》（中），中央文献出版社 2006 年版，第 684 页。

② 《十八大以来重要文献选编》（上），中央文献出版社 2014 年版，第 500—502 页。

③ 《习近平谈所有制改革：国企民企“合”得来才能“混”得好》，中国经济网，2014 年 8 月 19 日，http://www.ce.cn/xwzx/gnsz/szyw/201408/19/t20140819_3382163.shtml。

④ 《习近平主持召开中央全面深化改革领导小组第四次会议》，中央政府门户网站，2014 年 8 月 18 日，http://www.gov.cn/xinwen/2014-08/18/content_2736451.htm。

保障人民共同利益的重要力量，要坚持国有企业在国家发展中的重要地位不动摇，坚持把国有企业搞好、把国有企业做大做强做优不动摇。推进国有企业改革，要有利于国有资本保值增值，有利于提高国有经济竞争力，有利于放大国有资本功能。[①]习近平关于国企改革“三个有利于”的重要论断，在理论上丰富了我们党关于混合所有制经济的内涵，在实践上是保障国有企业混合所有制改革方向的指南。

（三）发展混合所有制经济的战略意图

在十一届三中全会以来的三十多年中，中央在推进经济体制改革的进程中，坚持公有制经济主体地位、反对私有化始终是一以贯之和毫不动摇的，坚持市场经济改革方向、支持非公经济发展始终是一以贯之和毫不动摇的。在坚持“两个毫不动摇”的改革和发展进程中，公有企业和非公企业共同发展、相互融合，推动混合所有制经济发展壮大。

坚持和完善公有制为主体、多种所有制经济共同发展的基本经济制度，推进公有制经济和非公有制经济在社会主义市场经济体制中共同发展，相互融合。这是十一届三中全会以来形成的在公有制经济占优势前提下发展多种经济成分战略决策，在中国特色社会主义理论框架下，一脉相承地继承、发展、创新的必然结果，是发展混合所有制经济战略意图之所在。

对发展混合所有制经济的任何私有化的解读，都是不符合客观实际的，是错误的和有害的。关于这一点，可以结合近现代中国经济发展史得到深刻理解。在近现代中国，混合所有制经济经历一个否定之否定的发展历程。1956 年对农业、手工业和资本主义工商业的社会主义改造完成之前，中国经济是以私有制占主体和主导的多种所有制并存的混合所有制经济。在十年“文革”期间，由于对个体私营经济实施“割资本主义尾巴”的“左”的错误政策，导致个体私营经济扫荡殆尽、公有制经济一统天下的“一大二公三纯”僵化体制，给经济发展和人民生活带来

---

① 《习近平长春考察聚焦国有企业》，新华网，2015 年 7 月 17 日，http://news.xinhuanet.com/politics/2015-07/17/c_1115963593.htm；《习近平在吉林调研时强调保持战略定力增强发展自信》，新华网，2015 年 7 月 18 日，http://news.xinhuanet.com/politics/2015-07/18/c_1115967338.htm。

极大困难；十一届三中全会以来，经过三十多年改革发展，我们建立和发展了以社会主义市场经济为导向的混合所有制经济。从表象上看，好像是1956年之前的混合所有制经济的回归。其实不然，二者之间是有本质不同的。改革开放以来发展的混合所有制经济，其本质特征是以公有制为主体、国有经济为主导、多种所有制经济共同发展的社会主义市场经济，绝不是私有制经济的回归。

混合所有制经济是基本经济制度的重要实现形式——十八届三中全会《决定》提出的这个新论断，准确揭示了混合所有制经济的核心内涵和战略意图。我国宪法规定："国家在社会主义初级阶段，坚持公有制为主体、多种所有制经济共同发展的基本经济制度"①。混合所有制经济，既已被十八届三中全会《决定》确定为基本经济制度的重要实现形式，也必定是"公有制为主体、多种所有制经济共同发展"的重要实现形式。因此，发展混合所有制经济的任何政策措施，必须有利于坚持和完善公有制为主体、多种所有制经济共同发展的基本经济制度，而不是相反。

有人建议修改宪法关于公有制为主体、多种所有制经济共同发展的基本经济制度的规定，主张在发展混合所有制经济的过程中淡化甚至否定公有制主体地位，有人试图借助国有企业混合所有制改革的途径搞"国退民进"、搞私有化。这些，都是对发展混合所有制经济战略意图的严重歪曲。

［原载《当代中国史研究》2015年第6期］

---

① 《十五大以来重要文献选编》(上)，人民出版社2000年版，第808页。

稳中求进的步伐：中国金融渐进式改革

钟　瑛

中国经济改革采用渐进的方式使改革获得成功，这是世界公认的。从国家整体来说，渐进式改革基本上保持了政府在推进改革中的控制力，使体制转轨能够比较平稳地衔接，既避免了大的社会动荡，又保证了国民经济的持续发展，改革的成本与那些采取“休克疗法”激进式改革的国家相比，是比较小的。金融改革在中国渐进式改革过程中，发挥着特殊的支持作用甚至是关键性的作用。中国正处于经济转轨时期，在这个前提下，中国金融的改革是与整体改革的路径选择相关的，因此是一个渐进的过程。

一、中国金融体制变革路径及其基本特征

通过对中国金融体制改革与金融市场发展的历史考察，可以总结出中国金融领域的改革与经济领域的改革相对应，总体上经历了三个阶段。

第一阶段：1979 年至 1984 年。金融改革也是从放权让利入手的。这期间，金融部门为实现“以计划为主、市场为辅”的目标做了组织准备。先是中国人民银行从财政的依附地位独立出来，1979 年 2 月再次恢复了中国农业银行，1979 年 3 月将中国银行从中国人民银行中分设出来，并成立国家外汇管理局。1979 年 8 月国务院决定将中国人民建设银行改为直属机构，在 1983 年又改为国务院直属经济实体。1983 年 9 月国务院

决定中国人民银行专门行使中央银行职能，同时成立中国工商银行，接管原来由中国人民银行办理的工商信贷和储蓄业务。由此，形成了由中央银行领导的利益相对独立的四大金融主体。此后许多其他金融机构也相继成立。1979 年成立中国国际信托投资公司，1981 年成立中国投资银行，1984 年分设中国人民保险公司。从 1981 年到 1984 年底全国共建立了 13 个地方性非银行金融机构。资金管理体制也开始向传统信贷管理体制挑战。这一阶段，金融资源配置制度的改革与调整主要是为经济体制改革服务。

第二阶段：1984 年至 1992 年。为适应经济领域提出的“有计划商品经济”和“国家调节市场、市场调节企业”的改革目标，金融体制的改革一方面继续完善中央银行制度，为进一步调控商业银行提供组织准备；另一方面着手塑造金融企业，包括继续改革体制内金融部门的信贷管理体制，在体制外增设金融机构，开放资本市场。全国有 5000 家城市信用合作社，几千家信托投资公司、租赁公司、财务公司，13 家股份制商业银行中的大部分都在这段时期涌现。

第三阶段：1992 年至今。1992 年邓小平南方谈话后，中国加快了经济体制改革的步伐。1992 年中共十四大提出经济体制改革的目标是建立社会主义市场经济体制，并构想了其基本框架。中国经济体制改革目标明确了，商业银行制度的建设便是题中之义。《中共中央关于建立社会主义市场经济体制若干问题的决定》首次正式提出国家专业银行向国有独资的有限责任公司转变，标志着金融领域开始了体制内的制度创新。作为专业银行商业化的配套措施，还提出了分离政策性业务与经营性业务，并完整地提出同企业一样的“四自”（自主经营、自负盈亏、自我约束、自我发展）方针。此后，国家出台了中国人民银行法、商业银行法等一系列法律法规，按美国信贷资产五级分类模式对信贷资产进行了清理与划分，对历史遗留的不良债务进行了剥离，为商业银行的规范经营以及与国际接轨创造了条件。总体而言，这一阶段的金融改革是对原有的金融体制的一次深刻的变革。它突出表现为，1994 年中国建立了中央银行制度，将原来的四大国家专业银行转变为国有独资商业银行，并成立了货币政策委员会，增强了货币政策制定的科学性。基本形成了中国的金融组织体系，初步建立了“统一开放、有序竞争”的金融市场体系，为金融市场的发展提供了良好的政策环境，促进了金融业的对外开放。2001 年加入世界贸易组织（WTO）后，中国在延续渐进式的开放模式下，开始全面履行入世承诺，稳步地在更大范围和更深程度上参与国际金融的竞争与合作，中国金融市场的全球影响力正在不断扩大。

总而言之，中国从集中计划经济体制向社会主义市场经济体制的变革，采取渐进式的改革策略。首先从改革微观经营机制起步，着眼于调整结构和改进激励机制，然后推进到资源配置制度和宏观管理体制的改革。实践证明，金融作为资源配置和宏观经济管理的领域之一，渐进式的中国金融改革开放政策符合中国经济体制改革的整体战略需要。

二、中国金融渐进式改革的伟大成就与基本经验

中国以渐进式改革为特征的经济转轨取得了举世公认的成就，堪为世界范例。中国经济体制能够成功转轨，得益于对以下几个方面的准确把握：对社会主义初级阶段的长期性和建设中国特色社会主义的准确认识；重视和充分发挥市场在资源配置中的基础性作用；强调和注重建设适应市场经济要求的宏观调控体系；积极推进政府机构改革，转变政府职能；坚持经济体制改革与政治体制改革的有机结合；正确处理改革、发展、稳定的关系，把发展的速度、改革的力度和社会的可承受程度统一起来。

同样，中国的金融改革体现为具有中国特色的渐进式改革。无论是金融机构体系的调整，还是金融组织管理的完善；无论是金融运行机制的重塑，还是金融运行规则的完善，都是按计划、有步骤、积极而又稳妥地推进的。这种渐进式改革，较好地抑制了金融改革开放过程中的风险积累，基本保持了金融体系的稳定性，促进了中国金融市场稳健、高效、安全运行。

经过三十多年的不断探索，经过不断地新建、分离、兼并、重组、引进甚至关闭，中国已经基本建立起了与社会主义市场经济相适应的金融体制：形成了以中国人民银行为中央银行，银行、证券、保险各监管

部门分工协作的金融监管体系；以国有金融机构为主体，股份制金融机构、外资金融机构、各种非银行金融机构共同发展、功能互补的金融机构服务体系；以货币市场、资本市场为基础，门类齐全的金融市场体系；以全社会为服务对象的金融支付清算体系。与此同时，中国的金融运行也发生了质的变化，正朝着市场化、专业化、全球化的方向推进。中央银行货币政策的连续性、稳定性明显改善，市场化程度明显提高，金融调控能力明显增强；有关银行、证券、保险的法律法规制度不断完善，金融监管的透明度大大提高；金融微观主体不断健全和发展，具有越来越旺盛的生机和活力；金融市场迅速发展，市场机制日渐健全，直接融资能力日益增强。可以说，中国金融宏观调控已顺利实现由以直接调控为主向以间接调控为主的转变，金融监管由行政强制性监管向依法审慎性监管的转变，金融运行由封闭型向开放型的转变。总体而言，伴随着中国三十多年的改革开放历程，中国金融改革开放成绩斐然，当前中国金融业的整体实力已显著增强，中国金融的发展已经成为影响世界金融稳定和发展的重要因素之一，在国际金融体系中的地位和影响将会变得越来越重要。

总结中国金融改革开放的基本经验，可以看出：第一，金融改革和经济改革必须协调推进，这是保持金融体系稳定性和经济健康稳定发展的根本前提。第二，加强宏观调控、保持币值稳定，是经济持续增长的重要条件。第三，加强和改进金融监管，是维护国家金融安全的基本保证。第四，促进直接融资和间接融资的协调发展，是提高金融运行效率的基础。第五，金融国际化、金融自由化必须坚持循序渐进的原则。第六，立足本国实际、大胆借鉴国外先进经验是推进改革的有益尝试。

三、继续坚持中国金融渐进式改革

经济转轨是当今世界最为重要的社会经济现象之一。不同的转轨国家选择了不同的改革方式，呈现出不同的效果。对于改革方式的选择问题，从理论和实践上都存在不同的观点和做法。在中国的改革开放进程中，更强调正确处理改革、发展、稳定之间的关系。在经济决策中最优先考虑的是发展问题，要在发展中解决前进中的问题。从经济角度看，渐进式改革实际上是一种尊重实践的态度，这与理想主义有所不同。理论界目前尚没有关于经济转轨的专门理论，西方经济现有理论也没有明确指出中央集权计划经济向市场经济过渡的可行路径。由于经济转轨没有理论或者实践经验可借鉴，因此，转轨过程实际上也就是不断试错、纠错的过程。渐进式改革需要不断积聚动力，以便为进一步发展创造条件。渐进式改革强调基础条件完善的时间特性。也就是说，金融改革所涉及的法律、监管制度、银行体系、会计标准的完善，专业技能的培养以及机构建设，都需要相当长的一段时间去完成，不可能一蹴而就。

在这种渐进式改革中，由于经验不足，“摸着石头过河”，在选择改革时机以及改革措施的相应配套上，不可避免地存在一些失误；同时在体制转轨中又不可避免地产生许多摩擦，出现许多“空隙”，因而付出了不少改革的成本；特别是金融体制改革相对滞后，国有商业银行承担了过多的改革成本，积累了大量的金融风险，不能不引起我们的高度重视。因此，中国的金融改革与发展还面临着许多亟待解决的难题。

那么，未来的中国金融改革面临着两大任务：一是要进一步向市场化迈进；二是要进一步与国际接轨。有了前一阶段改革发展的基础，今后金融改革的步伐应当快一些，但是仍然应该坚持渐进式改革的方式，正确处理改革、发展、稳定之间的关系，正确把握市场化与宏观调控、金融监管之间的关系，从中国的实际出发，有步骤地推进，尽可能防止金融体制转轨中国内金融市场出现无序竞争、秩序混乱和再度通货膨胀。经济建设规模、发展速度要与国力相适应，并力争经济结构合理，是保证货币金融稳定的关键。近年来全球金融危机的经验教训，更是值得我们好好反思与借鉴。中国金融业只有把改革和开放相结合，以深化金融改革推进对外开放，才能适应金融全球化的要求，在越来越激烈的国际竞争中始终处于主动并不断发展壮大。为此，中国金融业尤其需要在金融创新、金融监管和风险控制等方面有进一步的实质性突破。必须从全局、整体出发，通盘考虑、谨慎行事，积极探索更为有力的系统性举措，达到从根本上防范和化解金融风险、保证金融稳健运行，迅速提升金融竞争力、为经济发展提供持续动力的目的。总而言之，未来的中国金融改革仍然必须坚持渐进的思路。

［原载《中国纪检监察报》2012 年 5 月 13 日］

第三部分

经济运行

“疯狂”到“稳定”：从民众视角看北平解放前后的物价变动

——以《建国日记》为中心的考察

丁　芮

“北平是一个消费城市，而不是生产城市。在这样的城市，物价问题向来是严重的问题”。[①]1949年1月31日北平[②]和平解放后，共产党政权为安定民生、建立政府秩序主要做了“两件事情：一是金融，二是粮、煤供应和物价”[③]，这两件事最终都指向民众最关心的物价问题。在国史研究中，“只有从国家与社会的互动中，才能写出共和国历史的全貌”[④]。但关于北平解放前后的物价问题，研究者多依据官方史料，重视共产党政权采取的平抑物价政策，而较少关注这些政策对民众的实际影响。笔者最近发现一部《建国日记》[⑤]，作

---

① 《张友渔副市长在北平各界代表会议上关于北平市半年来财经工作补充报告摘要》，《人民日报》1949年8月16日。

② 1949年9月27日“北平”改为“北京”，本文内容此日期前用北平，此日期后用北京。

③ 北京市档案馆编：《北平和平解放前后》，北京出版社1988年版，第355页。

④ 杨凤城：《关于国史研究的视野问题》，《光明日报》2001年7月10日。

⑤ 喻世长著，王金昌整理：《建国日记》，东方出版社2009年版。喻世长（1916—1999）是我国著名民族语言学家，主要从事少数民族语言和汉语音韵学研究。已出版的《建国日记》为其日记1948—1951年部分。喻世长的社会知名度不高，但在语言学界有一定的声望，其在北京大学、中国科学院、中国社会科学院工作多年，有机会接触一些重要历史事件、知名人士，所以他的日记不仅可对官方文献、报刊、回忆录等进行补充，与知名人士的日记相对照，还蕴含更为普遍性的信息。1948年元旦后，喻世长经历了短暂的失业，同年4月1日入职北京大学，在文科研究所语音乐律实验室上班，担任助教，1950年6月转入中国科学院工作。

者用详尽的文笔，记载了北平解放之初共产党政权平抑物价措施对民众的影响，为认识国家与社会的互动关系提供了真实的分析案例。故，本文以该日记为基础，结合官方史料，从社会民众的视角来看北平解放之初共产党政权安定民生、稳定物价政策的实施，以及共产党政权城市经济治理能力，进而理解共产党如何在短时间内稳定政权的问题。

一、北平解放前物价高涨

"国民党统治时期的经济，其特点是官商勾结，投机倒把，也就是官僚资本和帝国主义、封建势力勾结起来，压榨广大的劳动人民，阻碍正当工商业的发展，以致货币流星似的贬值，物价野马式的上升。"①普通民众从每日必需的粮、油、米、面价格中最真切地感受到了货币贬值、物价高涨的巨大压力。

1948 年 2 月春节，物价猛涨，4 月份上升略缓，接着又是 5 月和 6 月的大涨。②北平市民喻世长每日都在担心如何应对高涨的物价。1948 年元月 3 日，兵船面粉涨到 115 万法币 1 袋，③而在 1947 年 12 月 10 日该面粉价格为五六十万法币。④同年 6 月 1 日，面粉每袋为 340 万法币，6 月 20 日已涨到每袋 820 万法币。⑤物价涨势迅猛，喻世长在日记中记载："一个礼拜，物价没止休地跳！跳！跳！……我对着这受物价狂风吹迷了的市民，我在默祷'你们快好了！'我自己早已甚至疯狂了。"⑥

原本就涨得很快的物价，至 1948 年 7 月 31 日，受报上币制改革消息的刺激，又"都涨了"。随后的几天，物价更是涨得离谱。8 月中旬，面粉比元旦期间涨价 150 倍左右。⑦显然，在国民党政府币制改革讨论阶

① 王敬：《平市物价与反奸商斗争》，《人民日报》1949 年 9 月 11 日。

② 《新中国若干物价专题史料》编写组：《新中国若干物价专题史料》，湖南人民出版社 1986 年版，第 2 页。

③ 喻世长著，王金昌整理：《建国日记》，东方出版社 2009 年版，第 3 页。

④ 《蒋区人民都叹"活不起"了一斤白面要两三万元》，《人民日报》1947 年 12 月 25 日。

⑤ 《蒋区各大城市物价六月下旬暴涨情况》，《人民日报》1948 年 7 月 18 日。

⑥ 喻世长著，王金昌整理：《建国日记》，东方出版社 2009 年版，第 88 页。

⑦ 同上书，第 122、130 页。

段，民众就对其丧失了信心。物价上涨难以控制，法币完全破产，1948年8月20日，国民党当局被迫实行币制改革，发行金圆券、限制物价。[①]

喻世长非常关注金圆券的发行，发行金圆券当日，他在日记中记载了兑换比率：“新币合法币300万元。金、银、美金、金合200元，银2元，美金4元”，并评价其“完全是投降黑市”，而“最关心的公务员待遇，也没提高多少，顶多能买一袋面。同样豪门丝毫未受打击”。当日晚报上的“物价落一点”，而美元的价格“还没太落”。[②]

金圆券发行的“最初半个月里，大部分地区的物价确曾平稳下来”。但到9月份中秋节前夕，物价已明显回涨。同时，币制改革实行的限价政策也造成了商家囤积惜售的后果。“当涨价时，物价虽涨，但当时还不过是‘贵’与‘贱’的问题，待存货卖光后，物价纵令不涨，接踵而来的却是‘有’与‘无’的问题”。[③]9月29日，喻世长中午去东来顺吃饭，“人挤得不堪，竟等了一个小时，原因是政府限制物价，但是大家都不卖了”。油盐店门口也贴着“本日制油售清”的字样。[④]北平“各商店对于货物都是不愿卖”，货物都不卖了，市场上的粮价“又贵的惊人”，至10月初，已比1月前涨了1倍。[⑤]币制改革的结果就是“全国各地成了真空了，谁也买不到日用品”。[⑥]

北平解放前，喻世长多靠买卖银元“防法币贬值”。[⑦]从其日记可知，买卖银元几乎为喻世长每日必做之事。[⑧]国民政府币制改革，严禁买卖银元，但新发行的金圆券迅速贬值，物价涨得更加厉害，普通民众私底下买卖银元更加普遍，喻世长在日记中感慨：“政府不承认黑市，可是买什

① 中国第二历史档案馆编：《中华民国史档案资料汇编·财政经济（三）》第5辑第3编，江苏古籍出版社2000年版，第803—804页。

② 喻世长著，王金昌整理：《建国日记》，东方出版社2009年版，第136页。

③ 《新中国若干物价专题史料》编写组：《新中国若干物价专题史料》，湖南人民出版社1986年版，第4、6页。

④ 喻世长著，王金昌整理：《建国日记》，东方出版社2009年版，第163页。

⑤ 同上书，第165、167页。

⑥ 同上书，第168页。

⑦ 同上书，第15页。

⑧ 同上书，第38、92、99、102页。

么不得黑市呢？”[①]

金圆券发行不久即贬值厉害，1948 年 12 月 5 日，面粉为 180 元 1 袋，12 月 21 日，已涨到 600 元 1 袋了。[②]喻世长每日都对“明天的物价，怀着恐惧”[③]。有统计称，“北平批发物价指数如以 1948 年 8 月 19 日为 100，1949 年 1 月则为 9710。”1949 年阴历年关时，“数日间竟涨了三五倍，涨风之猛烈，殆为空前所未有”[④]。物价不停地上涨，到 1949 年 1 月 30 日解放军入城接管的前一天，北平物价已经“高的出奇”了。[⑤]

喻世长密切关注时局的发展，痛恨“内战”、痛恨“这个不合理的社会”，自认自己“在变态病重生活”。[⑥]通过切身体会，喻世长判断国民党报纸、电台传出的消息是“谣言”“假话”，国民党政权提出的和平谈判是“作态”。[⑦]对于“把人民害到如此”的战争罪魁，喻世长更是“恨死”，并在日记里控诉：“我早已不能忍耐了，两个罪魁，我夜里想，此后该把他们的名字写到痰盂与尿罐之上，永久受着唾骂，不顾百姓血肉！”[⑧]亲身感受到国民党政权统治期间的物价飞涨、政治腐败，对于时局，喻世长抱有一种“必胜的信心”。[⑨]1949 年元旦喻世长在日记中悲愤地写道：“忍受着苦难，希望有一个‘变’，今天居然变了——当然是人民的血液流的够多了”！[⑩]

二、北平解放后四次物价波动

“物价问题是全国人民所迫切关心的”[⑪]，也是稳定经济、巩固政权的

---

① 喻世长著，王金昌整理：《建国日记》，东方出版社 2009 年版，第 169、179 页。

② 同上书，第 217、228 页。

③ 同上书，第 185 页。

④ 《新中国若干物价专题史料》编写组：《新中国若干物价专题史料》，湖南人民出版社 1986 年版，第 13、12 页。

⑤ 喻世长著，王金昌整理：《建国日记》，东方出版社 2009 年版，第 259 页。

⑥ 同上书，第 181、169、87 页。

⑦ 同上书，第 114、173、238 页。

⑧ 同上书，第 242、245 页。

⑨ 同上书，第 113 页。

⑩ 同上书，第 237、238 页。

⑪ 《战胜财政困难，争取物价稳定！》，《人民日报》1949 年 12 月 4 日。

基础。北平解放前，军管会首先肃清北平郊区周围的金圆券，“以澄清金融市场，平稳物价”[①]。1949年1月31日，北平和平解放。解放之初，由于国民党政权期间对经济的破坏尚未恢复，以及市“财经部门工作人员经验较少、对情况掌握不足、物资调运不灵活和奸商的投机倒把”等原因，[②]北京物价发生了4次大的波动。

解放后，北大给教职工核定了薪水，喻世长1949年3月5日第一次领薪水，得了将近6000元人民券，在物价平稳的情况下，自认为“数目核定得不小”[③]。4月初，在连续发了几次粮后，喻世长的吃饭问题有所好转，开始考虑接老家的母亲和妹妹来平。[④]但由于华北地区春旱少雨，青黄不接，附近城市的粮价相继提高，形成北平粮食倒流，粮源停滞。从4月下旬，物价便由粗粮带头，开始波动。[⑤]物价上涨，喻世长收拾房子的计划不能实现，接母亲和妹妹来平的计划暂时搁置。5月下旬，物价转稳后，喻世长便把母亲和两个妹妹接到北平。[⑥]薪水的发放正常，喻世长感觉“暂时不愁穷”了。[⑦]

7月10日京沪通车后，集中在沪宁的游资，大量北流；而平、津两地煤、铁、碱面、大豆、植物油等南运上海，天津纱布又大量北运东北，于是工业品带头上涨，布、煤也都上涨。同时，由于7月下旬阴雨连绵，运平的粮食锐减，粮价又趋上升。[⑧]这次“较过去为甚，各货价格平均上涨了一倍半左右”。[⑨]7月24日，喻世长就感到“油盐等物都贵了”。7月31日，忘记给二妹交学费20斤小米。8月1日，米价猛涨，“要一倍还多”，下午1点的时候，学费小米价由75元涨到116元，5点的时候，已

---

① 北京市档案馆、中共北京市委党史研究室编：《北京市重要文献选编（1）1948.12—1949》，中国档案出版社2001年版，第40页。

② 王敬：《北京市一年来的稳定物价工作》，《人民日报》1950年1月24日。

③ 喻世长著，王金昌整理：《建国日记》，东方出版社2009年版，第283页。

④ 同上书，第304页。

⑤ 王敬：《北京市一年来的稳定物价工作》，《人民日报》1950年1月24日。

⑥ 喻世长著，王金昌整理：《建国日记》，东方出版社2009年版，第321、346页。

⑦ 同上书，第361页。

⑧ 王敬：《北京市一年来的稳定物价工作》，《人民日报》1950年1月24日。

⑨ 《严厉取缔投机活动保持物价平稳！》，《人民日报》1949年7月29日。

经涨到 190 元 1 斤了。[①]8 月 2 日，米价涨到了 210 元 1 斤。为给妹妹交学费，喻世长不得不把存的纸烟、肥皂、火柴、袜子、皮包等卖掉，最终凑了 4200 元给妹妹交学费。[②] 物价涨，喻世长的饮食“越来越粗粮当先”，还得借钱买菜。[③]

8 月上旬后，物价转趋平稳。与此同时，文管会将各大学教职员、工警薪给标准重新改订。[④] 北大执行新标准，喻世长是助教，薪金核定为每月 566 斤。[⑤] 工资采取实物计算的办法，保障工薪人员“每月按物价指数领到工资”。[⑥]8 月中旬到 10 月中旬，北京物价保持了两个月的平稳状态。9 月底领薪水，因为米价落了，按物价领薪，喻世长少得了一千多元。[⑦]

10 月上旬，由于华北产棉区和灾区缺粮，使粮价带头上涨；绥远解放后，棉布的需要量增加，又引起纱布上涨。因此，北京物价自 10 月 7 日起，又有新的波动。到 10 月 28 日，因防鼠疫，京绥线交通封锁，商人乘机囤积居奇，造成“粮荒”，引起群众心理恐慌，争购煤粮，形成 11 月 11、12 两日物价上涨的高峰。11 月 10 日伏地小米每斤 440 元，12 日竟涨到 800 元；11 月 10 日门煤甲块每吨价 81000 元，13 日竟涨到 165000 元。[⑧] 物价上涨，合作社的米面迅速被买光，喻世长买不起肉，只得吃玉米面、吃素。他在日记中记载：“为了百物涨价，我心中发慌”。[⑨] 在多种平抑措施下，11 月底物价开始全面回落。[⑩]

1950 年春节期间，少数商家又乘机抬高物价，白面由每斤 2400 元涨到 2800 元，小米由每斤 1400 元涨到 2000 元。国营零售公司 2 月 19 日（农历正月初三）开始营业后，低价售卖，粮价很快差不多回到春节

---

① 喻世长著，王金昌整理：《建国日记》，东方出版社 2009 年版，第 381、385、386 页。

② 同上书，第 387 页。

③ 同上书，第 390、393 页。

④ 《文管会合理改订薪额制定大学教职员工警薪给标准》，《人民日报》1949 年 5 月 6 日。

⑤ 喻世长著，王金昌整理：《建国日记》，东方出版社 2009 年版，第 380 页。

⑥ 《北京各界人民欢呼物价稳定　投机商人受当头棒喝》，《人民日报》1950 年 4 月 14 日。

⑦ 喻世长著，王金昌整理：《建国日记》，东方出版社 2009 年版，第 433 页。

⑧ 王敬：《北京市一年来的稳定物价工作》，《人民日报》1950 年 1 月 24 日。

⑨ 喻世长著，王金昌整理：《建国日记》，东方出版社 2009 年版，第 472、474 页。

⑩ 王敬：《北京市一年来的稳定物价工作》，《人民日报》1950 年 1 月 24 日。

前。[①]这次小幅的物价波动，喻世长日记中没有记载，推测应是对其生活影响不大。

三、民众关切的稳定物价措施

物价波动是新政权建立过程中“一个不可避免的副产物”。[②]作为普通民众的喻世长对共产党政权抱有信心，也认为物价波动是“解放过程中不可免的现象”。[③]针对北京的这四次物价波动，共产党政权“采取物资力量和行政力量互相配合，取缔投机、稳定物价的方针”，[④]保障民众生活，其中人民券信用、合作社、折实储蓄与民众生活息息相关，尤为民众所关切。

（一）稳定人民券

在解放过程中，共产党政权在所到之地，“必须迅速发行保护经济发展和保护人民利益的人民票，来代替这已被人民所抛弃的‘金元券’”。[⑤]北平解放后，1949 年 2 月 2 日军管会发布《伪金圆券兑换办法》，自布告之日起，金圆券暂准继续流通 20 天，工人、学生、独立劳动者、工厂职员、学校教职员、城市贫民，可享受优待比价，每人兑换金圆券 500 元。[⑥]

《伪金圆券兑换办法》发布之后，人民券很快就在民众中间得到了流通。2 月 4 日，是优待兑换的首日，喻世长向朋友借钱就是借的人民券，9 日，北大发薪，喻世长第一次领到了人民券。[⑦]作为北大职工，喻世长可享受优惠兑换，他自己积极地把金圆券兑换成人民券，15 日是优

① 《京零售公司开始营业春节中奸商哄抬物价现均已回跌》，《人民日报》1950 年 2 月 21 日。

② 《战胜财政困难，争取物价稳定！》，《人民日报》1949 年 12 月 4 日。

③ 喻世长著，王金昌整理：《建国日记》，东方出版社 2009 年版，第 385 页。

④ 王敬：《北京市一年来的稳定物价工作》，《人民日报》1950 年 1 月 24 日。

⑤ 薛暮桥：《论金银外币管理》，《人民日报》1949 年 5 月 19 日。

⑥ 北京市档案馆、中共北京市委党史研究室编：《北京市重要文献选编（1）1948.12—1949》，中国档案出版社 2001 年版，第 133—135 页。

⑦ 喻世长著，王金昌整理：《建国日记》，东方出版社 2009 年版，第 263、266 页。

待兑换的最后一日，他还“操心”家人兑换了没有。[①] 整个兑换期间，享受优待兑换人口约 100 万（全市人口约 235 万）。[②] 由于此次兑换规定的优待比值（1∶3）和普通比价（1∶10）差额太大，[③] 有人暗中收买金圆券，因而在后几天发生了黑市（1:8），使金融也有些波动。[④] 习惯了赚取物品差价的喻世长也以“十比四买的金圆，然后一比三兑换人民券，赚了两千元”[⑤]。

在北平，“保有银元者多系中等之户，内有不少是教职员、自由职业者与熟练工人、小市民”。[⑥] 北平解放之初，共产党政权忙于接管，一时还没有力量查禁倒卖银元之事。[⑦] 在兑换金圆券期间“银元仍在市面继续流通”，[⑧] 银元的流通，“影响物价金融甚大”，共产党政权在金圆券兑换结束后开始“集中力量打击银元，以便使人民币完全统治市场”。[⑨]

在政府的取缔下，银元流通和买卖到 4 月份也基本上肃清。[⑩] 兑换金圆券，取缔金银黑市，打垮了多年的恶性通货膨胀，奠定了人民币的信用，稳定了金融市场。[⑪] 喻世长从 1949 年 2 月 4 日开始使用人民券，之后家庭所有收入、开支皆是人民券，其日记中再未出现买卖银元的记载，而在此之前，买卖银元以换取差价基本上为其每日必做之事。这充分证明，北平解放后，在短时间内，人民券在广大民众中的流通程度和信用度都很高。共产党政权“从人民的利益出发”，统一货币，发行人民券，

---

① 喻世长著，王金昌整理：《建国日记》，东方出版社 2009 年版，269、271、270 页。

② 北京市档案馆、中共北京市委党史研究室编：《北京市重要文献选编（1）1948.12—1949》，中国档案出版社 2001 年版，第 152 页。

③ 北京市档案馆编：《北平和平解放前后》，北京出版社 1988 年版，第 355 页。

④ 北京市档案馆、中共北京市委党史研究室编：《北京市重要文献选编（1）1948.12—1949》，中国档案出版社 2001 年版，第 153 页。

⑤ 喻世长著，王金昌整理：《建国日记》，东方出版社 2009 年版，第 271 页。

⑥ 北京市档案馆编：《北平和平解放前后》，北京出版社 1988 年版，第 347 页。

⑦ 中国人民政治协商会议北京市委员会文史资料研究委员会编：《北京的黎明》，北京出版社 1988 年版，第 227 页。

⑧ 北京市档案馆编：《北平和平解放前后》，北京出版社 1988 年版，第 347 页。

⑨ 北京市档案馆、中共北京市委党史研究室编：《北京市重要文献选编（1）1948.12—1949》，中国档案出版社 2001 年版，第 154 页。

⑩《以银元计价的现象在平市场已初步肃清》，《人民日报》1949 年 4 月 5 日。

⑪ 王敬：《北京市一年来的稳定物价工作》，《人民日报》1950 年 1 月 24 日。

使货币制度更简单，更便利于物价稳定、物资交流、发展生产、繁荣经济，[①]得到了广大民众的普遍欢迎。

（二）成立合作社

在打击银元流通、稳定人民券信用的同时，共产党政权还大力发展城市中的供销合作事业，将大量的物资直接分配给广大消费者，保证城市民众所需生活资料的供给，使投机资本无活动余地，物价趋于平稳。[②]北平解放之初，市政府鼓励"恢复原有合作社，使在折合工薪实物发给薪工之原则下，马上转入消费，吸入合作社，不使其流入市场。"[③]

解放前的北平，每个较大的公营企业、工厂差不多都有合作社组织，解放后，对旧合作社的处理原则是："原有的股金，退还给工人（厂方的退给厂方）"。[④]北大解放前有教职员合作社、工警合作社和学生合作社，"但是组织不健全，入股也没有限制，教职员合作社实际上则为少数大股东所把持，因此，它们并没有彻底达成减少中间剥削的任务"。[⑤]喻世长也从合作社购买肥皂之类的零碎品，[⑥]但粮食主要还是要从市场上购买，旧合作社并不能保证喻世长的基本生活。

解放后，北大教职员工认为"旧的合作社无论在形式或内容上都有加以改造的必要"，遂筹备建立新社，1949 年 8 月 3 日，北大合作社正式通告召股。[⑦]喻世长对新合作社非常期待，新社开股当天忘记通知文科研究所，他专门打电话，要了合作社的申请书。第二日，喻世长就到"合作社去入股"了，并把旧合作社退股一并存入社中。[⑧]新合作社受到北大职工的广泛欢迎，开股一周内入股人数已达 2000 人。北大合作社 8 月中旬开始营业，供应物资包括食粮、油盐、日用品及文具等，物品由北平

---

① 《一年来敌我地区的货币和物价》，《人民日报》1949 年 1 月 13 日。
② 杨波：《平津物价波动的分析》，《人民日报》1949 年 5 月 19 日。
③ 北京市档案馆编：《北平和平解放前后》，北京出版社 1988 年版，第 346 页。
④ 林晰：《两个月来的北平职工消费合作社》，《人民日报》1949 年 4 月 29 日。
⑤ 江风：《一个旧合作社的改造》，《人民日报》1949 年 8 月 11 日。
⑥ 喻世长著，王金昌整理：《建国日记》，东方出版社 2009 年版，第 333 页。
⑦ 江风：《一个旧合作社的改造》，《人民日报》1949 年 8 月 11 日。
⑧ 喻世长著，王金昌整理：《建国日记》，东方出版社 2009 年版，第 387、388 页。

市供销合作总社购买，可低于批发价的2%到4%。[①] 因为价格低，“大家抢着买合作社的米面”，如8月18日下午喻世长去只买到面，米已卖没了。[②] 合作社规定每人限定一股，教职员的家属也可入一股。结婚后，喻世长想去合作社加妻子屯的一股被拒，但合作社规章不允许在校学生入股，此时屯在华北人民革命大学。[③] 有时喻世长还从北大合作社买便宜的粮食给姑姑。[④]

到1949年8月初，北平各公营企业、机关、学校和通过各行业工会在市区各重点街道，分别成立了消费合作社。合作社在国营贸易公司协助和配合之下，发卖了大量低于市价的粮食和日用品给全体社员，充分保障了他们的消费需要，使其免受中间商人的剥削，得到了广大群众的拥护。[⑤] 在业务经营上，主要是供应社员粮食，适当保证了工人及其家属生活不受市场物价波动的影响。粮食公司则按低于批发价4%的价格售予合作社。[⑥] 完成食粮的供给，仅是做了消费合作社任务的一方面，为满足社员的需要，北平市合作总社1949年6月份开始把供给日用品和供给食粮放在同等重要的地位。[⑦] 北大建立新合作社较晚，营业时就供应较多种类商品，除了供应基本的米、面、油外，还供应日常用品。喻世长从合作社购买过酱油、牛肉、精盐、花生、肥皂、布料等。[⑧]

生活用品的物价直接关系人民的生活，通过合作社等机构，供应日用必需品，基本上保证了北京人民的生活。[⑨] 在解放之初四次物价波动期间，各合作社大量供应社员粮食，“社员未受物价波动影响”。合作社的

---

① 江风：《一个旧合作社的改造》，《人民日报》1949年8月11日。

② 喻世长著，王金昌整理：《建国日记》，东方出版社2009年版，第398页。

③ 同上书，第313、314、451页。

④ 同上书，第491页。

⑤ 陈庆楣：《本市合作社开办五个月社员达十八万省钱亿五千万》，《人民日报》1949年8月4日。

⑥ 林晰：《两个月来的北平职工消费合作社》，《人民日报》1949年4月29日。

⑦ 《平市职工合作社发展迅速社员增至十六万余低价售粮千万斤社员省钱五千六百万》，《人民日报》1949年6月13日。

⑧ 喻世长著，王金昌整理：《建国日记》，东方出版社2009年版，第478、501、517、543页。

⑨ 萧涤生、王敬：《保障了北平人民生活北平贸易公司半年来供应工作概况》，《人民日报》1949年9月12日。

粮价，从1949年4月至10月，平均低于市价14.24%。在11月11、12日两天物价波动高峰时，合作社价则低于市价60%以上。其他日用品价格，平均也都低于市价20%左右。社员普遍反映：“有了合作社，生活便有了靠山。”[①] 喻世长有了稳定的薪水，又入了新合作社，有了基本的物品供应，也感觉生活“不用愁了”。[②]

（三）开办折实储蓄

折实储蓄的实行也是解放之初稳定物价的一个重要举措，其出发点在于“保障储户避免物价波动的影响”[③]。人民银行北平分行储蓄部1949年4月1日开办折实储蓄。折实储蓄是以通粉1斤，玉米面1斤，五福布1尺三种定量的物价为1标准实物单位，每日挂牌公布。[④]“折实储蓄不但能促进节约，减少浪费，且可使存户避免物价波动及其他意外事件的影响。”[⑤]

折实储蓄存款人将货币存入银行时，银行即将所存货币数量按当时标准实物单位价格折成若干标准实物单位。期满提款时，银行则按存入时的标准实物单位数量，以及提款时之标准实物单位价格折成货币偿付，此外并按折实存款的类别及时间长短，以存入时的货币数量计算付息。这样广大存款户不但可以获得一般的存款利息，而且可以免受物价上涨中货币贬值的损失，维护了广大人民的利益。物价上涨引起的储户存款损失，由银行承担，从而保证了民众的实际购买力。物价上涨中，国家银行为平稳物价，大量吸收社会游资，停止向外贷放。这样银行虽受损失，但换来物价的恢复平稳。[⑥]

折实储蓄创办后，得到了社会各阶层人士特别是劳动人民的欢迎与赞许，各地机关、工厂、学校的职工以及广大人民，纷纷节出余资进行

---

① 《北京市各合作社大量供应社员粮食二十七万余社员未受物价波动影响》，《人民日报》1949年11月28日。

② 喻世长著，王金昌整理：《建国日记》，东方出版社2009年版，第388页。

③ 宇：《平市人民银行折实储蓄上月存户达一千三》，《人民日报》1949年5月3日。

④ 《人民银行储蓄部今日开业》，《人民日报》1949年4月1日。

⑤ 沈建民：《对人民银行折实储蓄的一点意见》，《人民日报》1949年4月1日。

⑥ 程人杰：《谈谈折实储蓄存款》，《人民日报》1949年6月2日。

储蓄，尤其是石家庄、北平、天津三地，储存较为发展。北平自4月1日至4月底，一个月时间收到存款2650万余元。[①] 由于储蓄业务的开展，单靠银行满足不了民众的需要，合作社也开办了针对社员的折实储蓄。[②]

折实储蓄在北京受市民欢迎的情况，可从喻世长日记的记载中得到证实。如1949年11月21日，喻世长去给屯存折实储蓄，到了储蓄部，“人挤得要命”；[③]12月5日，给屯存了3个单位，“又等了半天”；[④]1950年1月4日，“到储蓄部等半小时才存上一个折实单位”。[⑤] 有时下午5点领了薪水，他也要把钱存了折实才放心。[⑥] 喻世长把手中的余钱都存了折实储蓄，根据家庭需要随时支取，购买生活必需品。他不仅自己把钱存成折实单位，还积极帮屯、屯的姐姐和同事等进行折实储蓄。[⑦] 北平解放前，喻世长最常用的保值媒介是银元，解放后，折实储蓄保证了储户存款不受物价波动的影响，他最常用的保值手段就变成了折实储蓄。存折实成为喻世长每日必做之事，他日记中记有载：“去存那每日一次的折实”。[⑧]

四、民众感受到的物价稳定

解放之初，共产党政权为安定民生，在维持金融、稳定物价方面采取了多种措施，取得了明显的成效，到1950年3月，物价日趋稳定。[⑨] 共产党政权以保障民众生活为前提所实施的各项经济措施，与国民党政权时期的经济措施在本质上是不同的，普通民众的切身感受最为明显，在物价方面具体表现如下：

---

① 程人杰：《谈谈折实储蓄存款》，《人民日报》1949年6月2日。

② 《消费合作社京市普遍发展适当的保证了工人及劳动市民的实物工资，解决了生活上主要的问题》，《光明日报》1949年11月14日。

③ 喻世长著，王金昌整理：《建国日记》，东方出版社2009年版，第482页。

④ 同上书，第495页。

⑤ 同上书，第523页。

⑥ 同上书，第541页。

⑦ 同上书，第495、500、522页。

⑧ 同上书，第560页。

⑨ 王静然：《物价稳定本币信用日高全国各地存款激增四月底余额较二月底增加两倍多》，《人民日报》1950年5月17日。

首先，市场供求关系的变化。在物价稳定之前，北京市场长期都处在物资相对缺少、商品求过于供的状态中。1950 年 3 月开始了大转变，各商品市场普遍呈现出供过于求或供求渐趋相应的情况。粮食是物价的主要标准，当它的价格便宜时，其他商品价格也就跟着下跌。[①] 以民众生活必需的食粮来说，3 月份上市量增多，而销售量却减少了。其重要原因是：在合作社、国营商业大量售货，物价转向平稳的情况下，商人开始改变囤货的情况，使得这一时期北京粮价稍低于保定、张家口等地。[②] 这一点，民众的感受最直接。3 月 29 日，喻世长到东四买米、面，已感觉“比合作社的贱”。[③] 因为“物价在落”，喻世长按小米价折合的薪水“数目一天比一天减”，4 月中旬领的薪水少好几万元。[④]

其次，储蓄方式的变化。解放之初，由于长期通货膨胀，民众不愿进行货币储蓄，欢迎折实储蓄。北平分行从 1949 年 8 月开始办理货币储蓄，但“一向很少有人过问”，到 1950 年 3 月情况发生了变化，折实储蓄储户开始减少，货币储蓄开户骤然增加。这是由于“物价稳定，人民币的信用愈益稳固了。十多年来，中国人民饱受物价波动之苦而形成的‘轻货币，重实物’的畸形心理，在许多新的事实面前开始扭转过来”。[⑤] 民众对物价平稳反应迅速，喻世长在 4 月 12 日、13 日两天就在考虑如何把钱“改存到银行的事”。[⑥] 为适应物价情况，满足民众需求，人民银行及时开办“定活两便”和“保本保值”等储存业务，借“两便”（定期之利，活期之便）、“双保”（取时物价涨，折实付本息，物价落、货币付本息）的办法，增加存户的信心。[⑦] “许多原有折实储蓄存款现也纷纷要求

---

① 《人民政府供应必需品北平市场迅速稳定老区群众积极运输粮煤帮助新区人民站得起来》，《人民日报》1949 年 2 月 23 日。

② 近宇、贺笠：《统一财经工作发生显著效果京沪物价开始稳定》，《人民日报》1950 年 4 月 10 日。

③ 喻世长著，王金昌整理：《建国日记》，东方出版社 2009 年版，第 587 页。

④ 同上书，第 598 页。

⑤ 近宇、贺笠：《统一财经工作发生显著效果京沪物价开始稳定》，《人民日报》1950 年 4 月 10 日。

⑥ 喻世长著，王金昌整理：《建国日记》，东方出版社 2009 年版，第 597、598 页。

⑦ 王静然：《人民储蓄事业的成长》，《人民日报》1950 年 10 月 7 日。

转为‘保本保值’存款”。[①] 喻世长也紧跟行情，在 1950 年 4 月 20 日去银行办了存款，但他关注的折实零存整付、定活两便都要等上半小时或 20 分钟，[②] 可见该项存款“极受市民欢迎”[③]。4 月 29 日，喻世长又把近五个月和屯一起存的折实单位提出来，存到银行 10 万块。[④]

余　论

共产党政权通过调节货币流通，严格管理金银外币，成立合作社，举办折实储蓄等，结束了长期的通货膨胀，从 1950 年 3 月份开始，北京物价“呈现初步平稳”。物价平稳“巨大的转变，得到广大人民的拥护。他们已看出这是中国经济建设新局面的开端”[⑤]。解放前深受物价高涨痛苦，感觉“丝毫没有生活的情趣”[⑥] 的喻世长也从物价稳定的新形势中焕发了生活的激情。1950 年 4 月，喻世长把经济情形盘算了一下，当月薪水，加上之前存的 14 个折实单位，把欠债还清，余钱不再存购大量物品，而是存到银行里。他自己感慨道：“经济情形就很乐观了……在这物价稳定的新时代里，我个人也能自给自足了……人是花木，钱是水，有了钱就有精神，我不欠债，就有精神了”。[⑦]

早在北平解放之前，叶剑英就指出：“我们进城后，一切政策之实施，工作人员的言论行动与负责人之讲话，皆与人民对我党的认识息息相关。他们（外国记者）把北平当作共产党能否统治全国、能否管理城市及工商业的测验。”[⑧] 北平解放后，共产党政权采取多种措施稳定了物价，保障

① 《折实储蓄可转保本保值也可提前支取》，《人民日报》1950 年 4 月 26 日。

② 喻世长著，王金昌整理：《建国日记》，东方出版社 2009 年版，第 603 页。

③ 《折实储蓄可转保本保值也可提前支取》，《人民日报》1950 年 4 月 26 日。

④ 喻世长著，王金昌整理：《建国日记》，东方出版社 2009 年版，第 610 页。

⑤ 近宇、贺笠：《统一财经工作发生显著效果京沪物价开始稳定》，《人民日报》1950 年 4 月 10 日。

⑥ 喻世长著，王金昌整理：《建国日记》，东方出版社 2009 年版，第 87 页。

⑦ 同上书，第 609 页。

⑧ 北京市档案馆、中共北京市委党史研究室编：《北京市重要文献选编（1）1948.12—1949》，中国档案出版社 2001 年版，第 31 页。

了人民生活，并从中提升了自己管理城市和建设城市的能力。物价稳定，通货膨胀结束，国家财政经济好转，关系到民众生活，更关系到新生政权的巩固。通过与民众生活最为相关的物价稳定措施，广大民众认识到“人民政府在财政经济的措施上，要为人民打算”，“人民政府是实事求是为人民服务的政府”。[①] 物价稳定是民众生活的基础，广大民众在改善生活的同时，势必增强对共产党政权的心理认同感，使整个社会心态发生有利于共产党统治的转变。喻世长日记详尽的细节记载和微观的事例呈现出来的历史真实，比笼统地归纳更生动、更丰富，使后人看待这段历史时增加了在场感，也为理解为什么共产党在短时间内稳定政权这一问题提供了很好的注脚。

[原载《安徽史学》2019 年第 2 期]

① 左宗纶：《再谈人民胜利折实公债》，《人民日报》1950 年 2 月 2 日。

陈云探索、决策新中国化肥工业论析

叶明勇

新中国成立初期，面对国民党留下的破败局面，百废待兴。如何积累资金，迅速建立起现代化的工业体系，成为党和政府迫切需要解决的重大问题。可是，新生的人民政权在经济上受到西方资本主义国家的封锁，而以苏联为首的社会主义阵营能给中国提供的援助又非常有限。在此情况下，农业发挥了重要的基础性作用，不仅要提供资本的积累，还要提供原材料，农业对工业发展和国民经济作出了重大贡献。据估算，仅1952—1978年，农业净流出资金为3120亿元，相当于同期国有非农业企业资产原值的73.2%。[①]农业发展取得很大的成就，与我国化肥工业的发展是分不开的。在当时条件下，增加土地和劳动力的投入所得的收益是有限的，只有加大农业中的技术投入，才能大幅度提高农业产量。发展化肥工业，是当时最关键的技术投入。在党和国家领导人中，陈云较早提出发展化肥工业对农业具有重要作用，并参与了发展化肥工业的调研和决策等工作，对化肥工业的快速发展发挥了重要的领导作用。

一、陈云与新中国发展化肥工业的决策过程

作为我国经济工作的重要领导人，陈云很早就关注粮食增产与肥料

---

① 参见严瑞珍等:《中国工农产品价格剪刀差》，中国人民大学出版社1988年版，第111页。

之间的关系。早在 1949 年 9 月 22 日，他在给中央关于增产粮食和工业原料的主要措施的电报中，就提出了增加肥料的建议。只是基于当时我国轻工业发展相对缓慢的现实条件，他的关注点主要还放在扩大养鸡、羊、猪等来大量生产圈肥上。但同时他也强调，要“在可能与有利条件下，购买、制造化学肥料”①。1950 年 3 月 14 日，陈云主持中财委第十五次委务会议，在讨论全国化工会议报告时，他指出：我们要恢复和建设，必须重点办好水泥厂。同时，肥田粉厂（即化肥厂——引者注）也要列入计划，并应成为五年计划开始时的重要项目。② 显然，从这时起，化肥工业的发展计划已在陈云的考虑之中。

1952 年 2 月 15 日，政务院第一百二十四次政务会议讨论“关于 1952 年农业生产的指示”，陈云在总结农业生产方面的经验时着重谈了肥料方面的问题。他指出：提高单位面积产量，“最重要的还是增加肥料的问题”。但囿于当时条件，陈云还是着重强调养猪积肥。不过，对于化肥的作用以及在世界上的生产和使用情况，陈云已有深刻认识。他说：“肥料是带决定性的东西。所以，我们可以这样说，只要在正常的条件下，比如有水、气候适宜、劳动力正常等，一个农民能够增加多少肥料，就可以增产多少。这是肯定的。”“据说全球的化学肥料只有 200 多万吨。如果全国 4 亿亩耕地，每亩上肥 20 斤，即等于 80 亿斤，亦即 400 万吨。”也就是说，即使将全世界的化肥都集中到中国，也还是不够用的。即便如此，陈云仍然强调，“对于化学肥料也必须争取”。③

社会主义改造完成以后，我国的工业生产能力和物质水平有了较大提高，初步具备了发展化肥等轻工业生产的条件。于是，在 1957 年党的八届三中全会上，陈云在《关于改进国家行政管理体制问题和关于农业增产问题的报告》中提出要发展化肥工业的设想。他说：“我们要从现在开始大规模地发展化学肥料，这是农业增产的最快、最重要的一条。在农业生产方面，中国不是苏联、美国型的国家。苏联和美国地多人少。中国是地少人多，除去内蒙古、新疆、西藏、青海以外，全国人口

① 《陈云文集》第 1 卷，中央文献出版社 2005 年版，第 711—712 页。

② 参见《陈云年谱》中卷，中央文献出版社 2000 年版，第 39 页。

③ 参见《陈云文集》第 2 卷，中央文献出版社 2005 年版，第 360—361 页。

的 94%，只占有全国 40%的土地。日本、联邦德国这些国家，也是地少人多。苏联、美国农业增产主要是靠扩大耕地面积，而日本、联邦德国基本是靠提高单位面积产量。从化肥的施用量上就可以看出这一点。每亩平均化肥施用量：苏联 1 斤，美国 4 斤，日本 33 斤，联邦德国 28 斤。今后，我国农业增产的主要出路，在于增加化肥，养猪积肥，提高单位面积产量，而不在开荒。”他说：“在发展化肥方面，过去以为希望不大。苏联为我国设计一个年产 7.2 万吨的化肥厂，需要建设 5 年才能投产，国内还不能制造设备。因此，过去未从这方面多想，只是强调养猪积肥。现在情况变了。化肥厂的重要机器和部件，如高压反应筒和高压压缩机，都试制成功了，只缺一些特殊钢材。化肥的原料是煤炭、硫铁矿、石膏以及食盐等，第二个五年计划期间都可以供应。自从今年 2 月化工部提出大量发展化肥的意见以后，我们同化工部作了多次研究，并召开了各机械工业部的会议，准备从今年下半年开始，经过一年半试制，做出成套设备的标准设计。估计到 1959 年可以大批制造，1960 年可以开始装配，然后大量投入生产。”陈云还把发展化肥和其他积肥方式作了比较：“发展化肥比起开荒来，既便宜，又快。年产 100 万吨化肥只要 10 亿元投资，可增产粮食 300 万吨即 60 亿斤；而开 3000 万亩荒地，才可增产 60 亿斤粮食，需要投资 15 亿元。在目前，养猪和其他积肥方法，仍然很重要，将来也是重要的。但是，养猪需要饲料，同时 1 亿头猪粪也不过增产 100 亿斤粮食。所以要大量发展化肥。”①

根据陈云的意见，中央决定把加速发展氮肥工业列为工业支援农业的重要任务之一，并于 1960 年 10 月成立中央化肥小组，由陈云具体负责领导。② 正是由于这个原因，陈云在 20 世纪 60 年代初的一段时间里，曾把相当大的精力用于解决化肥厂的建设问题。

发展化肥工业的决策是实事求是的。现代化农业的基本特征是运用现代科学技术来提高农产品产量，我国农业资源条件差，人多地少，增加化肥的施用量就成为提高粮食单位面积产量的重要措施。可以说，发

---

① 《陈云文选》第 3 卷，人民出版社 1995 年版，第 79—80 页。

② 参见《陈云年谱》下卷，中央文献出版社 2000 年版，第 71 页。

展化肥工业的决策抓住了解决制约我国 20 世纪 60 年代农业发展的瓶颈问题。我国农业在当时的技术条件下，由于劳动力的投入和扩大耕地面积都不能产生比较大的效益，因此，发展化肥工业也就抓住了促进粮食增产的关键环节。在发展化肥工业的决策过程中，陈云发挥了重要作用。

二、曲折的探索：从小化肥厂到大化肥厂

决策的明确和坚定，并不代表其发展的过程是一帆风顺的，我国化肥工业的发展就经历了一个不断探索、不断调整和改进的过程。

在如何发展化肥工业的问题上，陈云开始主张建设众多的小化肥厂。1957 年，陈云采纳化工部的建议，鼓励试制小化肥，建了一批小型化肥厂。[①]1961 年春，他在考察途中对浙江省委领导说："日本过去是靠侵占我国东北起家的。战败后，又靠化肥发家。今后全国各县都要力争有一套小化肥厂，办在农村，数量要多，设计不能太'娇气'。"以后，陈云做了长时间的调查研究，并对冀、鲁、豫、皖、苏、浙等地的小化肥厂进行了多次实地考察。[②]

为了研究小化肥厂的利弊，陈云专门制作了一种表格，要求有关部门每天向他报告一次情况，这样持续一年多[③]。全国先后共建了年产 2000 吨的小化肥厂 1533 个。但是，小化肥厂数量虽然不少，质量却不行，它的肥效即有效养分只有 17.7%，有些还达不到。[④]不仅如此，小型氮肥厂的建设和生产在技术上也没有过关。在 1960 年底建成投产的 20 多个年产 800 吨的厂子，只有 5 个厂生产比较正常；7 个年产 2000 吨的厂中只有 3 个厂生产比较正常。而且，即使这 8 个生产比较正常的小型氮肥厂，由于设备的质量不好，技术操作很难掌握，事故比较多，生产也不稳定，实际产量未达到设计要求，且原料和动力的消耗都很大。针对这种实际情况，陈云改变了原先的想法。1961 年 3 月，他在听取化工部汇报时

① 参见刘家栋：《陈云同志"十五字诀"纵横谈》，中国方正出版社 2005 年版，第 27 页。
② 参见李林达：《陈云的钱塘情怀》，中央文献出版社 2005 年版，第 108 页。
③ 参见李苏：《陈云关心化学工业记事》，《中国化工》1995 年第 10 期。
④ 参见陈锦华：《国事忆述》，中共党史出版社 2005 年版，第 34 页。

说：我们本想搞小型氮肥厂经济，可是搞了许多都未搞成，反而不合算。大、中、小之间，现在看来小的没有选择的余地，只能在大、中之间选择；1万吨合成氨的中型氮肥厂技术上也不能说过了关，现在推广要我签字我不签。年产2.5万吨或5万吨的大型氮肥厂，不论建设和生产，在技术上都是成熟的。至于设备、材料问题，从进口方面解决。如果中央会议要我发表意见，我的意见是搞大型厂，大型厂搬的是外国的，和老太爷一样稳当、牢靠，有把握，我们现在要的就是这种实际的东西。[①]

当时，在小化肥厂试制不太成功后，化工部本来打算再推广年产1万吨的中型化肥厂。陈云认为："中型厂技术上也没有过关，还不能立即大量推广，只能选择上大型化肥厂。"当时，国际上兴起的大型化肥厂生产的尿素，有效养分高达46.3%，肥效接近小化肥的3倍。施用1公斤尿素可增产稻谷4—5公斤[②]。陈云决定召开化肥工作座谈会，广泛征求各方意见，讨论全国面临的严峻形势及化肥发展方针问题，特别是建设大化肥厂还是小化肥厂，制定出对策和措施。[③]1961年4月4日，座谈会在杭州召开，由陈云主持，参加会议的有中央化肥小组和有关部委及地方生产部门一些负责人。座谈内容为：（1）氮肥厂是搞大的好还是搞小的好？（2）氮肥厂是十几个齐头并进？还是从实际出发，分期分批地上马？经过大家认真讨论，会议认为1962—1964年氮肥厂应搞大型的，应集中力量每年新建4—5个大厂，达到年产20万—25万吨合成氨生产能力。[④]

会议结束后，陈云为中央化肥小组起草了给中共中央的关于加速发展氮肥工业的报告，8月11日，这个报告得到中共中央的同意，作为中央文件下发。报告提出了发展化肥工业的两个重大的方针性问题：一是氮肥厂的规模，是搞小型的还是搞大型的。1959年曾经设想要在各地区大量地普遍地建设小型氮肥厂。但是实践证明，小氮肥厂技术不过关，生产不稳定，事故比较多，物资消耗很大。相反，年产2.5万吨或5万

---

① 参见蒋永青：《陈云在"大跃进"后关于恢复农业的几点思考与对策》，《陈云和他的事业：陈云生平与思想研讨会论文集》（下），中央文献出版社1996年版，第1072—1073页。

② 参见陈锦华：《国事忆述》，中共党史出版社2005年版，第34页。

③ 参见李林达：《陈云的钱塘情怀》，中央文献出版社2005年版，第109页。

④ 参见《陈云文选》第3卷，人民出版社1995年版，第146页。

吨合成氨的大型氮肥厂，不论建设和生产，在技术上都是成熟的。我国现有的6个大型氮肥厂，生产一直很正常，而且产品质量好，生产成本低。同时，这类大厂的主要设备和配套设备，除个别外，国内已经能够制造。根据以上分析，报告认为在1962—1964年的三年内，我们应该搞大型的氮肥厂，不应该大量地、普遍地建设小型氮肥厂。二是建设大型氮肥厂，是齐头并进还是集中力量分批进行。1958年以来，全国各地开始新建十几个大氮肥厂，但是由于项目多，材料和设备供应不足，四年里连一个也没有建成。鉴于这个教训，报告认为，今后三年内，应该以每年新建4—5个年产5万吨合成氨的大厂为宜。这些大氮肥厂在布点上，也不能齐头并进，应该首先在经济作物集中产区和粮食高产区布点，然后分期分批在其他地区布点。[①]

确定建大化肥厂的方针后，陈云对大化肥厂建设的各个问题亲自过问，给予具体指示和安排。按照他的意见，首先建起了衢州化工厂合成氨厂、上海吴泾化工厂和广州氮肥厂，接着又建起了开封化肥厂等。这些化肥厂的建成投产，有力地支援了农业生产。[②]

1972年2月初，毛泽东、周恩来批准《关于进口成套化纤、化肥技术设备的报告》。其中，化肥方面，进口两套30万吨大型合成氨厂设备，建在四川和黑龙江。该报告还提出在晋南建设用煤做原料的30万吨合成氨厂，同时加快全国正在建设的25个合成氨厂的进度，以及为改造、扩建老厂要进口的关键设备、部件和钢材，需要9000万美元。这是最早的引进计划，后来发现这批装置先进，生产的尿素增产效果显著，就很快扩大到13套。[③]党的十一届三中全会后，先后投产的大化肥厂为农业生产的发展打下坚实的基础，对于巩固农村经济改革的成果起到了重要作用。

三、陈云探索、决策发展化肥工业的几个特点

新中国成立后，陈云从实际出发，通过认真调查研究，提出发展化

① 参见《陈云文选》第3卷，人民出版社1995年版，第146—154页。

② 参见李林达：《陈云的钱塘情怀》，中央文献出版社2005年版，第114页。

③ 参见陈锦华：《国事忆述》，中共党史出版社2005年版，第3—4、10、34—35页。

肥工业的决策，并迅速确立发展大化肥厂的方针，使得我国农业进入一个快速增长的时期，对新中国工业体系的建设和整个国民经济作出很大贡献。今天，回顾这一历史过程对我们仍然富有启发意义。

1. 在实事求是的基础上进行科学决策。科学决策来源于实事求是的调查和对经济基本规律的正确认识。新中国成立后，陈云长期主持经济工作，他坚持一切从实际出发、实事求是和理论联系实际的原则，对我国经济建设中的许多关键问题进行了全面的分析，提出了正确的方针、政策。陈云有一句充满唯物辩证法思想的名言："不唯上、不唯书、只唯实，交换、比较、反复。"其精神实质就是坚持一切从实际出发，从中国的国情出发，实事求是地分析问题和解决问题。这种精神在他领导发展化肥工业的过程中得到充分体现。20 世纪 60 年代初，在国家急需增加粮食产量的关头，陈云提出发展化肥工业的决策，是在研究国内外农业发展规律的基础上，洞察到化肥工业对农业发展的重要性而作出的正确选择。他在充分比较了美国、苏联、联邦德国、日本的农业发展以及中国农业现状后，得出了科学的结论：我国农业增产的出路不在于开荒，进口粮食也不是解决问题的根本办法，农业增产的主要出路在于发展化肥工业。

2. 发展农业要走可持续发展的道路。1961 年在杭州化肥工作座谈会上，很多人没有注意到化肥品种不同对土壤产生的不同效果，而陈云对这个问题却很关注。比如在氮肥的品种问题上，陈云建议，由于硫酸的资源和产量的限制，在某些地区硫酸根还容易破坏土壤结构，不宜于过多地生产硫酸铵；碳酸氢氨和尿素还在小规模试生产阶段，也不能大量推广；在今后两三年内应该主要生产硝酸铵。① 当时，陈云就考虑到了既要增加粮食产量，大力发展化肥工业，同时又要不破坏土壤结构以防止丧失地力，这实质就是走可持续发展道路的思想体现。

3. 发展化肥工业也要注意区域和行业平衡发展。遵循客观规律，实现各区域、各行业经济协调发展的综合平衡思想是陈云长时期以来对经济工作的指导思想。为了使国民经济能够按比例地平衡发展，陈云对于

---

① 参见《陈云文选》第 3 卷，人民出版社 1995 年版，第 148—149 页。

关系国民经济全局的重大比例和综合平衡问题进行了长期的调查研究。在发展化肥工业时，陈云也对各地区和各行业的合理分布、平衡发展问题提出了独到见解。

关于化肥工业布点问题，陈云提出："应该尽先在经济作物的集中产区和粮食的高产区布点，然后分期分批在其他地区布点。"他指出：过去的经验证明，"全面铺开，齐头并进，势必把有限的材料、设备和技术力量分散使用，使建设期限拖得很长，不能按期形成生产能力，甚至造成很大的浪费。实行集中力量，分期建设的方法，正是为了避免上述缺点，大大加快建设速度。"[①] 在杭州化肥工作座谈会上，陈云建议，为了不致因为保证氮肥厂建设的需要，而使其他部门的建设受到影响，应该采取有效措施，包括扩建原有企业和加强新产品的试制，在两三年内提高这些设备的制造能力。另外，鉴于"大跃进"运动中化肥厂建设贪多图快，盲目蛮干，"冒进"很厉害，陈云指出，以后建设大型氮肥厂，除了做好设计计划任务书，经过有关部门批准外，必须按照先材料、后设备、再土建的次序进行。首先必须组织好重要材料的进口和国内材料的供应；在材料供应完全落实的基础上，组织土建施工。陈云说，根据过去的经验，这样做，不但不会推延建设时间，反而会加快进度，保证工程质量。[②]

［原载《党的文献》2010 年第 6 期］

---

① 《陈云文选》第 3 卷，人民出版社 1995 年版，第 151 页。

② 参见《陈云文选》第 3 卷，人民出版社 1995 年版，第 154 页。

宋平谈三线建设及工业布局*

2012年5月25日，原中共中央西北局三线建设委员会副主任、中共十三届中央政治局常委宋平接受武力、陈东林、郑有贵、段娟采访。

武力：我们研究三线建设主要开展两方面工作，第一抓紧抢救历史资料，第二在有关的档案、实地考察、口述史资料的基础之上搞一些研究项目。我们寻访了参与三线建设的同志，请他们回忆当年亲历三线建设作口述史。您是三线建设的亲历者，采访您了解更多的珍贵历史资料。

宋平：我今年95岁了，有些事情记不住，讲得不一定准确，我的回忆供你们参考。

郑有贵：三线建设是我们国家的一笔财富。现在需要对三线建设有个历史的评价，想听听您的意见。

宋平：1952年学苏联搞建设，搞全国统一的国民经济计划。当时国民党留下的是个烂摊子，起码的统计资料都没有。全国成立六个大区，各大区都布置自己的经济建设。

东北全境解放最早，现代工业比较集中。东北局成立最早，经济建设在新中国成立之前就形成了一个局面。所以，全国统一货币的时候，内地都用人民币，唯有东北的货币暂时保留。为什么会保留东北的货币？毛主席讲，全国打仗，内战还没有结束，发行的货币，通货膨胀很

---

* 本文由武力、陈东林、郑有贵、段娟整理。

厉害。东北全境解放，搞经济建设，有自己的货币，不受内战干扰，经济发展比较快。

毛主席访问苏联回国，在东北局讲，东北出机器，出干部，对全国做贡献。那时，解放战争还没结束，加上后来又有朝鲜战争，台湾还在挑衅，所以沿海准备打仗，不搞大的建设。

上海那一带很冷落，失业下岗的人很多。中央也赞成把一些企业移到内地去。我和谷牧两人到上海去搞搬迁，能搬的就搬到内地，工人也要随厂迁移，主要到陕西、宁夏、甘肃、青海。那时上海经济萧条，能搬得动的企业都搬过去。其实上海能搬的就是轻纺工业，再有是服务业，如理发馆、餐馆，主要把一些人搬过去。

各种工人到内地都成了宝贝。从上海搬去的理发师在宾馆、饭店都成了骨干，成了高级的手艺人，厨师、裁缝也去了不少。上海那时很冷落的，我记得上街做件衣服，因为店里没有活，裁缝师傅说当天就能做好，这在北京是办不到的。

我看三线建设实际上是解决了工业的布局问题，大搬迁是发展内地最快的办法。后来全国都要搞建设，要发展，情况有变化，大家开始搞规划，全国一盘棋。中国地方大，各个大区要发展，也要搞自己的建设，但经济基础差别很大，华东可能比华北好一点，像西部地区更困难了。

后来毛主席提出要搞三线建设，要准备打仗，要修成昆铁路。这样就把一线，东北、沿海最好的工厂，特别是“独生子”（只此一家的），搬到内地去。那时，中央一个号召，要什么给什么，要哪个厂就给哪个厂，要什么人给什么人，大家都觉得参加三线建设很光荣，没什么计较。所以三线的搬迁加快了西部的发展。

因为搞三线不单是军工，原来想的是搞军工，但军工也要配套的，像钢厂、机械厂，配套的企业也要搬去，最好的设备移到那里。所以好多重点企业都搬到西部，搬到四川、贵州这一带，形成了新的工业布局。小平同志也到西北去看过，他一看，西北就靠着蒙古，很多地方算不上三线。

当时抚顺、本溪的钢厂都搬去了西部，设计院也搬过去了。把最好的搬过去，西部就有了基础，修铁路、公路，搞建设，配套的东西多。

一批批干部都到那里去，有些企业把最好的工人都调去了。像酒钢，冶金工业部马万水采矿先进集体也调到酒钢去，各部门把自己的主力调到那里。没有三线建设，要搬过去很难，尤其到西北、西南，那些交通很不方便的地方。

武力：1964、1965 年，北京、天津搬了一大批，后来“文革”期间又搬了一批，改革开放后国家还进行了很多项目改造。

宋平：三线建设的号召作用很大。搬了多少厂我记不清楚了，相当多。一开始叫大三线，后来陶铸同志说，我们广东也很大，我们也有山区，我们是不是搞个小三线。毛主席讲，小三线也很好呀，将来各自为战嘛，打游击没有枪支弹药怎么行，所以各省在山区靠后的地方布置小三线。小三线也搞得不少，广东、上海、河北都有自己的小三线。

陈东林、武力：现在，有不少人研究甘肃的三线建设，基本看法认为，从现在的发展来看，甘肃三线建设布局是比较科学的，不是乱上的。前几天去酒泉、玉门，城市建设非常快。酒钢发展就是靠三线建设打下的基础。

宋平：这个基础很重要，有基础发展就快。开始创业，平地起家，没有现成的设备、机器、人才，很难。当年的布局也有一些经验教训。

不是搬到三线靠后了就觉得安全了，还不行。提出“山、散、洞”，靠山、分散、进洞。我当时一看就说，工厂进山反而不隐蔽了，在城镇里是看不清楚的。但到山上去，没有人烟，一切都摆在上面，就暴露了。真正的隐蔽是分散在中小城市里。我到陕西南部的洞里去看过，洞里很潮湿，通风都有很大的困难，所以要汲取“山、散、洞”的经验教训。

关于分散，我到了湖北的第二汽车厂，从汉中沿着汉江分布，企业布局拉那么长。现在的汽车厂，厂子都很集中，生产线都连着。

陈东林：当时这些问题向上面反映了吧？

宋平：适当分散是对的，但是太分散了不行。交通不方便，那发展就很困难。大分散，小集中，分散还是需要的，但是没有集中不行。工厂需要供水、供气、装备，生产线都很集中。进山进洞带来很多问题，后遗症很多，以后都做了很大调整。

武力：形成不了规模经济，不配套不行。职工生活怎么样？

宋平：那时企业条件也差，生活设施跟不上，职工吃苦还都不叫苦。

武力：甘肃有一个核工厂说每半个月从兰州那边用汽车拉菜过来。

宋平：那是保障单位。我当时下去的时候就到他们那里吃过饭，特别保障的就是这些重要的国防厂子。三年困难的时候，酒钢自己到新疆去拉粮，汽车能拉多少呢？三线建设时期修成昆铁路，六公里长的隧洞，火车到站后车头在车站，车身还在洞里，没有平地呀，只好修铁路桥。但在最困难的时候也没有下马。

三线建设的历史是在当时的条件、当时的认识下形成的，所以要不断地调整，这都是付出过代价的。那时，投资很困难，搞建设没有钱。外汇很困难，咱们出口产品换外汇的就是轻工业和农副业产品，还有点侨汇。

50年代末我到美国去，看百货公司有没有中国的产品，写有“MADE IN CHINA”的衬衣是台湾产的，不是大陆的，大陆的就是装面包的草篮子。没有东西出口，所以外汇奇缺。

80年代我在计委工作时，国家积累了一百多亿美元。有人说你攒这么多钱干什么？咱们不会花，分到各省去吧。我说宝钢要进口设备，又是冷轧，又是热轧，都签了合同的，那都是花外汇的。那时外汇就是进口大轧机、大化肥设备要用的。

武力：一些历史事实和评价问题请您帮着把握一下。

宋平：现在大城市交通拥堵很不方便，我觉得要用三线建设搬迁的经验。大城市要瘦身。搬些工厂出去之后才能瘦身。现在首钢搬出去发展了，北京也发展了。

搬迁是调整结构最好的办法。北京、上海、广州这些城市太大了，两千多万人，交通拥堵，地价又高，没必要什么都挤在大城市。国外就没有很多特大城市，美国很多大企业都在小城市。

现代化的办公不需要集中在一起，先进企业摆在哪里都行。搬到中小城市不影响你的业务，有了电脑、网络、电话、手机，通信交往都很方便。办公大楼盖在哪里都可以。

大城市要瘦身，我觉得要借鉴三线搬迁的经验。一个厂在大城市好像觉得不起眼，占了地方，技术含量也不高，搬到其他地方就成了宝贝。

搬去后，当地不仅有了工业，还带动了服务业，也解决了就业，配套了。

三线建设搬迁后，上海起来了，东北也起来了。进入信息化时代，很多东西都变了。不过现在还是工业化时代，搞信息化，没有工业化的基础不行，要在工业化的基础上搞信息化。

郑有贵：研究三线建设，您看要把握什么原则？在一些重大问题上应该注意什么？

宋平：最重要一个是三线建设开创了工业新的布局。三线地区靠自己发展会很慢，三线建设搬去一些工厂后，人才有了，设备也有了。改变工业布局，以前光讲，没有应对措施。像西部地区生产能力很有限，迁去一些企业后，很快就有了变化。

［原载《国家人文历史》2014 年第 18 期］

走向市场经济的三线建设调整改造

陈东林

1965—1980年的三线建设在我国中西部13个省区的全民所有制单位共投入了2052.68亿元资金，建成了近2000个大中型企业和科研机构，堪称中华人民共和国经济建设史上的一次重大战略部署。但是，由于历史的原因，许多三线企业一直存在着生存条件差、产品无出路、经济效益低等严重遗留问题。

一、三线企业的困境和调整改造方针的确立

1979年，中央根据国际国内形势的变化，提出调整、改革、整顿、提高的新"八字方针"，不再向三线地区大规模投资。许多三线企业也据此进行了初步调整，但由于根本出路没有解决，仍然面临着亏损严重、生产停滞、人员流失等危机。

1983年11月20日，国务院和国家计委负责人与西南三线建设负责人谈话，指出：三线建设应有个方针、有个规划。总的讲是三句话：调整、改造、发挥作用。现在有两种倾向要防止，一是完全肯定，要搞大配套，大投资；二是否定三线，要离开三线，掉尾巴再回到沿海。三线建设花了两千多亿元资金，现在要通过调查、规划，扎扎实实地进行工作，使它的作用很好地发挥出来。12月29日，国家主席李先念在一封信中指出：抓三线建设调整，对稳定和鼓励在三线工作的同志的情绪会

发生很大作用。可以继续调整我国不合理的工业布局，改变三线地区的落后面貌，促进内地经济的发展。同时，从长远看，战争的危险还存在，一旦爆发战争，我们的后方就会有比较雄厚的物质基础。要经过调查研究和统一规划，在一定时候和力所能及的情况下，应该把那些有条件、有前途的工程项目搞起来，使三线建设发挥越来越大的作用。[①]12 月 3 日，国务院决定成立三线建设调整改造规划办公室（以下简称国务院三线办公室），四川省原省长鲁大东任主任，钱敏、郑汉涛任副主任。任务是提出三线现有企业的调整和技术改造规划，并对其实施进行检查监督。

1984 年 1 月 22—26 日，国务院三线办公室在北京召开第一次会议，确定三线企业调整的指导思想是：从国民经济发展的全局出发，同国家的长远计划相结合，合理配置生产力，大力调整产品结构、产业结构和企业结构，促进专业化协作，促进经济联合，促进技术进步，围绕三线企业军工、机械两大优势，针对布局过于分散、交通不便、信息不灵的三个症结，统筹规划，综合平衡，有计划有步骤地进行，把三线地区建设成为平战结合的战略后方基地，为国家的国防现代化和国民经济现代化建设做出贡献。由此，三线建设调整改造方针基本确立。

会后经过半年多的调查排队，基本摸清了现有三线企业的状况：三线地区共有大中型企业和科研设计院所 1945 个，属于第一类即布局符合战略要求、产品方向正确、有发展前途、经济效益好、对国家贡献大、建设是成功的，占 48%；属于第二类即建设基本是成功的，但由于受交通、能源、设备、管理水平等条件的限制，生产能力没有充分发挥，特别是产品方向变化后经济效益不够好的，占 45%；属于第三类即有的选址有严重问题、生产科研无法继续进行下去，有的至今产品方向不明、没有发展前途的，占 7%。[②]

当时急需解决的，是第三类企业，包括三种情况：

一是企业所在地自然灾害频发、生活条件恶劣，危及生产和职工生命安全。如陕西凤县、略阳的六个研究所和一个医院位于山沟里，1981

① 钱敏：《西南三线建设》，朱元石主编：《共和国要事口述史》，湖南人民出版社 1999 年版，第 336、337 页。

② 向嘉贵：《略论大三线的调整》，《开发研究》1987 年第 1 期。

年 8 月在特大山洪和泥石流中被淹没，通讯、交通全部中断，外界难以抢救，损失惨重。还有一家工厂三年之中竟然四次遭到滑坡，光应急治理就花费 370 万元。[①] 湘西兵器工业基地一家企业，利用一个面积达 1. 9 万平方米的天然溶洞进行生产，出现洞内潮湿，通风不良，采光不足，噪音大；精密设备仪器腐蚀严重，运行和维修费用剧增；职工易患关节炎、风湿病等职业病等种种问题。[②] 山西晋南一家军工企业，投产后工业用水和职工饮水都要派汽车队每天从几十公里外很远的地区运输，造成很大财力浪费，也影响了附近地区居民用水。

二是选址布局过于分散，或是远离原料产地，不适合行业特点，造成极大不便。如陕西汉中飞机工业基地下属 28 个单位分散在 2 个地区 7 个县的 3000 多平方公里范围内。其中一个企业被分散在 6 个自然村落中，加工装配零部件需要用汽车往返几十甚至几百公里倒运，有的企业车间和住宅区相隔十几里山路，职工上下班极为不便，被群众称之为“羊拉屎”“瓜蔓式”“村落式”布局。还有的企业选址没有考虑本行业特点。如川东一家潜艇厂建在长江三峡上游，每年有三分之二时间潜艇不能下水，入海试航要通过驳船装载通过三峡急流险滩运到几千公里之外的东部沿海，十分不便。[③]

三是因国家改变战略或资金困难长期停建缓建和靠国家补贴度日的企业。如甘肃河西堡铁厂是军工企业配套厂，1965 年开始兴建，投资 6700 万元，从 1969 年投产到 1981 年停产共亏损 1.28 亿元。停产后靠国家每年拨付 250 万元维持，职工纷纷外流，3000 人只剩下 800 人，还包括 200 多名老弱病残和离退休人员，处境极为艰难。

中国古代哲学著作《易经》有言：“上九，潜龙勿用。”意思是：当环境不适应的时候，龙被困不能行动。属于第三类的三线企事业单位，就是这样深陷泥潭中的蛟龙。1984 年 8 月，国务院三线办公室召开了三线调整工作会议，决定把布局调整放在首位，对第三类企业分别关、停、并、转、迁，原则是：“该关停的就不要搬迁，能迁并的就不要迁建，能

① 何金铭、赵炳章主编：《当代陕西简史》，当代中国出版社 1996 年版，第 202 页。

② 《当代中国的兵器工业》，当代中国出版社 1993 年版，第 405 页。

③ 《当代中国的船舶工业》，当代中国出版社 1992 年版，第 91 页。

就近搬迁的就不要远距离搬迁，能向中小城市搬迁的就不要向大城市集中。”[①]11月，国务院三线办公室通过了《“七五”三线地区企事业单位调整方案》，确定调整121个单位，其中关停9个，迁建和部分迁建49个，迁并48个，全部转产15个。[②]

二、脱险搬迁：走出山沟的布局调整

按照1986—1990年的“七五”计划安排，三线调整改造主要任务是“脱险搬迁”。向何处搬迁？经过调查和实践，产生了由原料、市场、技术、信息决定的四个原则：

一是向原料产地方向搬迁。一部分军工企业经过国家安排或自找出路转产民用产品后，所需粮食、棉花或油、气等资源本地不能自给，因此要向原料产地附近的中小城市搬迁靠拢。

二是向产品市场搬迁。许多三线企业转产家用电器、自行车、摩托车、汽车、耐用日用品等民品，必须考虑市场因素，向人口较为稠密、市场购买力较高、商品运输较为方便的中小城市迁移。

三是向有利于发挥本身技术优势和加工协作的地区搬迁。三线企业有相当一部分是技术含量密集或高精度加工企业，为了稳定和补充技术力量，必须搬迁到经济比较发达、科学教育单位比较集中的大中城市附近。有一部分只生产配件或需要地方工业为其协作生产配件的企业必须搬迁到周围有一定加工能力的工业区。

四是向有利于技术和市场信息交流的大中城市搬迁。三线地区企业中集中了国家电子、航天、核技术、信息通讯等产业，是20世纪80年代起世界新技术潮流的前锋，发展日新月异，商机瞬息万变。然而，三线企业地处偏僻深山荒野，长期得不到先进技术情报和市场信息，面临落伍，实际上是无形的资产流失。因此，必须向与世界交流频繁的开放城市搬迁。

---

① 吴传钧：《调整布局促进三线建设》，《开发研究》1987年第3期。

② 《中国军转民大事记》，国防工业出版社1999年版，第67页。

根据上述取向，一部分三线企业迁移到中小城市孝感、咸阳、宝鸡、沙市、襄樊、汉中、德阳、绵阳、天水附近；还有一部分技术密集的现代化科技企业和科研机构搬到武汉、郑州、成都、重庆、西安、兰州、长沙等大城市附近。

各省区根据国家规划制定了自己的“脱险搬迁”的项目，以甘肃为例：根据国家计委批准的方案，该省共有 11 项，包括电子工业部所属第 45 研究所（在平凉市就地改造），兵器工业部所属 5203、5204、5207 厂（交首钢），有色金属总公司所属的西北铜加工厂（熔炼、铝材车间迁往白银市厂区）、西北铝加工厂（迁出山沟重建），省属春光器材厂（由靖远县迁往兰州市与他厂合并）、河西堡铁厂和东大山铁矿（合并为甘肃铁合金厂、改造烧结车间）、丰收机械厂（在平凉市区建厂）、张家川钢铁厂（关停），计划投资 2.08 亿元。到“七五”计划结束，调整改造项目实际进行 8 项，总投资 2.25 亿元，总建筑面积 304 万平方米。[①]

到 1991 年底，全国“七五”规划三线调整项目基本完成。121 个单位中有 24 个进行了撤并和就地转产，有 8 个划归首钢，有 71 个完成了全部或部分搬迁，[②] 共投入 30 亿元。从 1989 年 10 月起，开始准备第二批布局调整计划，国务院三线办公室向国家计委提出建议报告，确定“八五”时期继续以“脱险搬迁”为主。1991 年 11 月 4 日，国家计委确定纳入“八五”时期脱险搬迁计划的项目有 115 个。国家补助投资可按 8 .5 亿元安排，其中基建基金投资 2.5 亿元，银行贷款 6 亿元。[③] 到“八五”计划结束的 1995 年底，三线地区第三类企业的“脱险搬迁”问题大部分得到解决，因此 1996—2000 年的“九五”计划安排的“双给”（国家给投资、给政策）项目只有 38 个。[④]1997 年，国家计委三线办公室在贵阳召开了三线调整工作会议，要求根据中共十五大加快国有企业改革的精神和国家支持西部开发的有利时机，“力争在‘九五’末乃至‘十五’初，

① 甘肃省三线建设领导小组编写：《甘肃三线建设》，兰州大学出版社 1993 年版，第 23 页。
② 《三线企业积极参与市场竞争》，《人民日报》1992 年 7 月 20 日。
③ 甘肃省三线建设领导小组编写：《甘肃三线建设》，兰州大学出版社 1993 年版，第 465 页。
④ 《国家将继续扶持三线调整》，《人民日报》1997 年 5 月 29 日。

基本解决险情严重三线单位的脱险搬迁和治理改造问题。”①

三、潜龙入海：产品方向和产业结构调整

如果说三线“脱险搬迁”的布局调整还是一种位置的移动，与当年一二线企业向三线搬迁有相似之处的话，那么，大多数仍然保留在原地的三线企业，面临着的则是从未尝试过的脱胎换骨的新挑战——自身的产品方向和产业结构调整。“军转民”是早在三线建设开始调整以前邓小平就反复思考的一个大战略。

1978 年 6 月 29 日，邓小平听取了六机部、海军的汇报后，提出了八个字：“以军为主，以民养军”。两天后，邓小平听取五机部汇报时又说：“要搞军民结合，要搞民用产品。”8 月 2 日，邓小平听取七机部汇报，再次指出：“国防工业要以民养军、军民结合……外国没有什么专门搞军用的，我们搬的是苏联制度，是浪费，是束缚技术发展的制度。要从搬的苏联制度中解放出来。”这样，不仅常规武器工业要军转民，核武器和航空航天等尖端国防工业也要搞军民结合，而且提到了改革制度的高度。9 月 6 日，国务院副总理王震指出：军民结合、平战结合、以军为主、以军养民这个方针，是新时期总任务的重要组成部分。1982 年 1 月 5 日，邓小平将“以军为主”改为“军品优先”，确定为新时期指导国防工业军民结合的十六字方针。②

1980 年，民品在国防科技工业中所占的比例还不到 25%。从投资看三线是一个大包袱，而从潜力看则是一个有强大动力尚未启动的列车。国家对三线地区生产民品寄予了很高期望。20 世纪 80 年代初期已有一些民品开发，但并未找到市场中的合理位置，只是生产一些技术含量和附加值不高的普通日用消费民品。“贵航”集团总公司下属许多生产尖端军品的企业有的生产粉笔，有的生产酒瓶子，有的生产炒菜锅。山沟里有家军工企业到处找米下锅，情急之下，总工程师只得带着人马去修公

---

① 于锡涛：《1997 年三线调整工作会议的情况报告》，《中国国防科技信息》1998 年第 2 期。

② 《中国军转民大事记》，国防工业出版社 1999 年版，第 39、40、48 页。

路。1984 年 8 月 16 日，中央财经领导小组召开会议听取了鲁大东关于三线企业调整的汇报，指出：三线军工企业要根据择优的原则，选择一些条件好、能够承担新任务的企业，进行必要的改建、扩建和技术改造，适当进行一些小配套，帮助它们进一步充实提高，要打破军工、民用行业的界限，搞好规划，组织它们生产当前市场急需的产品，如汽车、发电设备和其他大型设备。

1985 年 3 月 4 日，国务院三线办公室建议将三线地区的 10 个项目列入“七五”技术改造规划，它们是：四川大型发电设备生产联合体、湖北磷铵复合化肥生产联合体、甘肃聚氨酯新兴合成材料生产联合体、陕西新型纺织机械生产联合体、贵州 MC68 系列微型计算机科研生产联合体、重庆摩托车生产联合体、云南“蓝箭”轻型汽车生产联合体、湖南涡桨六航机陆用科研生产联合体，三峡地区 30 万吨合成氨军转民项目、河南石油钻锭钻杆军转民项目。1988 年 7 月，国家又建议将三线开发研制模块式高温气冷堆核电站、以重油为燃料的燃气轮机车动力装置，组建飞机联合集团、录像机企业集团、电力机车集团、重型汽车发动机集团、照相机集团和生产汽车配件、化工、医药等 11 个重大民品项目列入“七五”计划的后两年计划和“八五”计划。

随着民品生产的逐步规模化，三线企业的结构不能适应生产需要的矛盾日益突出，企业结构调整成为三线调整改造的第三个重点。三线企业结构和产业结构，原本是按照毛泽东“要准备打仗”的要求，采取了“分散”“小而全”“各自为战”原则建立的，先天带有与社会化大生产不相适应的弊病。即使在原来计划经济的格局下，三线军工企业也不列入公开的国民经济计划，带有神秘的色彩，一旦走出封闭世界面对商品经济大潮，肯定要措手不及。三线企业的结构调整先后走出三条道路。

第一，一线地区和三线地区进行经济技术合作。

过去是一线地区无条件地服从三线需要，予以计划调拨支援。现在则是在市场经济的前提下，从原料供应、产品生产加工、商品流通、技术引进、信息交流等方面进行互利互惠的协作。在成都、兰州、无锡、福州、海口等地召开了多次全国性的一线、三线地区经济合作洽谈筹备会，三线企业、科研院所带去的多项高新技术成果受到沿海企业的重视，签订了多种协定，主要包括几个方面：

（1）合作开发生产稀缺原材料。原材料供应紧张的沿海地区向拥有丰富矿产资源的三线企业注入资金，共同扩大钢铁、有色金属、化工等原材料生产。例如上海、江苏、浙江、广东等省市向四川、陕西、甘肃、云南等地三线企业投资，扩大生产规模，加快技术更新，三线企业用钢材、铝、锌、铜等予以补偿。

（2）合作开发新产品和出口产品。20 世纪 80 年代中期，一些沿海企业与三线生产军事电子仪器和元器件的企业达成了西部生产元器件供应东部组装成机的多种协议，促进了家用电器的国产化。四川的东方电机厂、东方汽轮机厂、东方锅炉厂、德阳第二重型机器厂等，由中国机械设备进出口公司、机电设备进出口公司等搭桥，进行工贸合作，订货和出口大幅度增加。1981—1987 年，四川军工企业形成了东方电站成套设备公司等出口基地，机电产品远销五大洲，每年创汇额递增 50% 以上。1988 年，三线军工企业机电产品出口创汇已达到 3.2 亿美元，比上年增长了 1 倍，西安飞机工业公司、重庆 451 厂等 72 个三线军工机电出口的骨干企业被批准为出口基地和放权试点企业。

（3）协作进行高新技术服务。1988 年、1989 年、1997 年，有关部门先后分 3 批将 3288 项国防科技成果和技术解密，包括核技术、航空、航天、船舶、电子等部门的实验研究和装置，[①] 如在东部秦山核电站的建设中，位于四川的中国核动力研究设计院等机构承担了重要的技术攻关和项目承包任务。而东部的轻工业生产技术也被引进到西部三线企业，提高了经济效益，改善了品种和质量状况。

第二，三线企业到沿海和中心城市兴办窗口企业。

三线调整虽然使部分企业得到搬迁，但从大的地理环境看，与东部企业相比仍然存在着交通运输、信息、对外交流方面的劣势。因此，到沿海和内地中心城市设立窗口的方式应运而生，由设外贸管理、技术部门发展到设厂组装，由组装再发展到直接生产。1987 年 10 月 30 日，国务院三线办公室召开了“窗口”座谈会，讨论总结了三线企业设立窗口

① 《中国军转民大事记》，国防工业出版社 1999 年版，第 192 页。

的经验，指出：三线地区已经有八百多个军工、机械、电子等工业企业和科研单位在深圳、珠海、汕头、厦门、海口和苏州、广州、上海、天津、大连、秦皇岛等经济特区和开放城市兴办了一千二百多个窗口，多数是办得好的和比较好的，起到了信息站、生产技术开发站、经营贸易站和人才培训站的作用。1991 年 4 月 4 日，江泽民听取汇报后说：三线军工企业到沿海地区或中心城市设窗口，有利于搞活企业。

第三，三线企业在本地兴办高新技术开发区。

前两条道路都是三线地区为克服不利的地理环境，延长自己手臂和眼睛的做法。从 20 世纪 80 年代起，世界进入信息数字时代，电子元件、软件等不需要很大运输量的产品的出现，已经使西部与东部在信息高速公路上几乎处于同一个起跑线上了。1986 年 7 月 25 日，电子工业部决定通过对老基地的调整改造，把四川、陕西、贵州、甘肃建设成具有效益型、开放型、高技术竞争型和科研、生产教育结合特征的新型电子工业基地。1992 年 4 月 9 日，国家科委、国防科工委和国务院三线办公室、四川省和绵阳市政府联合召开了座谈会，决定利用三线建设中进入绵阳的 95 家军工企事业单位和科研院所拥有的 8 万多名各类科技人员（包括 8 位中科院院士和 3 位中国工程院院士）的优势，在绵阳设立国家级高新技术开发区，进行军转民科技兴市试点。经过十年的努力，绵阳市取得了惊人增长速度，成为中国西部的“硅谷”城市。这样的高新技术产业开发区，在西部许多中心城市都应运而生。

从提供原料等初级产品，到机械加工产品，再到含有高附加值的高新技术产品，三线企业的产品方向调整迈出了三大步。从依靠一线地区对外代理，到自己设立沿海地区窗口，再到建立西部本土的高新技术开发区，三线企业的产业结构也实现了体制和技术改造充满活力的三次转型。

四、三线调整改造的成效与经验

经过三个五年计划 15 年的时间，以“脱险搬迁”为主的三线布局调整计划基本完成，共安排了 274 个项目，取得了重要成效。

第一，三线企业的周边环境得到改善，生产能力和市场竞争力大大提高。

三线企业的调整搬迁，使一批长期受恶劣地理环境制约的企事业单位改善了生产、生活环境，能够依靠自身优势比较平等地在市场上进行竞争，因而生产能力大大提高，经济效益逐步上升。如中国振华电子集团有限公司，原为电子工业部贵州电子工业基地（083军工基地），下属十几家企业分布在遵义县、黔南布依族苗族自治州、黔东南苗族侗族自治州的群山中，拥有雄厚的技术、设备力量，多年来为国防需要提供了各种雷达、通讯机、卫星通信地面站等整机产品。1980年以来，基地将在黔的二十多家企业联合改制，成立中国振华电子工业公司，走向市场，先后开发了录音机、电视机、显像管、天线、卫星接收设备等上千种民用产品。但由于企业分散、自然环境差、市场和科技信息不灵，极大地限制了公司的对外发展。1990—1996年底，公司所属宇光电工厂、永光电工厂、建新机械厂从山沟迁入贵阳市国家高新技术产业开发区；久达机械厂、红旗机械厂、南华厂的部分也陆续迁至都匀市经济开发区；集团公司总部也于1996年6月由都匀市迁入贵阳市。环境的改变使得企业的竞争力迅速上了一个新台阶，十多年来一直保持良好的经济效益，成为国家知名企业集团。

第二，促进了企业自身的产品结构调整和技术更新。

首先是同产品结构优化和能力调整相结合，其次是同技术改造与引进相结合，再次是资产重组和企业改制相结合，最后是同地方经济相结合。大多数企业都取得了较好的成效。如昆明船舶设备集团公司是由原1970年成立的五个生产鱼雷军工企业组成。20世纪80年代由于军工任务大规模缩减，整个公司近万人半停产，企业面临结构调整。试生产过冰箱、自行车、缝纫机以及其他多种普通机械产品，都未能解决企业吃饭和发展的问题。公司抓住烟草行业是云南省重要的支柱产业的机遇，开始了计算机辅助设计的应用，大规模开发制造烟草成套设备，终于获得了十余年不断发展的机会。1998年5月成立的国有大型企业昆明船舶设备集团公司，成为国家认定的高新技术企业，生产的无人控制激光导车由于引进国际先进技术而在国内处于领先地位。红河卷烟厂、青岛卷烟厂采用该公司开发研制的物流系统，自动化程度及信息技术应用水平大大提高。

第三，职工队伍得到稳定，技术力量后继有人。

20 世纪 80 年代以后，国家重点开发东部沿海地区和经济特区，东西部生活水平更加悬殊，少数三线企业亏损严重，职工生活发生困难。另外因为军工任务不足，许多科技人员感到无用武之地，再加上国家实行人才流动政策，导致三线技术人才大量流向东部沿海地区。不仅是科研骨干“孔雀东南飞”，而且一般技术人员也“麻雀东南飞”。据调查，一般企业都流失了 30%—50%，个别严重的甚至达 80%。同时技术人才断档，许多大学毕业生不愿来三线企业，报到率不到 30%。经过调整改造后，多数企业靠近了城市，经济效益显著提高，解决了职工住房、交通、子女入学等问题，生活条件和文化氛围有很大改善，具有了人才吸引力，一些原来外出到沿海城市“打工”的技术人员纷纷“凤还巢”，大学毕业生也乐于来工作。如贵阳车辆厂由于地处山沟，产品单一，连年亏损，5000 多职工有三分之一要求调离，400 多技术人员走得只剩 100 多人。经过调整改造，1996 年与 1990 年相比几乎所有主要经济指标都增长了 3 至 5 倍，职工年收入增长 2 倍多，职工家属子女无一人待业。近年来接收了 500 多名大中专毕业生，还正在培养 10 名工商硕士研究生，以形成更高层次的人才链。

第四，促进了三线企业的体制转轨和经营机制转型。

许多企业在调整改造中实现了军品民品分离，生产经营与后勤服务系统分离。民品生产按照现代企业制度要求，成为自主经营、自负盈亏的法人单位，积极进行公司制、股份制改造。1987 年 11 月，国家批准以原重庆常规武器基地的部分企业为基础联合成立的中国嘉陵工业股份有限公司进一步升级为公司（集团）。这是国家实行计划单列的八个企业集团之一，占了三个第一：国内第一个实行股份制的大型企业集团，国内第一个军民结合型的新型股份制企业集团，三线地区第一个完成军工体制向现代产业体制转变的企业集团。在 236 家三线布局调整企业中，已经有 50 多家实行了股份化改造，如西北轴承、力源液压、振华科技、三爱海陵、重庆川仪、天兴仪表、合成制药、云维股份、宝光真空等已经分别在上海、深圳证券交易所上市，取得了显著的经济效益。

从整体经济效益上看，三线企业调整取得的成效是显著的。在调整以前，国家每年用于列入“七五”调整企业的补贴亏损、停建缓建维护及灾害治理费用超过1亿元。调整后节省了这些开支，这些企业每年还能创造利税1亿多元。调整前有27个单位长期亏损，调整后产值增长1.2倍，利税增长1.5倍。[①]整个三线地区军工企业经调整改造后，到1992年，产值比调整前增长158%，实现利税增长124%，[②]特别是在沿海开放地区兴办窗口企业发挥出较好效益。列入“八五”调整规划的企业，到1998年工业总产值和销售收入比调整前的1990年分别增加了183%和155%。列入“七五”、“八五”调整规划的全部三线企事业单位1999年与1985年相比，产值增长4.1倍，销售收入增长4.26倍，上缴所得税增长22.7倍，出口创汇增长77.3倍。[③]一批三线企业，如攀钢、酒泉宏兴（钢铁）、长虹、长岭、长征（电器）、嘉陵（摩托车）、振华（电子）、长安（汽车）、西飞、贵航（飞机）、昌河（汽车、飞机）、金顶（水泥）、泸天化（天然气）、洛玻（玻璃）等成长为国内名列前茅的股份制大型工商贸集团公司，产品成为国内外市场上的驰名品牌。

三线企业调整改造成功的原因和经验，第一条是三线人发挥了艰苦奋斗再创新天地的精神。三线企业是国有企业中的“老大难”，一般国有企业存在的问题——市场竞争能力低下、经济效益差、体制僵化，它都有。由于是新建单位，投产较晚，一般国有企业没有的困难它也有——地理和生活环境差、人员和产品不稳定、生产成本高。突出优势是三线企业多为国防工业中的骨干企业，长年受到军事化的管理和教育，职工政治素质高。这种“一不怕苦、二不怕死”的奉献精神，在市场经济大潮中仍然是一个重要的精神支柱。铁道部贵阳车辆厂是一个坐落在贵阳市郊一条深深的山坳里的三线企业，到1985年已累计亏损800万元。在调整改造中，贵阳车辆厂立足铁路，多种经营，开发跨行业新产品，开拓国内外新市场，走上了向市场要资金的企业振兴之路。在七年

---

① 《我国三线建设调整改造取得重大进展》，《人民日报》1991年12月4日。

② 《三线企业积极参与市场竞争》，《人民日报》1992年7月20日。

③ 根据国防科工委有关部门资料统计。

里办起 14 家合资企业，出现了外商投资热潮，被称为“山坳里的特区”。“八五”期间，外资总投资额达 2300 万美元，相当于近十年国家投入资金的两倍多。1996 年实现销售收入 4 亿元、利税 2000 多万元。三线人的奋斗、敬业、求实精神在该厂创业中起到了重要作用。1993 年，厂长惠金根去美国纽约考察拍卖的一家铜厂，不幸遇车祸造成颅内淤血，一下断了五根肋骨，可他不听医生劝阻，只住了七天医院就去看厂，结果抢在日、韩客商之前捷足先登，以 200 万美元买下价值 1600 万美元的铜厂。为减少开支，厂里 18 个技术人员自己绘图拆卸。天寒地冻，全纽约室外都停工了，只有他们昼夜不停地干。[①] 外商说，三线精神不仅让人感动，更让人感到与他们合作可靠。事实证明，当年走进大山坳创业的三线人，今天在市场经济大潮的冲击下，仍然是“好人好马”。

三线建设调整改造成功的第二个原因，是“七五”至“九五”期间，国家和各级地方政府对三线调整搬迁单位在财政上实施了一系列优惠和扶持政策。包括：1986 年 7 月 6 日财政部《关于对三线调整单位减免税的通知》，1986 年 7 月 23 日国家计委、财政部、国务院三线办《关于扶持三线企事业单位调整几个优待政策的通知》，1989 年 7 月 27 日国家税务局《关于对三线调整单位减免税的通知》，1991 年 5 月 23 日财政部《关于对“八五”期间三线调整单位免征能源交通重点建设基金和预算调节基金的通知》，1991 年 6 月 16 日国家税务局《关于“八五”期间三线脱险搬迁企业减免税的通知》，1992 年 2 月 25 日国家计委、财政部、中国人民银行、国务院三线办《关于扶持三线企事业单位调整几个优待政策的通知》，1992 年 6 月 22 日国家税务局、国家计委《关于三线脱险搬迁项目征收投资方向调节税的通知》，1996 年 1 月 25 日中国人民银行《关于办理“七五”三线企业调整搬迁项目基建贷款挂账停息有关部门事项的通知》，1996 年 2 月 29 日国务院《关于减轻“七五”三线企业调整搬迁项目基建借贷债务的请示》，1996 年 3 月 20 日国务院办公厅《关于“九五”期间对三线调整单位继续实行扶持政策的建议》，1997 年 8 月 14 日财政部、国家税务总局、国家计委《关于三线脱险调整项目征收固定

① 根据国防科工委有关部门资料统计。

资产投资方向调节税的通知》，等等。概括起来说，这些优惠政策主要是对“七五”调整项目基建贷款实行停息挂账或计息挂账政策，对“七五”至“九五”调整项目减免产品税及上缴利润，减免“两金”，实行增值税、营业税先征后返（即退税），固定资产投资方向调节税降率计征，减免所得税，基建贷款财政贴息，原址不动产有偿转让等。这些政策弥补了三线企业建设资金的不足，增强了企业自筹资金的能力，对激励企业扩大生产、提高经济效益起到了良好的效用。尤其是退税政策，调动了调整搬迁单位的积极性，发展生产越快、销售收入越高、上缴营业税与增值税越多的企业，从退税中获得的利益也越大。据统计，“七五”至“八五”时期，国家减免或退税的总额 30 多亿元。[①]

三线调整改造之时，国家正面临着由计划经济向有计划的商品经济、再向市场经济转变的革故鼎新时期，因此，三线调整改造也面临着许多新问题。当年的三线建设，是计划经济条件下为保证国家安全而实施的国家战略行为，所有资金、物资、人力都是计划指令的调拨，因此尽管蕴含着极大的积极性和群众热情，但并不存在独立的企业行为。而三线调整改造从决策上看仍然是一种国家行为，为继续建设国防后方服务，同时也要更多地为发展新时期的国民经济服务。但是，随着向社会主义市场经济的转变，对三线企业的企业行为要求日益凸显，使调整改造成为国家行为与企业行为的结合。一方面，国家不能像当年那样全部注入投资，只能以较少的增量资金拉动原有的大量资产存量进行调整。这种较少的增量资金，也逐步由单纯投资转换为贷款形式。改革开放以来，国家财政、银行实行了三次改革：一是基本建设投资由国家财政拨款改为贷款，即“拨改贷”；二是国有企业流动资金由财政拨款改为银行贷款，即全额信贷；三是开放银行信贷支持基本建设投资。另一方面，相当多的三线企业在调整改造中，转变为生产民用产品的独立法人，需要在市场经济面前，自己解决资金、产品市场、工资福利，而且要上缴利税。这两方面的变化，使三线企业身上集中了历史与现实的尖锐矛盾冲突。当年的“靠山、分散、隐蔽”使得许多企业先天远离市场，生产与

① 根据国防科工委有关部门资料统计。

市场不接轨的军用产品。如果是市场经济中的企业行为的话，是不会做出这种选择的。而在三线调整中，国家行为的日趋淡化使企业承担起了偿还当年国家行为后果的责任。虽然国家给予了种种优惠政策，但只能是导向和激励，不能全包，远不能改变三线企业的总体劣势。这就造成三线企业调整改造虽然取得巨大成效，也存在着普遍的问题——主要靠自筹资金进行调整改造，欠付银行利息严重，负债过多，难以形成扩大再生产的良性循环。据统计，“七五”计划调整项目的30亿元总投资中，国家补助资金占25%，部门和地方自行安排占32%，企事业单位自筹占43%。“八五”计划调整项目的115亿元总投资中，国家和地方部门投资占17%，企业向银行和其他渠道贷款占53.16%，企业自有资金占28.3%。以至企业借贷率达70%，平均负债率更高达85.4%，高于全国国有工业企业近20%。尽管享受了停息挂账、计息挂账的政策，到1998年底，绝大部分“七五”调整项目企业欠付的贷款本金和部分利息仍然不能偿还。[①] 因此，可以说，三线企业调整改造，就这些企业自身的改造与改善来看是取得了巨大成效的，但从整个西部经济的大视野来看，反映了东西部因地理条件、历史遗留问题、发展战略变化而最终出现的经济差异。解决这个差异，并不是靠局部的调整改造可以扭转的，必须将其纳入西部大开发的总体战略——从开发中得到根本性解决。

[原载《当代中国史研究》2002年3期]

① 根据国防科工委有关部门资料统计。

七十年代前期的中国第二次对外引进高潮

陈东林

“文化大革命”时期的1972年至1975年，由毛泽东做出决策，周恩来、李先念、余秋里及相继恢复领导工作的陈云、邓小平积极推动，我国的对外经济工作开拓出一个新的局面，掀起了自1954年引进苏联156项工程技术设备以后新中国历史上对外引进技术设备、扩大经济交流的第二次高潮。这次高潮的重要意义，不仅在于其发生于极左思潮泛滥、对外经济工作遭受严重破坏的“文化大革命”时期，因而具有在实践上纠正闭关自守错误、整顿恢复国家正常经济秩序的拨乱反正作用；而且这是我国第一次以资本主义国家为主要对象进行的大规模经济交流活动，对我国确立新的对外经济战略具有开创性的意义；其间所积累的经验教训和形成的思想闪光点，为以后20世纪80年代我国对外开放指导思想和基本政策的系统形成，也起到了重要的借鉴作用。本文拟根据有关档案资料，对这次对外经济新局面的开拓过程，进行初步叙述；同时对其中包含的重要思想价值和产生的久远影响，做一些粗浅的研究分析。

一、毛泽东、周恩来批准“四三方案”

20世纪60年代初期，苏联单方面撤走专家、中断经济援助，中国和苏联东欧的经济贸易交往急剧下降。其后，毛泽东曾考虑扩大同资本主义国家的经济交往，引进先进技术设备。他对法国议员代表团说："我们反对资本主义，你们也许反对共产主义。但是，还是可以合作。""使两国间在商业上、在文化上互相往来。希望你们把什么禁运战略物资也反掉。""我说，总有一天会突破这个缺口。"[①]他甚至提出：我考虑在一定时候，可以让日本人来中国办工厂、开矿，向他们学技术[②]。但是，由于国际形势的持续紧张及"文化大革命"的发动，这个设想一直未能实施。

60年代后期至70年代初，世界经济形势发生了较大变化。西方资本主义国家面临着新的一轮经济危机，苏联、美国争夺世界霸权的活动遭到越来越多国家的抵制，原有的社会主义和资本主义阵营两大经济体系逐渐趋向解体，代之而起的是发达国家和发展中国家之间日益增多的经济往来。1973年，长达28年的以美元为中心国际货币体系崩溃，即是其标志之一。另一方面，随着中美关系缓和，中国重返联合国，大批西方国家纷纷与中国建交，打破了国际敌对势力长期以来对中国的政治封锁。中国国内在林彪事件以后，开始批判和纠正部分"文化大革命"的"左"倾错误。这些都为中国扩大对外经济交流创造了有利条件。1972年2月，毛泽东邀请美国总统尼克松访华，借这次谈话批评了"文化大革命"中对外贸易领域闭关自守的错误做法。他对尼克松说："你们要搞人员往来这些事，要搞点小生意。我们就死也不肯。十几年，说是不解决大问题，小问题就不干，包括我在内。后来发现还是你们对，所以就打乒乓球。"[③]在中美上海公报中，双方同意为逐步发展两国间的贸易提供便利。

早在1970年，周恩来就曾着手部分清除外贸领域因"文化大革命"造成的极左错误，为恢复正常外贸工作创造条件。3月17日，他在接见全国计划会议代表时批评说："你们提，对进口的东西要'一批、二用、三改'，这不对。买就是要用，不用，你进口干什么？要调过来，改成'一用、二批、三改'。如果进口的目的是为了批，那有多少东西要进口啊！"10月12日，他在审查外贸部核心小组报告时又严厉批评那种在

① 《毛泽东外交文选》，中央文献出版社、世界知识出版社1994年版，第520页

② 《中华人民共和国国民经济和社会发展计划大事辑要》，红旗出版社1987年版，第212页。

③ 《毛泽东外交文选》，中央文献出版社、世界知识出版社1994年版，第595页。

外贸中搞极左宣传、要求外国商人承认中国政治立场的做法说:“贸易就是贸易,商人就是商人,资本家怎么能把我们的‘精神’拿去变‘物质’呢?”他还耐心解释说:“现在让这些人钻进来做买卖,他们赚了钱,但我们国家强起来了,得到了好处。”由于林彪、江青集团当时还控制着很大权力,周恩来的这些努力未能收到明显成效。

1971 年林彪事件以后,周恩来主持中央日常工作,与李先念、余秋里及陈云、邓小平等人,积极推行了毛泽东的打开对外经济工作局面决策。1972 年 1 月,根据周恩来指示,李先念听取了余秋里召集国家计委及轻工、燃化、商业、外贸等部委负责人研究后的汇报,决定抓住西方资本主义国家在经济危机中急于寻找出口市场、商品价格较低的有利时机,针对国内需要,进口成套化纤、化肥技术设备。当时,国内因“文化大革命”动乱影响生产,加之棉花歉收,棉布供应持续紧张;化肥生产也长期跟不上农业发展需要,有较大缺口。因此,进口这些设备是改善人民生活和促进农业发展的关键之举。1 月 22 日,李先念、纪登奎、华国锋联名向周恩来报送国家计委《关于进口成套化纤、化肥技术设备的报告》,建议引进我国急需的化纤新技术成套设备 4 套、化肥设备 2 套,以及部分关键设备和材料,约需 4 亿美元。他们同时指出,进口这些在国外技术较新的设备也是“根据国外经验,必须大力发展石油化工,把化纤、化肥工业搞上去”的需要。这些设备投产后,一年可以生产化纤 24 万吨、化肥 400 万吨。所需的石油气、油田气、石油原料,在国内也有保障。2 月 5 日,经周恩来批示呈报,毛泽东圈阅批准了这个报告。

随后,周恩来等人以此为突破口,将对外引进交流规模进一步扩大。5 月 5 日,冶金部继申请从国外进口一米七大型钢板冷轧机后,又建议同时进口配套的热轧机。这是国内钢铁工业长期以来急需的设备,因“文化大革命”的冲击使试制工作停止,而江青集团又借口“自力更生”拒绝进口,造成钢铁工业轧钢能力不足,钢材品种不配套,严重影响了经济建设的发展。8 月 6 日,国家计委根据李先念批示,正式提出了《关于进口一米七连续式轧板机问题的报告》,估价约 4 亿美元。8 月 21 日,毛泽东、周恩来予以批准。11 月 7 日,国家计委再次提出《关于进口成套化工设备的请示报告》,建议进口 6 亿美元的 23 套化工设备。周恩来圈阅批准这个报告的同时，又要求将总额33亿美元的另一进口方案送他合并考虑。他不仅看到眼前的急需，而且在为将来的发展打算，准备采取一个大规模的一揽子引进方案。

在1972年引进一系列项目工作顺利进行的基础上，1973年1月5日，国家计委向国务院提交《关于增加设备进口、扩大经济交流的请示报告》，对前一阶段和今后的对外引进项目做出总结和统一规划。报告建议，利用西方处于经济危机，引进设备对我有利的时机，在今后三五年内引进43亿美元的成套设备。其中包括：13套大化肥、4套大化纤、3套石油化工、10个烷基苯工厂、43套综合采煤机组、3个大电站、武钢一米七轧机，及透平压缩机、燃气轮机、工业汽轮机工厂等项目。报告还提出了进口设备时应采取的原则：（1）坚持独立自主、自力更生的方针。（2）学习与独创相结合。（3）有进有出，进出平衡。（4）新旧结合，节约外汇。（5）当前与长远兼顾。（6）进口设备大部分放在沿海，小部分放在内地。这些原则成为当时引进技术设备的指导方针。报告还建议，由国家计委及各部委组成"进口设备领导小组"，"像第一个五年计划期间抓156项进口设备那样，扎扎实实地把建设任务抓紧抓好，尽早投产见效"。

这个方案被通称为"四三方案"，是继20世纪50年代的156项引进项目后的第二次大规模引进计划，也是打破"文化大革命"时期经济贸易领域"闭关自守"局面的一个重大步骤。以后，在此方案基础上，又陆续追加了一批项目，计划进口总额达到51.4亿美元。利用这些设备，通过国内自力更生的生产和设备改造，兴建了26个大型工业项目，总投资额约200亿元。到1982年，26个项目全部投产。其中投资额在10亿元以上的有：武钢一米七轧机、北京石油化工总厂、上海石油化工总厂一期工程、辽阳石油化纤厂、黑龙江石油化工总厂等。这些项目取得了较好的经济效益，对我国经济建设的发展起到了重要的促进作用。如武钢在一米七轧机工程完成投产后的1984年实现利税6.85亿元，比投产前的1979年增长1.66倍。所生产的大量钢板填补了国内品种的一些空白，减少了进口所需的大量外汇。武钢引进的先进技术还在国内同行业得到推广和移植，推动国内轧钢、炼钢技术进一步发展。

在1972年和1973年相继恢复领导工作的陈云、邓小平，对“四三方案”的引进和建设都予以坚决的支持。陈云指出：在购买设备时要注意考察，“事先准备好新配件”，并且要借鉴“过去旧中国有过买旧设备的经验，例如南京的永利化工厂、山西阎锡山的太原钢铁厂、山西的窄轨铁路”。[①]邓小平刚刚恢复国务院副总理工作，就十分关心一米七轧机的安装，1973年12月他到武钢视察，提出钢铁工业“一定要科学组织合理施工”，并称赞说:“搞建设，就是要有速度。生产要狠抓才能搞上去。”此后，他一直在关心着这个工程，指示成立攻关队伍，解决武钢生产的钢材因质量不合格不能用一米七轧机加工的问题。粉碎“四人帮”后，1980年7月邓小平再次来到武钢，视察了刚刚投产的一米七轧机。[②]

二、开拓对外经济工作新局面

“四三方案”的批准实施，带动了对外引进工作的全面发展。毛泽东、周恩来审时度势，在国务院领导人的积极努力下，又果断进行了开拓整个对外经济工作新局面的部署。从1972年起，我国的外贸、金融及与之有关的其他经济领域，出现了一个新中国成立以来对外引进技术设备、开展经济交流的第二次高潮。

在引进国外先进技术设备方面，除“四三方案”的主要项目外，重要的引进项目还有：从美国引进彩色显像管成套生产技术项目；利用外汇贷款购买新旧船舶，组建远洋船队；购买英国三叉戟飞机，增强民航运输力量等。1972年9月，国家计委成立了进口技术设备领导小组，负责审查进口设备和综合平衡及长期计划衔接工作，还组织有关部委派出多个考察小组，到国外考察检查进口设备。同时，在国内恢复举办先进科技国家的技术贸易展览会，学习吸取国外先进技术。

在制定研究利用外资的战略指导思想方面，周恩来等人顶住江青集团的压力，进行了艰苦的工作。1973年和1974年协助周恩来研究指导

---

① 陈云关于进口一米七轧机报告的批示，国家计委档案。

② 中共中央党史研究室科研局编：《再造中华辉煌：邓小平纪事》，中共党史出版社1994年版，第168、169页。

外贸工作的陈云发挥了重要作用。1973 年 6 月，陈云在与中国人民银行负责人的谈话中，提出了“对资本主义要很好地研究”的重要思想。他指出：现在我们外贸主要面向资本主义国家这个趋势“我看是定了”，因此，“不研究资本主义，我们就要吃亏。不研究资本主义，就不要想在世界市场中占有我们应占的地位”。[①] 针对“文化大革命”对研究机构和制度的破坏，他提出要恢复外贸金融研究机构，认真研究西方资本主义经济资料，并拟定了了解世界经济状况的十个重要问题。根据他的这一思想和周恩来的多次指示，中国人民银行进行了许多调查研究，积极开展筹措外汇和利用外资工作，1973 年筹措到外汇资金十亿多元，支持了对外引进的需要。

在利用和借鉴外国现代金融和管理手段方面，陈云大胆地指出，要利用资本主义国家的商品交易所和期货市场。他说：“国际市场上的交易所是投机商活动场所，但也是一种大宗商品的成交场所”。“对于商品交易所，我们应该研究它，利用它，而不能只是消极回避。”[②] 根据这一思想，外贸部门在购买国内需要物资如砂糖时，不是像往常那样购入现货，而是先购入期货，再购入部分现货，待到砂糖价格大幅度上涨后，再将期货抛出。这样，既完成了购买任务，又为国家赚取了外汇。

在恢复建立国内出口生产基地、扩大出口贸易方面，按照周恩来制定的“外贸要立足于国内，要把生产、使用和科研结合起来，推动国内生产的发展”的方针，李先念等人进行了“文化大革命”初期遭到严重破坏的出口生产恢复工作。李先念多次在有关会议上指出：把出口工艺美术品说成是“为资产阶级服务”，不生产，不采购，使出口额显著下降，这种状况必须迅速加以改变。针对有人提出可能商品“我们提价百分之二十，外国商人卖出也提价百分之二十，这不是加重了对各国人民的剥削吗？”他按捺不住内心的愤慨，严厉批评说：“这真是一种怪议论”，“这么说的人，硬是想要我们吃大亏，外国资本家赚大钱”。“国际商品价

① 《陈云文选》第 3 卷，人民出版社 1995 年版，第 218 页。

② 同上书，第 222 页。

格与国内市场价格完全是两回事”。[①]在他和周恩来部署下，工艺美术品、农产品等出口生产基地得到了较快恢复。1972 年 9 月，新中国成立以来规模最大的全国工艺美术展览会在北京开幕，历时四个多月。为了扩大加工出口，外贸部门利用国际市场上棉布价格较高、棉花价格较低，而国内棉花歉收、加工能力较强的时机，进口一批棉花，加工成棉布后出口，既解决了国内的棉布紧缺，又赚取了外汇，同时还使国内人民增加了收入。但是，有人却认为，这样做是依靠外国，不是“自力更生”。陈云经过调查研究后，明确地指出：“我们是要自力更生的”，但是要做到完全用自己的棉花需要很长时间，“我们要利用这段时间，进口棉花加工棉布出口。不这样做就是傻瓜”。同时，他还考虑到在整个外贸进出口安排上，都应利用国内丰富的劳动力，加工成品出口。如进口化肥和设备，增产粮食，再出口大米、肉类，“要长期搞，这样搞是合理的。我们有劳动力，可以为国家创造外汇收入”。1975 年邓小平在这一基础上，进一步提出了采取补偿贸易的“大政策”，如引进外国的技术设备开采煤矿，用煤炭偿付。好处一是增加出口，二是带动煤炭工业技术改造，三是容纳劳动力。

在中共十大上结成“四人帮”的江青集团，对这次对外引进工作竭力反对，设置重重障碍。1974 年 2 月，江青到四机部讲话，说美国康宁公司送给中国彩色显像管生产线考察团的蜗牛礼品是“侮辱我们，说我们爬行”，还说引进这条生产线是“屈服于帝国主义的压力”，是“崇洋媚外”。当初曾在引进这条生产线报告上批示同意的王洪文立即倒打一耙，附和江青。6 月，王洪文又在几封来信上批示，污蔑向国外买船是“迷信外国资产阶级的假洋鬼子”，是“修正主义路线”。在他们的破坏下，引进彩色显像管生产线的项目被迫中断。

周恩来等人对“四人帮”的破坏进行了针锋相对的斗争。周恩来指示外事部门查清了所谓“蜗牛事件”不过是正常的礼节往来后，主持中央政治局会议，决定收回江青在四机部的讲话，挫败了江青集团制造的一起阴谋。陈云针对江青集团挥舞的“洋奴哲学”棍子和极左清规戒律，

---

① 《李先念文选》，人民出版社 1989 年版，第 306 页。

坚决表示：在外贸工作中，“要把一些界线划清楚，如不要把实行自力更生方针与利用资本主义信贷对立起来”。他毫不退让地回答：“如果有人批评这是‘洋奴’，那就做一次‘洋奴’。”[①] 邓小平顶住“四人帮”通过制造所谓“风庆轮事件”施加的压力，在1975年整顿中又提出，要把“引进新技术、新设备，扩大进出口”列为加快工业发展的一项重要措施，“要多争取出口一些东西，换点高、精、尖的技术和设备回来，加速工业技术改造，提高劳动生产率”[②]。

在周恩来、李先念、陈云等人的领导和斗争下，经过两年多的努力，1973年到1975年，我国对外经济工作取得了开拓性的进展，出现了一个新的局面。1973年我国对外贸易总额达到109.76亿美元，1974年达到145.7亿美元，1975年达到147.51亿美元，分别是1970年45.8亿美元的2.4倍、3.18倍、3.22倍。1973年全国出口总额达到58.2亿美元，1974年达到69.49亿美元，1975年达到72.64亿美元，分别是1970年22.6亿美元的2.58倍、3.07倍、3.21倍。一方面，成套设备和先进技术的引进，促进了国内基础工业，尤其是冶金、化肥、石油化学工业的发展，为我国80年代经济的腾飞提供了必要的物质条件；另一方面，外贸出口创汇也得到迅速发展，有力地支持了国外成套设备的引进。

70年代前期的这次对外引进和经济交流新局面的开拓，在中国对外关系史和经济建设史上具有重要的历史意义。

从横向上看，首先，它是70年代我国外交战略实行重大转变的一个组成部分，对于中国打破长期被封锁状态和世界格局的重新组合，起到了积极的促进作用。新中国成立以后，资本主义国家的敌对势力就采取了封锁政策，中国的对外经济交流不得不以“一边倒”的形式主要面向苏联东欧。60年代以后，中苏关系持续紧张，而资本主义国家封锁中国的立场仍然没有松动。从60年代初期到“文化大革命”中的60年代末期，中国实际处在一个几乎遭受全包围的环境中，这对中国的建设和稳定是十分不利的。通过70年代前期的外交战略转变，中国与资本主义国

① 《陈云文选》第3卷，人民出版社1995年版，第219、224页。

② 《邓小平文选》第2卷，人民出版社1994年版，第29页。

家建立了正常的关系，打破封锁的主要手段就是积极开展进出口经济交流和技术设备引进的贸易活动。正如李先念指出的："我们同一些资本主义国家往往是先搞贸易，然后建交。"① 通过这些经济交往，大致上形成了新的格局，正如陈云所指出的："过去我们的对外贸易是百分之七十五面向苏联和东欧国家，百分之二十五对资本主义国家。现在改变为百分之七十五对资本主义国家，百分之二十五对苏联、东欧。""这个趋势是不是定了？我看是定了。"②

其次，这次对外经济工作新局面的开拓，是在国内遭受"文化大革命"错误严重破坏的背景下进行的，它在一定程度上起到了纠正"左"倾错误、落实党和国家经济、外交政策的作用。60年代中国对外关系的孤立状态，除了客观原因外，主观原因就是"左"倾错误思想的发展。正如邓小平所指出："在某种程度上我们也还是闭关自守"。抓住"批林"契机的周恩来等人，在扩大对外经济交往的过程中，恢复落实一系列"文化大革命"前行之有效的对外经济规章制度，批判外贸领域的极左思潮，与"四人帮"进行了坚决的斗争。从1972年周恩来主持中央工作进行纠"左"到1975年邓小平主持中央工作进行整顿期间的一系列活动，实际上已成为党和人民抵制纠正"文化大革命"错误的斗争的一个组成部分。不仅如此，在这次对外经济新局面的开拓中，国家还对在60年代初期已形成的一些片面做法进行了调整。如在发展沿海工业和内地工业的关系问题上，由于对战争的估计过于严重，从1964年开始的三线建设和一线内迁，忽视经济效益，造成了较大的浪费。到70年代开拓对外经济新局面时，事实已经证明战争并非一触即发，投资少收效快的沿海工业急需加强。于是，国务院批准国家计委提出了进口的设备大部分放在沿海、小部分放在内地的原则。指出："沿海工业基础较好，可以使进口设备尽快投产，尽快仿制"，"沿海工业发展得快一些，从长远看，对促进内地建设是有利的"。③ 再如在引进技术和引进设备问题上，70年代以前，我们引进的重点

---

① 《李先念文选》，人民出版社1989年版，第302页。

② 《陈云文选》第3卷，人民出版社1995年版，第217、219页。

③ 《国家计划革命委员会关于增加设备进口、扩大经济交流的请示报告》（1972年12月22日修改稿），国家计委档案。

是成套设备，对引进技术不够，由于没有掌握关键技术，造成若干项目如维尼纶厂或工程拖期，或生产不正常。在这次引进高潮中，注意到以技术为重点。1972年到1977年共与十几个国家签订了222项新技术和成套设备项目，其中引进了专利使用权和关键技术的占216项。

从纵向看，这次对外经济工作新局面的开拓，为80年代我国实行对外开放政策进行了一定的物质和思想准备。“四三方案”引进的26个大型工业项目，在1982年全部投产，为全党全国工作重心转移到经济建设上来后的社会主义现代化建设事业增添了重要的生力军。尤其是，在70年代取得的一些实践经验和思想认识，为改革开放思想和政策的系统形成提供了宝贵的借鉴。正如邓小平1987年回顾所说：“说到改革，其实在1974年到1975年我们已经试验过一段。”我们具体分析改革开放时期的各项对外经济措施，可以看出，不少是我党几十年经济建设中正确思想和政策的总结和升华，其中对70年代对外经济新开拓时期的汲取，占有重要的地位。如本文前述的：指导思想方面有积极引进学习国外先进技术设备和管理经验，认真研究当代资本主义等；具体政策方面有进口国外原料、利用国内劳动力加工后再出口的来料加工，利用国外先进设备和资金开发国内资源的补偿贸易“大政策”，利用资本主义信贷、期货、商品交易所等金融手段等，都在改革开放时期得到弘扬和充分使用。因此，可以说，70年代对外经济新局面的开拓，是80年代改革开放时期的一个前期探索。

当然，70年代对外经济新局面的开拓，是处在“文化大革命”总体错误方针未能纠正，江青集团仍然控制着较大权力的特定环境下。因此，它的作用和性质都与80年代的改革开放新局面不可同日而语。1976年“批邓反击右倾翻案风”中，对外引进的许多做法和思想，都被“四人帮”污蔑为“修正主义路线”“崇洋卖国”“汉奸行为”而加以否定，被迫中断。历史再一次证明，只有国家的政治局面得到稳定，经济建设才能得到发展。同时也说明，我们的党和国家，正是经过一次又一次的探索和挫折，才找到了今天走向富强的改革开放之路。

［原载《中共党史研究》1996年第2期］

第四部分

实践调研

历史与现实结合视角的三线建设评价

——基于四川、重庆三线建设的调研*

调研组

对于中央的重大战略部署，横贯国家3个五年发展计划，涉及13个省、市、区，占同期全国基本建设总投资的39.01%[①]，有几百万工人、干部、知识分子、解放军官兵和成千上万次民工参加，对我国工业体系的形成和发展、西部地区发展产生重大影响的三线建设，1981年6月中共十一届六中全会通过的《中共中央关于建国以来党的若干历史问题的决议》未提及，原因是在三线建设的评价问题上争议较多而未能形成共识。中央实施的三线建设项目大多集中在西南和西北地区，而四川、重庆又是西南三线建设项目的重点地区，三线建设初期在四川、重庆实施的重点项目有攀枝花钢铁工业基地、成昆铁路、以成都为中心的航空工业基地、以重庆为中心的常规兵器工业基地、重庆至万县的造船工业基地、以重庆为中心的汽车、机械制造、特殊冶金工业，以后又增加了西昌卫星发射中心等。三线建设项目在四川、重庆的实施，尽管存在一些问题，

---

* 本文为中国社会科学院当代中国研究所第二研究室国情调研组于2011年9月赴四川、重庆三线建设调研的主报告。武力、郑有贵、陈东林、李正华、陈于武、王瑞芳、钟瑛、冷兆松、叶明勇、段娟、王蕾、付强、张金霞、董志凯、宋毅军等参加调研和讨论。本文执笔人：郑有贵、陈东林、段娟。

① 陈东林：《三线建设：备战时期的西部开发》，中共中央党校出版社2003年版，“前言”第1页。

但实实在在地加快了西南地区的工业化进程，由此也成为促进区域协调发展的重要因素。鉴此，2011 年 9 月中国社会科学院当代中国研究所第二研究室国情调研组对三线建设项目较多的四川省、重庆市的部分三线建设项目进行了调研。调研组实地考察了攀枝花钢铁（集团）公司、西昌卫星发射中心、成昆铁路、广安市三线建设工业遗产陈列馆、重庆市南川区三线建设项目遗址，先后在攀枝花市、攀枝花钢铁（集团）公司、凉山彝族自治州、重庆市社科院与当地党政有关部门、三线建设亲历者、研究三线建设的专家学者进行座谈，访问三线建设项目区周边群众，查阅相关档案文献。本文基于调研，从历史与现实结合的视角，对长期争论未果的三线建设评价进行探讨。

一、对三线建设项目的评价不能一刀切

作为中央的重大战略而实施的三线建设已成为历史范畴的概念，但三线建设企业及基础设施项目的历史尚未断裂而得以延续，至今依然存在和不同程度地发挥着作用。鉴此，为便于对三线建设做出公允评价，本文首先对实地考察及座谈中涉及的三线建设项目的历史与现状做客观陈述。这些三线建设项目大体可分为以下四类。

（一）发展壮大型

攀枝花钢铁、西昌卫星发射中心、北碚仪器仪表研发生产、重庆嘉陵机器厂等三线建设项目，建于 20 世纪 60—70 年代，经历改革，呈现出发展壮大态势。其中，实地调研的攀枝花钢铁项目是其中的佼佼者。攀枝花钢铁项目自 1965 年起实施，1970 年出铁，1971 年出钢，1974 年出钢材；1986 年启动二期工程并于 1997 年建成投产；2001 年启动三期工程。2008 年，攀枝花钢铁（集团）公司成为四川省首家营业收入突破 500 亿元的企业（完成营业收入 522.6 亿元）。攀枝花钢铁（集团）公司在科技创新上实现多项突破，形成了一些世界领先的核心技术和特色产品，实现由“钢坯公司”向跨地区、跨行业的现代钢铁企业的跨越，所生产的重轨、板材、管材、棒线材、特钢等产品畅销国内并出口欧美、

东南亚等数十个国家和地区；攀枝花钒钛产业园区成为国内最大的钒钛原料基地和钒钛钢生产基地。

（二）搬迁、转产型

三线建设的一些企业，在 20 世纪 80—90 年代实施了搬迁。调研组所到的四川省广安市和重庆市南川区的三线建设企业都实施了整体搬迁。

1965 年至 1972 年，国家先后在便于隐蔽和防御、以大巴山山麓的华蓥山为屏障的广安市境内，建成了明光、红光、华光、永光、金光、兴光、江华、长城、燎原、西南玻璃厂等十家军工企业（其中从禄市到溪口一带的山沟里就有八家企业），主要生产为炮配套的光学瞄准仪器等。其中，有八家为中央企业（分别隶属于第五机械工业部和建材部），只有国营长城机械厂、国营燎原机械厂为省属企业（先后隶属四川省国防科技办公室、第五机械工业部重庆五机局、四川省机械厅等）。广安市境内的三线企业门类相对单一，以生产要求空气明净、精密的光学仪器为主，引进了大批先进的生产设备，科技含量较高，其中有许多是当时的特种工艺设备产品，华江、华蓥、华西、珠江、明佳、佳美等多个品牌的军用、民用光学仪器，如照相机、望远镜等质量上乘。二十世纪八九十年代，这些军工企业开始大批量转为生产以放映、摄影器材为主的民用产品，销路较好。此外，农用车、运动气枪弹等民用产品的市场反应良好。80 年代后期开始，这些企业包括原有生产设备迁往成都、重庆、南充等地，并焕发出生机。如现在的重庆嘉陵华光光电科技有限公司就是由原设在广安市境内的重庆华光仪器厂改制而成的，传承了原重庆华光仪器厂的光学优势，其中球面透镜、平面棱镜的品种、产量和精度居国内同行业前茅。调研组在广安市只能从三线工业遗产陈列馆看到往日三线企业的艰辛创业和为国防建设做出贡献的辉煌历史。

重庆市南川区是加工制造枪炮等常规武器的机械工业基地。1992 年，经国家计划委员会批准，南川区境内五家三线企业列入国家三线调整迁建计划。令调研组遗憾的是，在原址看不到往日的景象，企业已迁移，厂区建筑设施被闲置或废弃。位于南川区水江镇的临江机械厂已实施迁移，调研组看到原址较大规模的厂房仍保留，但长期空置，已显破旧，周围杂草丛生，部分办公用房被改为监狱，宿舍楼转为当地居民使用。位于鹤公岩山麓的青岩机械厂，曾生产坦克底盘构件，停产后高大的厂房保留完整，被当地民营企业租用，用于生产工艺简单的产品。其他厂房被农民当仓库堆放饲料，框架较好的宿舍楼也闲置。南川区境内的一些三线企业在搬迁后实现了新的发展。1997 年，国营红泉、红山、庆岩三厂整体迁往重庆市巴南区渔洞镇（川南区的十个兵工厂均迁建于此），在巴南区形成了渔洞汽车及重型机械加工工业区。1999 年至 2000 年，国营宁江机械厂、天兴仪表厂迁至成都市龙泉驿区，与其他几家调迁到这里的大型军工企业形成了高科技的精密机械和电子工业园区。目前，天兴厂已发展成为规模大和实力强的车用仪表开发和生产基地、中国车用仪表行业“排头兵”、中国车用仪表行业第一家 A 股上市公司。国营宁江厂发展成为国内车用减震器生产能力最大的企业。

（三）废弃型

三线建设项目也有被废弃的，但数目不多。其中，较大的项目是位于重庆市涪陵区的核原料工业基地——816 军工洞体。该项目从 1966 年 9 月开始建设，历时 17 年完成。整个洞体总建筑面积 10.4 万平方米，洞内有大小洞室 18 个。1984 年 2 月，随着国际形势的变化和国民经济战略的调整，根据中央军委的要求，816 工程全面停工。由于潮湿和没有采光，20 世纪 80 年代被废弃，工厂迁移到外面，816 工厂原职工队伍通过军转民，改建化肥厂，1993 年更名为重庆建峰化工总厂。2010 年 4 月 816 军工洞作为旅游项目向社会开放。

调研组看到，无论是搬迁或转产项目，还是废弃项目，所留资源当前仍然发挥着作用。一方面，这些宝贵的资源为爱国主义教育基地的建设提供了很好的素材。如广安市对搬迁企业的实物进行征集与遗址保护，从征集到的 1000 多件三线遗产实物中精选出 15 台老生产设备、60 件老产品和 150 张老照片，建成了全国首个三线工业遗产陈列馆——四川广安三线工业遗产陈列馆。作为三线工业遗产爱国主义教育基地，陈列馆生动再现了三线建设的历史，展示了三线工业发展成果，宣传了三线建设精神，发挥了三线工业遗产的社会功能。另一方面，充分利用三线企业遗址资源发展旅游业。调研组在南川区看到，原设在南川区的三线企业多布局在环境优美的山区，利用这些三线工业遗产资源已开发成金佛山旅游区等。

（四）交通设施型

根据三线建设的总体布局，当时还举办了大量交通设施项目。仅铁路建设方面，新建和扩建了成昆、川黔、贵昆、湘黔和襄渝等5条铁路大动脉。其中，建成的成昆铁路沿线辐射范围13.6万平方公里，包括四川、云南的7个地、市和所属50个县、市。同时，还建设了通往三线建设项目区的公路等。

从上述三线建设项目的历史与现状可见，三线企业有的发展壮大，有的经历搬迁、转产后获得新的发展，也有少数被废弃，因而对所有三线建设项目的评价不能一刀切，或全部肯定，或全部否定。

二、对三线建设的评价不可回避若干重大历史与现实问题

在三线建设的评价上，学术界分歧明显，有肯定者，也有否定者。倾向肯定者多着眼于宏观因素如保障国家安全、缩小东西部地区差距等，倾向否定者多着眼于微观因素如企业经济效益低等。四十多年过去后，在实地考察三线建设项目历史与现状的基础上，根据实地感受、访谈、座谈、查阅档案，我们认为对三线建设的评价需要重新讨论，尤其是在评价三线建设时不应回避战略构想动因与实现性、促进区域协调发展的预期外绩效、当期效率低的缘由及企业的搬迁、转产、废弃等历史与现实问题。

（一）从战略观探讨对三线建设的评价

三线建设是从战略层面提出的。无论是军事上的备战，还是生产力的区域布局，乃至具体项目实施地的选择，首先是从战略层面进行构想的。在生产力的区域布局上，针对内地工业薄弱的问题，毛泽东早在1956年发表的《论十大关系》中，就从处理好沿海工业与内地工业关系

的战略考虑，明确提出要加强内地建设。1964 年 5 月，针对当时国际形势，中央从备战的战略考虑，正式启动了三线建设。具体到每一个项目，也都体现了战略思维。例如，在攀枝花钢铁项目建设上，1964 年 5 月 27 日毛泽东在北戴河召开的中央工作会议上听取国家计委领导小组汇报第三个五年计划的设想时指出："在原子弹时期，没有后方不行，四川是三线建设的一个重点地区，应该首先把攀枝花钢铁基地和相应的交通、煤、铁、电搞起来。"[①]6 月 6 日，他再次对中央领导人说："三线建设的开展，首先要把攀枝花钢铁工业基地以及相联系的交通、煤、电建设起来。建设要快，但不要毛草。攀枝花搞不起来，睡不着觉。"[②]即便是在项目实施进度上，也是从战略层面考虑的。如 1969 年 3 月中苏边境发生珍宝岛武装流血冲突后，面对苏联的军事威胁，12 月 4 日周恩来在中央办的四川学习班上指出：要以大局为重，以三线建设为重，要政治挂帅，全力以赴，保证 1970 年 7 月 1 日以前渡口（攀枝花钢铁基地）出铁，成昆铁路全线通车。[③]鉴此，对于三线建设的评价，首先要对这一战略构想予以评判。就战略观而言，需要从当时的世界局势、"两点一线"的构想、资源配置来探讨三线建设的评价问题。

1. 从当时世界局势看，对三线建设予以否定有失偏颇。1964 年中央作出三线建设的决策，主要原因是国际形势严峻，国际敌对势力对我国东部沿海地区形成了包围圈，向三线地区布局生产力，是一种审时度势的选择。毛泽东说："只要帝国主义存在，就有战争的危险。我们不是帝国主义的参谋长，不晓得它什么时候要打仗。要搞三线工业基地的建设，一二线也要搞点军事工业。"[④]四十多年过去了，战争未曾爆发，但这不等于建设战略后方是错的，也不能排除这种努力是抑制战争爆发的因素之一，进而在实际上实现了"备战备荒为人民"的战略意图。

2. 从"两点一线"的构想看，在四川、重庆实施三线建设项目的战

---

① 国务院三线办公室《三线建设》编写组：《三线建设》，第 9 页。

② 孙东升：《我国经济建设战略布局的大转变》，《党的文献》1996 年第 3 期。

③ 《周恩来年谱（1949—1976）》下卷，中央文献出版社 1997 年版，第 337 页。

④ 薄一波：《若干重大决策与事件的回顾》下卷，中共中央党校出版社 1993 年版，第 1199—1200 页。

略意义重大。“两点一线”的生产力布局是一个战略构想。毛泽东自三线建设战略启动起，便把川西作为重点。我们调研所到之处，亲历者们提及较多的一句话，就是1964年毛泽东说要骑着毛驴下西昌，去抓三线建设。1965年，邓小平视察川西地区，确定了“两点一线”的西南三线建设布局，即以攀枝花为中心，通过成昆铁路线，向重庆和六盘水两点做钟摆式辐射。六盘水工业基地的煤炭运到攀枝花，攀枝花的钢铁运到重庆，重庆的机器运到攀枝花和六盘水工业基地。四十多年过去了，调研组体验到当年“两点一线”的构想是具有战略眼光的。我们的调研以“两点”中的攀枝花为起点，经成昆“一线”，沿途考察了四川省的西昌、成都、广安和重庆市及其南川等地的三线企业。建成的成昆铁路和青藏铁路（西格段）是中国铁路“三横五纵”格局中最西的两条。调研组看到，现今的“两点一线”区域，铁路和高速公路四通八达，企业和科研机构星罗棋布，崛起了重庆、成都、西昌、绵阳、雅安、乐山等工业城市。攀枝花钢铁（集团）公司延伸到凉山彝族自治州、成都市、绵阳市及重庆市、广西北海市等地建厂。当年的点线分布，已经扩展为生机勃勃的新经济区。三线建设时开始兴建的内（江）昆（明）铁路，以及2010年开通的“渝—新—欧”国际铁路，成为连接东南亚经济圈的重要国际通道，这凸显了当年实施“两点一线”战略构想的重大意义。

3. 从资源开发利用看，资源型三线企业实现了就地开发利用资源的战略构想。在三线建设中，实施了一些就地开发利用资源类项目，促进了资源优势向经济优势的转变。例如，攀枝花钢铁项目决策出台后，围绕攀枝花钢铁厂选址问题发生了较大分歧，主要有乐山太平场、攀枝花弄弄坪两个方案之争。当时毛泽东分析指出：“乐山地址虽宽，但无铁无煤，如何搞钢铁？攀枝花有铁有煤，为什么不在那里建厂？钉子就钉在攀枝花！”[①]攀枝花拥有世界罕见的超大型复杂多金属伴生钒钛磁铁矿矿床，被誉为“富甲天下的聚宝盆”。在攀枝花建设钢铁项目，用1965年11月邓小平视察攀枝花时所说的，就是“这里得天独厚”。长期以来，中央始终坚持在攀枝花就地开发利用钒钛资源的战略。1991年4月江泽

---

① 薄一波：《若干重大决策与事件的回顾》下卷，中共中央党校出版社1993年版，第1204页。

民视察攀枝花市时题词：努力把攀钢建设成为现代化的钢铁钒钛基地。攀枝花钢铁项目的成功实施，与就地开发利用资源的战略选择无不相关。

如上所述，无论从当时的世界局势，还是从“两点一线”的战略构想，或是从资源的就地开发利用战略看，都应当对三线建设的战略予以基本肯定。

（二）从区域协调发展探讨对三线建设的评价

当年中央作出三线建设的战略决策，虽然没有包含促进西部大开发的设想，但我们今天评价三线建设，区域协调发展大局是必须考虑的一个重要因素。

1. 三线建设实现了生产力向西部地区的布局。三线建设的实施，使内地的一些省市发展成为各具特点的新的工业基地，改变了工业布局，1978 年内地和边疆地区工业产值在全国工业总产值中的份额达到 36.7%，比 1952 年的 29.2% 提高了 7.5 个百分点。[①]1965 年至 1978 年，四川省工业生产总值（按当年价格计算）由 12.25 亿元增加到 59.4 亿元，按可比价计算增加了 3.9 倍（高于全国的 3.4 倍）；占全国工业生产总值的份额（按当年价格计算），由 2.24% 增加到 3.7%，即增加了 1.46 个百分点[②]。三线建设所形成的一大批优秀企业，成为西部大开发的生力军。攀枝花钢铁（集团）公司不再赘述。调研中我们获悉，从 1964 年到 20 世纪 70 年代末期，国家在重庆市投资建设的重点项目共计 118 个，总投资达 42 亿元。其中，中国最大的摩托车生产企业——嘉陵工业股份有限公司（集团），就是由三线建设项目重庆嘉陵机器厂发展起来的。即便是广安市、南川区境内实施搬迁的三线企业，前往地还是在四川、重庆两地，即仍在西部，仍是西部大开发的重要力量。三线建设项目的建成投产，使重庆市形成了以国防工业、民用机械工业、冶金工业、化学工业为骨干，轻纺工业相应发展的工业结构体系，奠定了重庆市工业发展的坚实基础。

---

① 李悦：《正确处理沿海工业和内地工业的关系》，《人民日报》1981 年 12 月 15 日。

② 根据国家统计局国民经济综合统计司所编《新中国五十五年统计资料汇编》（中国统计出版社 2005 年版）第 9、12、847、849 页数据整理。

2. 三线建设为西部地区发展奠定了交通设施基础。三线建设中交通设施项目的建成，使贵昆、川黔、成渝铁路相连，构成了西南环状路网，并有宝成、湘黔、黔桂三条通往西北、中南、华南的通道，改变了整个西南地区的交通状况，为西部地区的发展发挥了重要的支撑作用。在座谈中，凉山彝族自治州的同志一致认为，成昆铁路的建成通车，开启了这一地区经济社会发展的新纪元。

3. 三线建设为西部地区发展奠定了人才基础。国家从各地选派了大量人才支援三线建设，以保障项目的实施。当时的提法是"精兵强将上三线"，"好人好马上三线"。例如，在攀枝花钢铁项目建设早期，全国各地选送几十万工人、干部，其中知识分子有 10 万；从北京、天津、上海等地抽调约 50 万优秀的熟练工人、科技人才和管理人员支持重庆市的三线建设。这些人才向三线建设项目集聚，带来了先进的技术和管理经验，保障了三线建设的实施，也成为西部大开发的骨干力量。

4. 三线建设为西部地区经济增长极的形成奠定了基础。攀枝花在三线建设前的生产方式极其落后，而现在不仅攀枝花钢铁（集团）公司发展壮大，还通过钢铁建设项目的实施而生长起一座新型的工业城市——攀枝花市（2010 年全市地区生产总值达到 523.99 亿元、城镇化率达 61%），并带动了周边几百公里地区经济社会的发展。重庆市经历三线建设，已成为新的经济增长极，城市的集聚和扩散作用日益明显。

如上所述，三线建设项目的实施，在西部地区建起一大批骨干企业，无论是发展壮大型、基础设施型，还是搬迁、转产型，乃至废弃型，至今都发挥着重要的作用，为西部大开发和区域协调发展奠定了坚实基础。

（三）从效率低下问题探讨对三线建设的评价

三线建设项目实施条件差、投资大、周期长而导致当期效率低是不争的事实。1966—1978 年，三线地区每 1 元基本建设投资提供的国民收入为 4.98 元，比全国的 6.87 元低 27.6%，比一线地区的 9.34 元低 46.7%；三线地区每 1 元基本建设投资提供的国民收入增加额为 0.309 元，比全国的 0.406 元低 23.9%，比一线地区的 0.655 元低 29%。单以 1978 年重工业企业经济效益比较，三线地区每百元固定资产原值实现总产值只相当全国的68.7%、一线地区的49%，每百元全部资金实现利税只相当于全国的53.7%、一线地区的38.4%，每百元总产值实现利税只相当于全国的77.8%、一线地区的76.7%。[①] 从调研看，三线建设项目当期效率低，既有三线建设自身的因素，也有与非三线建设项目相同的共性因素。

就自身而言，主要有两个方面的因素影响经济效率。第一，三线建设项目在不发达地区的穷乡僻壤，按照“靠山、分散、进洞”方针选择三线企业落户地址。正因为如此，攀枝花市、广安市、南川区等地被选为三线企业落户地。例如，南川区三面环山，一面靠江，三线建设时期交通十分不便，距离重庆市区虽然只有一百五十多公里，但有一部分是山路，在当时的交通状况下，汽车运输需要1天多时间。这样的闭塞条件，有利于战备隐蔽，却导致了企业原材料、产品运输困难且成本高，这对企业的发展不利。[②] 第二，三线建设项目多为事关国防和产业安全的重大项目，具有设计规格高、规模大的特点，这使得项目建设周期长，投资回报慢，而且一些军事项目更是不讲求当期的经济效益。

就共性而言，主要有三个方面的因素影响经济效率：（1）三线建设受当时大的社会秩序影响。在三线建设项目选址上，本是20世纪60年代针对核工业等提出的“靠山、分散、进洞”方针，在片面强调战备要求和“文革”影响下，被当作三线企业的普遍选址要求。同时，三线建设在当时的历史条件下，出现了缺乏科学论证、摊子铺得过大、进度要求过快、盲目突出政治、不讲经济效益的现象，造成了较大浪费，部分企业产生了难以继续生存发展的问题。（2）政企不分。对于三线企业而言，政企不分所导致的不仅是企业没有自主权的问题，更有负担沉重的

---

① 根据马泉山的《新中国工业经济史（1966—1978）》（经济管理出版社1998年版）第282、286页数据整理。

② 随着经济的发展，三线建设项目区的交通状况有了显著的改善。比如，原来南川区前往重庆市区需要一天时间，而现在高速路通车后只需要一个小时。正因为交通设施的改善，现在一些大型企业又重新进入三线建设项目区。调研组看到，中国铝业重庆分公司就在临江机械厂遗址旁边落户。

问题。如攀枝花钢铁项目，不仅要支撑自身发展的问题，还要支撑攀枝花市各项事业的发展。（3）三线企业兴办教育、文化、卫生等社会事业，但由于地处穷乡僻壤，因而成本高。据初步统计，广安市境内的10家军工企业占地3660亩，建筑面积98万平方米，服务配套设施52个，不仅有职工医院、子弟学校，还有城市企业不需要举办的招待所、职工俱乐部或电影院、百货店、储蓄所、邮电局等。

从发展看，攀枝花钢铁（集团）公司、西昌卫星发射中心、北碚仪表等不少三线企业，尽管改革前的经济效益低，但经过改革，加上交通条件的改善，经济效益明显提升，在市场经济条件下实现了较好的发展。

如上所述，对于三线建设项目当期效率低的问题，不完全是三线建设自身因素所致，也有当时历史条件下各种因素综合作用的结果。

（四）从搬迁、转产、废弃探讨对三线建设的评价

对于三线建设的肯定或否定，还在于如何看待三线企业的搬迁、转产、废弃，这也是一个不能回避的问题。调研组所见所闻，除个别三线建设项目没有运行外，大多数都有良好运行的历史。例如，广安市境内的10个三线企业，不仅成功建成，而且创造了辉煌的历史。例如，354厂于1978年被第五机械工业部授予“大庆式企业”称号；1984年第23届洛杉矶奥运会上，许海峰夺得自选手枪慢射金牌所使用的即是国营燎原机械厂生产的环球牌4.5毫米运动气枪弹；国营明光仪器厂生产的明佳S-207照相机在1989年全国照相机质量评比中荣获单镜头反光类相机类一等奖。然而，这些企业都实施了搬迁、转产等。对于三线建设的搬迁、转产、废弃等，不完全是三线企业自身的原因，主要是条件变化所致。具体而言，有以下因素：

体制变化导致搬迁。三线企业的搬迁，大多发生在20世纪90年代。计划经济转向市场经济是导致三线企业搬迁的主要因素。在计划经济体制下，资源根据国家计划进行配置，而在市场经济体制下则主要由市场进行配置。在计划经济体制向市场经济体制转变的条件下，企业发展面临的物流不便、交通成本高、职工生活条件差等问题日益显化，加之中

央有关部门为减轻压力而让企业自寻出路，这些都影响着三线企业的发展。鉴此，中央有计划地实施搬迁计划。调研中得知，南川区境内的三线企业，要求当地政府给一块地，用于该区三线企业建设较集中的职工生活区，以便生活条件的改善，但未获准许。据当地人分析，如果此方案得以实施，有的企业有可能就不实施搬迁了。

需求变化导致转产废弃。实施三线建设的主要目的是备战，1965 年至 1975 年，三线地区投资比例中，包括军事工业、机械工业、冶金工业的重工业占 90% 以上[①]，因而三线企业生产的军工产品较多。改革以来，世界局势发生了变化，和平的力量日益增大。在这种情况下，三线企业提供的军工产品供大于求，一些三线企业根据这一变化而做出调整，由生产军用产品改为民用产品。换言之，三线企业实行转产是适应市场需求的选择。

如上所述，对三线建设的战略决策不能因为企业的搬迁、转产、废弃而予以否定。

综上所述，从生产力区域布局的战略构想、促进西部大开发和区域经济社会协调发展的实际绩效看，对三线建设不能予以否定，不但如此，还应当予以积极肯定。至于三线建设项目当期效率低下和搬迁、转产乃至废弃的问题，既有三线建设自身的问题，也有大的经济社会背景及制度变化的问题，否则就难以解释以攀枝花钢铁（集团）公司为代表的三线企业发展壮大的现象。

三、对三线建设的评价不能遗忘弥足珍贵的经验

三线建设改写了四川、重庆工业化的进程，也改写了西部地区经济社会发展的进程。在这一历史进程中所留下的宝贵经验，在评价三线建设时不应当将其遗忘。

---

① 陈东林：《三线建设：备战时期的西部开发》，中共中央党校出版社 2003 年版，第 432—433 页。

（一）发挥政府在促进区域协调发展中的作用

调研组听到经历计划经济和市场经济两种体制的三线建设者们说的最深刻的一句话，就是三线建设项目只有在计划经济体制才能成功实施，在市场经济体制下是难以实施的。三线建设者们深刻体验所说出的朴素话语，道出了经济学的一个重要理论，即诺贝尔经济学奖得主缪尔达尔的地理二元结构理论。缪尔达尔在《经济理论和不发达地区》中指出，由于经济发展带来商品、资本、人员、技术等要素的自由流动，会使先进的地区更先进，落后的地区更落后。为了避免“循环累计因果关系”的影响，防止地区发展中出现两极分化，不能消极等待市场力量发生作用，必须由政府制定相应的政策，刺激和帮助落后地区加快发展。[①]三线建设项目不仅是在经济发展落后的西部地区，而且是在这些地区的穷困山区，地形艰险，交通不便，原材料运输和吃穿用物资供给都很困难，如果仅仅用市场经济的办法，这些项目是难以实施的，东西部地区差距必然会比现在更大。三线建设项目的实施尽管有这样或那样的问题，但在生产力的区域布局上，全国一盘棋，发挥社会主义集中力量办大事的制度优势，通过政府对资源的动员和配置，改善生产力的区域布局，推动区域经济协调发展。为保障三线建设项目的实施，中央领导亲自抓三线建设工作，还形成了有力保障三线建设项目实施的体制机制。例如，在建设攀枝花钢铁项目上，将渡口设为特区，以保障项目的实施；在人才保障上，全国各地的人才向攀枝花调集，在工地上的人口音各异，仅1970年清华大学、北京大学的毕业生集中分配及相继调到攀枝花市的就有56人[②]。再如，在广安市境内的三线建设中，为协调国家三线建设，行政建制上设立了华云工农区（现华蓥市）；为保障供给，组建了工矿贸易公司、华蓥山矿务局，以及华蓥建筑队、各企业附近的蔬菜队等配套服务单位。从三线建设为西部大开发奠定基础，并推进区域经济协调发展的历史功绩分析，应对政府推动三线建设给予积极评价。即使是在今天

---

① ［瑞典］缪尔达尔：《经济理论与不发达地区》，杰拉尔德·达克沃思公司，1957年。

② 刘庆华：《最后的贵族》，台海出版社2010年版，第212、215页。

的市场经济体制条件下，三线建设时期“集中力量办大事”的资源配置政策取向依然具有借鉴意义。这就是政府应当发挥在资源配置上的作用，在投入上对西部地区给予倾斜，提供所需的公共品，改善基础设施，为西部地区发展和缩小东西部地区差距创造条件。这也是我们在西部地区调研三线建设时听到的呼声。

（二）科学规划和创新是实现发展的前提

成功的三线建设项目都是因为实施了科学规划和设计。例如，攀枝花钢铁项目不仅选址是经历了争论后确定的，而且还经过科学设计而建成了“象牙微雕”钢城。在东西长只有约 2.5 公里、南北宽不到 1 公里、总面积 2.5 平方公里、前临大江、左右后三面环山、自然地形坡度大、有 5 条大冲沟和 2 条断裂带横截场地的弄弄坪，如何建设攀钢厂区成了难题。如果照搬苏联模式，在如此小的地盘上建设大型钢铁企业只能是一个“传说”。为解决这个难题，冶金部、铁道部的 800 余名专业设计人员深入现场，反复勘测，先后提出 50 多个方案，经过多次筛选、修改，最终形成了切合实际和经济合理的，被誉为“象牙微雕”的方案。它与当时国内同规模的钢铁厂相比，工厂用地减少一半，厂区铁路少建约 90 公里，土石方工程约少三分之二。这个成功设计成为奇迹，探索出山区建设大工业的新路。在攀枝花钢铁（集团）公司的发展过程中，不仅国家、企业实施了一系列科技攻关而创新了技术，在制度上也实施了创新，如在项目启动时实施了特区制度，在项目实施过程中及时建立攀枝花市并实行政企分开，在改革开放以来率先实施了利润分成制度等改革。攀枝花钢铁项目建设在计划经济条件下获得成功，在市场经济下获得发展的实践告诉我们，科技和制度创新是发展的动力。

毋庸讳言，受条件所限及“文革”的干扰，一些三线建设项目的计划或规划有所欠缺，甚至是“边规划、边施工、边投产”，造成严重浪费和重大损失。这些教训也应当汲取。

（三）嵌入式发展要实现向融合与内生转变

三线建设项目实施的一个共同的特点是嵌入式发展，即在计划经济体制下，根据国家发展战略的要求，以中央投资为主，在穷困的山区建设工业企业。在计划经济体制下，项目实施所需原材料的供给与所生产产品的分配都由国家计划配置，企业还独立办文化、教育、卫生、体育等社会事业，这种各自独立运行，使中央与地方、三线企业与当地经济社会发展脱节。

在实施嵌入式发展上，由于以军工项目为主，产品是国家的重要战略物资，除对攀枝花市实行党、政、企协调体制外，嵌入的三线企业与当地经济社会的发展没有太紧密的关系。加之嵌入的三线企业均为当时的高端技术企业，在计划经济体制下不可能形成产业集聚和企业集群。不仅如此，即便是与嵌入的三线企业配套的生产企业也难以发育壮大。这是广安市、南川区境内三线企业逐步搬迁的重要原因之一。即便是被废弃的三线企业厂房设施等，也有不少没有得到充分利用。其原因，主要是受产权约束。当年中央实施的三线建设项目由中央直接投资，产权属于各部委特别是国防工业部门，地方无权使用。由此可以看出，当年三线企业难以持续发展的重要原因，除生产生活条件差外，还由于缺少与地方经济的融合。即使在三线企业调整改造过程中，这个问题也没有得到很好解决。我们调研中看到，三线企业搬迁后的厂房等设施至今尚有不少没有利用起来而仍然荒废。这是在评价三线建设时很少被人提及的一个方面，也是如何利用三线企业发展西部经济的一个重要问题。

与广安市、南川区境内三线企业搬迁不同的是，一些三线企业逐步与当地经济融合，向内生发展转变。例如，国家在实施攀枝花钢铁项目的同时，将其与攀枝花市建设同时实施，特别是近年来与地方经济融合，发挥中央企业辐射、拉动地方经济的作用，实现了攀枝花钢铁（集团）公司与攀枝花市的共同发展。再如，在重庆市北碚区集中发展仪器仪表企业，以及与之配套的科研机构，在市场经济条件下逐步向内生式转变，使该区科研及门类齐全的仪器仪表产业实现集聚和形成企业集群。相反，同样是仪表企业，南川区境内的天兴仪表厂，除了生活条件艰辛外，还由于在市场经济下没有实现向内生型转变而导致迁移。

嵌入式发展还导致嵌入的工业与当地经济特别是农村经济发展形成巨大差距。当地人民对三线建设给予巨大支援乃至付出了牺牲，没有得到应有的反哺回报，有的甚至还给当地带来污染和环境破坏等负面影响。这是一个不得不令人反思的问题。

（四）三线精神是项目成功实施的动力源泉

神圣的事业造就了三线精神。三线建设是一部可歌可泣的创业奋斗史。在三线建设中，建设者们在特定历史条件下形成了为国家、为党、为社会主义建设勇于付出乃至牺牲，艰苦奋斗、无私奉献、开拓进取、团结协作的崇高精神。在物质匮乏的年代，三线建设精神为项目的顺利实施提供了精神动力。以攀枝花钢铁项目的实施为例，如果没有开拓进取精神，在弄弄坪这样一个偏僻而通途又很险峻的地方是无法建成钢铁厂的；在没有火车的条件下，如果没有团结协作精神，没有五省市 1500 辆汽车支持项目建设，一期工程也是不可能建好的。调研组无论从发展壮大的攀枝花钢铁（集团）公司，还是实施三线企业搬迁转产的广安市、南川区，看到了许许多多可歌可泣的事迹。调研组在广安三线工业陈列馆看到“备战备荒为人民”的主题标语。在参观攀枝花钢铁项目建设的图片中，看到了很多当年的话语，如“让理想放飞”；“不想爹不想妈不出铁不回家”；“同帝修反抢时间”；“试看天下谁能敌”等。在南川区三线企业的遗址上，我们看到了“树雄心立斗志向科学技术进军”。更让我们感受深刻的是，调研组在与三线建设者的交流中，他们不因为从经济相对发达、生产生活条件相对舒适的地方到人烟稀少的深山艰辛创业而怨恨、后悔，反而对奉献终身表现出坦然和欣慰，这是三线精神的创造者、践行者对三线建设精神最朴实的诠释。

三线精神是留给后人的财富。1993 年 4 月 9 日江泽民对三线建设做了这样的题词：“让三线建设者的历史功绩和艰苦创业精神在新时期发扬光大。”三线建设精神不仅在历史上发挥了作用，还将激励后人。广安市继 2010 年建起三线工业遗产陈列馆后，现又筹划建一个规模更大、更能反映广安三线建设的博物馆。攀枝花市委、政府筹划中的三线建设博物馆，力求建成三线建设者的精神家园，以激励后人。

［原载《中国经济史研究》2012 年第 3 期］

区域发展视野下三线建设的历史地位

——基于六盘水市的崛起和转型发展的考察*

调研组

在如何评价共和国历史上范围最大、时间跨度最长的建设战略——三线建设上存在分歧。本文基于半个世纪六盘水市三线建设和改革发展的考察，清晰地呈现出这样的历史事实：国家三线建设项目在六盘水市的实施，使该市的经济社会发生了巨大变化，在西部偏僻落后的没有任何现代工业基础的传统农业地区，成功地造就了大型国有煤炭、钢铁企业，建设成江南煤都、十里钢城，建起纵横交错的公路、铁路，发展成为现代能源原材料工业城市，跃升为贵州省的第三大城市，实现了国家生产力战略布局的目标，在国家工业体系的形成和实现国家工业化战略方面发挥了重要作用。三线建设成为六盘水市建设发展史上的丰碑。正如我们在调研中常听到的一句话，没有三线建设，就没有六盘水市的今天。这最简明朴实地反映了三线建设对六盘水市经济社会发展的历史性贡献。从三线建设项目的实施对六盘水市经济社会发展影响这一区域视

---

* 本文是在 2013 年 6 月上旬中国社会科学院当代中国研究所第二研究室国情调研组对贵州省六盘水市三线建设调研基础上形成的，调研报告获当代中国研究所 2013 年度国情调研成果一等奖。调研组由当代中国研究所的武力、郑有贵、陈东林、王瑞芳、叶明勇、王蕾组成，并邀请中国人民解放军军事科学院原副院长钱海皓中将和原国家计委三线调整办公室主任王春才参加，中共中央文献研究室副巡视员宋毅军研究员、北京理工大学申晓勇副教授、中国人民解放军军事科学院李永等也参加了调研。本文执笔人：郑有贵。

角分析，如果看不到三线建设的成功之处，看不到为数众多的三线建设者的爱国奉献精神和为祖国战略大后方的伟大事业艰苦创业而创造的辉煌历史，而对三线建设加以否定，无疑是一种对历史的误读。

一、三线建设成就了六盘水市现代工业的崛起

1964 年开始的三线建设，基于攀枝花、六盘水、成昆铁路的“两点一线”钟摆式产业发展布局，在六盘水主要是实施了六枝矿区、盘县矿区、水城矿区和水城钢铁厂，以及与之配套的贵昆铁路等建设项目。按照全国生产力布局的构想，国家统筹安排，迅速和高强度地将资金、技术、人才、劳动力、机器设备向六盘水区域内的三线建设项目集聚。

经过三线建设和改革发展，六盘水市发展成了江南煤都。煤炭被喻为工业的粮食，发展煤炭工业在国家工业化战略中占有重要的地位。1965 年，中共中央总书记邓小平视察六盘水煤矿基地时提出：要把六盘水建成以煤炭为中心的工业城市，改变“北煤南调”的局面。按照国家在六盘水建设煤炭工业生产基地的统一布局，1965 年 8 月，中共中央西南局建设委员会决定，“三五”计划期间六盘水矿区共建新井 16 对，设计能力 1200 万吨，总投资 5.12 亿元；到 1970 年建成矿井 13 队，生产能力 840 万吨，当年生产 430 万吨。[①] 为此，还作出了相应的投资安排：1965 年 5800 万元，1966 年 1.07 亿元，1967 年 1.77 亿元。煤炭工业部从东北、华北、中南、华东、西北及四川、云南等老矿区抽调支援西南煤矿指挥部的职工共 17892 人，其中干部 4178 人，工人 13714 人。根据 1965 年 10 月煤炭工业部《全国煤矿基本建设施工设备和劳动力平衡会议纪要》的要求，先后从京西、抚顺、鹤壁、峰峰、石嘴山、舒兰、双鸭山、开滦、鸡西、淄博等矿区抽调 10169 人支援建设指挥部，其中大部分派往盘县矿区。煤炭部陆续从全国 15 个省区市、25 个局（厂、院）成建制抽调建设队伍支持六盘水，到 1965 年底抽调人员 5 万多人，其中亦工亦农 1.95 万人；到 1966 年人数达到 6.85 万。中国人民解放军建设

① 本文引用的数字和文献，均由六盘水市有关部门和被访谈者向调研组提供，以下不一一注释。

工程兵41支（师级）下属7个大队（团级）10个独立区队（营级）共11000多名官兵投入六盘水矿区建设。尽管遭受“文化大革命”运动的干扰，但在全国的支援下，经三线建设者的艰苦创业，六盘水煤炭基地快速建成，煤炭产能稳步提高。从1965年大规模开发建设，到1978年底，六盘水矿区累计完成投资14.6亿元，煤炭基地初具规模，开工建设矿井23对，总设计年生产能力1210万吨，交付生产矿井21对，年生产能力781万吨；建成洗煤厂4座，年入洗能力470万吨。生产的原煤、洗精煤除满足贵州省内需要外，还在保证攀枝花钢铁基地、昆明钢铁厂及广东和广西两省区用煤方面发挥了作用。到2012年，六盘水市原煤产量7156万吨，洗精煤产量2633万吨，焦炭505万吨。

经过三线建设和改革发展，六盘水市还形成了十里钢城。

经过三线建设和改革发展，贵州盘江投资控股（集团）有限公司、贵州水城矿业（集团）有限责任公司、六枝工矿（集团）有限公司、首钢水城钢铁（集团）有限责任公司等国有企业不断发展壮大，并通过这些大型国有企业，带动了六盘水市经济的快速发展：原煤由1964年的19万吨增加到1978年的734万吨（洗煤由1970年的21万吨增加到1978年的186万吨），钢材由1970年的0.17万吨增加到1978年的0.41万吨；发电量由1964年的0.21亿千瓦时增加到1978年的4.81亿千瓦时；工业增加值由1964年的557万元增加到1978年的12172万元。由于工业的发展，第二产业在三次产业中的比重迅速增加，由1964年的占13.64%提高到1978年的42.37%，提高了28.73个百分点。经过改革发展，六盘水市已成为一座现代能源原材料工业城市。到2012年，六盘水市能源、冶金、建材、化工四大支柱产业主要产品产量分别达到：原煤7156万吨、洗精煤2633万吨、焦炭505万吨、生铁500万吨、钢材497万吨、水泥523万吨、电解铝17万吨、发电量375亿千瓦时。全市的产业结构发生巨大变化，三次产业结构由1964年的73.40∶10.02∶16.58，演进为1978年的33.86∶42.37∶23.77，再演进为2012年的5.86∶61.13∶33.01。2012年，六盘水市地方生产总值739亿元，财政收入完成156亿元，银行存款余额676亿元，固定资产投资完成1089亿元，规模以上工业增加值365亿元，社会消费品零售额完成184亿元。

在六盘水实施三线建设项目，提升了六盘水市在贵州省的经济地位。以 1984 年为例，六盘水市有工业企业 439 个，工业企业职工 10.33 万人，占全省的 16%，工业固定资产原值占全省的 18%，重工业产值占全省的 11.3%。全市主要工业产品产量，在贵州省同类产品中的比重是：原煤占 46.6%，洗精煤占 100%，焦炭占 82.9%，生铁占 95.5%，钢占 37%，铁矿石占 41.9%，水泥占 29%，发电量占 11%。如今，六盘水市成为南（宁）贵（阳）昆（明）经济带的一个颗璀璨的明珠。

二、三线建设成就了城市的崛起

在三线建设前，就没有六盘水这个地名。现在六盘水市所辖的六枝特区、盘县、水城县以及从水城县分离出来的钟山区，还分属于不同地区，即六枝特区原隶属安顺专区，盘县原隶属兴义专区，水城县原隶属毕节专区。

随着国家三线建设的展开，六盘水市逐步建立起来。在三线建设过程中，1964 年 11 月煤炭工业部发出《关于成立西南煤矿建设指挥部的通知》，11 月 30 日国家经济委员会批准设立西南煤矿建设指挥部。西南煤矿建设指挥部业务及行政工作由煤炭工业部领导，设在六枝，统一领导云、贵两省及四川一部分新矿区的生产建设工作，领导和管理贵州的六枝、水城、盘县，云南的宝鼎（即永红）和四川的芙蓉山等五个矿区指挥部，领导云南、贵州两省的煤炭工作管理局和重庆煤矿设计研究院。贵州省人民委员会于 1965 年 11 月 29 日决定设立六枝、水城、盘县三个矿区人民委员会。1966 年 2 月 22 日，中共中央、国务院批准设立六枝、盘县、水城三个特区，原来的三个矿区人民委员会分别更名为特区人民委员会。同年 4 月 11 日，中共中央批准成立六盘水地区工业建设指挥部。1970 年 12 月 2 日，国务院、中央军委作出《关于六盘水地区体制问题的批复》，决定建立六盘水地区革命委员会，为地区一级的政权机构，撤销原西南煤炭建设指挥部；原水城特区和水城县合并为水城特区，原盘县特区和盘县合并为盘县特区，原六枝特区和郎岱县合并为六枝特区，行使县一级职权，归属六盘水地区。1978 年 12 月 18

日，国务院批准六盘水地区改为六盘水市，辖六枝、盘县、水城三个特区。

随着三线建设的展开和改革发展，六盘水的城市化逐步推进。在三线建设前，只有三个县机关所在地，未形成现代意义上的城市。在如今六盘水市中心城区范围内，只有水城县机关所在地——老城可称为城镇，城区面积 0.14 平方公里，人口不足 1 万人，房屋简陋，道路狭窄，没有电力和自来水，对外交通闭塞。经过三线建设和改革发展，在“江南煤都”“十里钢城”的产业发展基础上，城市化快速跟进，如今六盘水市中心城区建成面积已达 60 平方公里，人口 50 万人，城镇化率达到 41%。2011 年在全国 600 多个城市中排第 209 位。

三线建设不仅促进了六盘水市经济的快速发展，还促进了社会事业快速发展。2012 年底，全市普通高校在校学生 8844 人，中小学在校生 56.81 人，小学适龄儿童入学率 99.5%；文化建设长足发展，文化设施全面改善，2012 年全市有博物馆、纪念馆 4 个，公共图书馆 5 个，文化馆 5 个，乡镇文化站 98 个，艺术表演团体 3 个，广播节目综合人口覆盖率、电视节目综合人口覆盖率分别为 95.8% 和 96.7%。卫生事业长足发展，医疗条件明显改善。城镇、社区卫生服务，农村合作医疗和初级卫生保健体系进一步健全。2012 年，全市拥有各类卫生机构 440 个，比 1964 年增加了 210 个；卫生机构的床位数从 1964 年的 383 张增加到 12115 张。全市参加新型农村合作医疗人数为 224.26 万人，农民参加合作医疗率达 98.74%。

六盘水市被喻为“火车拉来的城市”，三线建设给六盘水市带来工业文明，从这种意义上讲，三线建设是六盘水市现代文明的起点。在调研中，六盘水市七届人大常委会副主任杨明达给我们讲述了很多有关他年轻时候对身边三线企业的感受、参加三线建设的经历及三线建设对自己成长的积极影响等方面的生动故事。三线建设不仅给六盘水市带来了先进的工业技术、成套的机器设备，还带来了工业管理方式，以及多元文化、思想观念、生活方式，不仅开阔了六盘水人的视野，还使六盘水人勇于开拓进取。

三、三线建设培育成长起的大型国有企业引领资源型城市的转型发展

中央政府在六盘水市实施六枝矿区、盘县矿区、水城矿区和水钢等三线建设项目的过程中，所兴建起的四个国有企业（2010 年，从实现更好发展出发，六枝和盘江两个煤炭企业整合为一个企业），经过改革和市场经济的洗礼，不断发展壮大成大型国有企业。

开始为盘县矿务局，1972 年 10 月 25 日改名为盘江矿务局，现发展为贵州盘江投资控股（集团）有限公司。这个从三线建设起步的企业，经历艰苦创业和改革，立足六盘水市，逐步走出六盘水市，成为发展能力和竞争能力都很强的大型国有企业。1965 年 8 月，盘县矿区建设指挥部在土城建立，盘县矿区的开发建设提上日程。1966 年设计、交通、电力、煤矿基建、小井开发及对口支援的各路大军会战盘江。从 1971 年火烧铺矿投产到 1984 年 12 月 27 日土城矿井接产，盘江矿区以生产为主，充分发挥已投产的矿、厂的效能，矿区初具规模。1993 年，国务院副总理邹家华到红果地区视察题词："金三角下的一颗明珠"。到 2012 年底，该集团公司总资产为 342 亿元。现今，该集团下属企业不仅分布在六盘水市，还向外发展，省内涉及 8 个州市，并扩展到国内多个省区，还尝试在海外兴办企业。2010 年，该集团公司总部办公地点由盘县搬迁至省会贵阳市（根据实现更好发展的目标而自行搬迁，而非因生产困境而获政府资助搬迁）。该集团公司成为全国 520 户国有重点企业、贵州省十大企业之一，是我国南方地区重要的大型炼焦煤生产基地。2012 年在全国煤炭企业 100 强和煤炭产量 50 强中分别位列第 41 位和第 36 位。"盘江煤"连续多年获"贵州省行业第一品牌"，煤炭产业在我国长江以南居首位。据不完全统计，截至 2012 年末，盘江集团（矿务局）及所属单位获省部级以上先进集体称号 350 多项。

开始为水城矿务局，现发展为贵州水城矿业（集团）有限责任公司。这个从三线建设起步的企业，同样走出了成功之路，已发展成为以煤炭开采和洗选加工为主的国有大型企业集团。1964 年，三线建设重点项目

水城煤矿开工建设，1970 年建成投产。1996 年 10 月 27 日，江泽民视察了水城矿务局汪家寨矸石发电厂。到 2012 年，全集团公司总资产 204.33 亿元，职工 27212 人，在岗职工人均收入 43276 元；为江南第二大煤矿（曾经是江南第一大煤矿），生产矿井 10 处，核定生产能力 1166 万吨 / 年，生产原煤 1106 万吨，销售商品煤 694 万吨，销售收入 71.84 亿元，上缴税费 9.91 亿元。该集团还积极参与全省煤炭资源整合，进一步做大做强煤炭主业。现有在建矿井 8 处，设计能力 1365 万吨 / 年；拟开发建设煤矿 8 处，规划产能 1470 万吨 / 年，到 2015 年煤炭产量达到 2400 万吨；到 2020 年建成格目底矿区和织金矿区，形成 5000 万吨 / 年的原煤生产规模。该集团员工中有全国党代会代表、全国人大代表、全国劳动模范、省级特等劳动模范等先进人物，其中贵州省特等劳动模范 2 名（全省仅有 3 名）。

开始为水城钢铁厂，现发展为首钢水城钢铁（集团）有限责任公司（当地人习惯简称水钢）。水钢是 1966 年经中共中央、国务院批准建设的钢铁基地。1969 年第一座焦炉建成，1970 年第一座高炉建成，1984 年两座 15 吨氧气顶吹转炉正式投产，形成年产 50 万吨生铁、40 万吨钢、30 万吨钢材的规模。“七五”“八五”期间，水钢经过大规模的改扩建，结束了建厂后有铁无钢无材的历史。1996 年 10 月 27 日，江泽民视察了水钢第三焦化厂和第二轧钢厂。近年来，通过不间断的内涵挖潜配套改造，技术装备大型化、自动化、现代化进程加快，随着 3 号转炉、4 号高炉、三棒线、二高线等 500 万吨钢配套项目的建成投产，钢铁主业产能规模实现了从 2005 年的 300 万吨到 2012 年 500 万吨的跨越。同时，通过引进、消化、吸收和再创新，致力于产品结构调整和工艺结构调整的水钢，成功研发了弹簧钢、锚杆钢、抗震钢、精轧螺纹钢等 13 个系列 30 多个品种，使产品从单一的建筑用钢拓展到制丝、制绳、机械、五金等行业。尤其是在首钢总公司的支持和帮助下，水钢长材产品的研发实现突破，产品逐步赢得市场和顾客的认可，品牌影响力逐渐扩大，企业形象和企业知名度提升。经过 50 年的发展，形成以钢铁为主业、多种产业配套的国有大型钢铁联合企业。截至 2012 年底，资产总额 148.82 亿元，在册职工 1.97 万人，年钢产量突破 500 万吨。主要产品有螺纹钢

（抗震钢）、棒材、高速线材、水泥、焦炭及焦化副产品等20余种，严格按照ISO9000标准组织生产，在我国西部系列基础设施建设工程中享有较高声誉。其中，螺纹钢多次荣获“国家免检产品质量证书”，高速线材多次荣获“全国冶金产品实物质量金杯奖”，生铁、线材、水泥等荣获并继续保持“贵州省名牌产品”称号，工业萘、改质沥青荣获并保持“贵州省优质产品”称号。企业荣获全国“用户满意企业”“质量管理优秀企业”“五一劳动奖状”“先进基层党组织”“企业文化建设优秀单位”等称号。

六盘水市作为全国实施三线建设而崛起的以能源、原材料为主的资源型城市，顺应发展的要求，积极推进资源型城市的转型发展。在这一进程中，三线建设中兴办发展起来的大型国有企业，发挥人才、技术、资金、设备优势，推进“四个一体化”以延长产业链，发展循环经济，实现产业发展与环境污染控制双目标，在转型发展上发挥了引领和辐射带动作用。①

四、国家在六盘水市实施三线建设和改革发展的成功经验

在六盘水市实施三线建设项目，并经改革发展，实现了预期目标。一是从宏观的全国生产力布局看，六盘水市发展成江南煤都，同时还发展成了十里钢城，成为国家“黔煤外运”和“西电东送”的重要基地和全国六大能源基地的重要组成部分，不仅实现了在冷战时期建设国家战略大后方和生产力布局的目标，还对国家工业体系的形成和工业化的发展发挥了重要的作用。二是从中观的西南地区“两点一线”生产力布局看，支持了攀枝花钢铁基地的发展，带动了周边经济社会的发展进步，促进了区域经济的协调发展。三是从微观的大型国有企业和当地经济社会发展看，实现了企业和城市的双发展，建设形成了贵州盘江投资控股

① 参见中国社会科学院当代中国研究所第二研究室国情调研组：《资源型城市转型发展路径依赖与突破——六盘水市三线企业引领转型发展调研》，《贵州社会科学》2014年第8期。

（集团）有限公司、贵州水城矿业（集团）有限责任公司、首钢水城钢铁（集团）有限责任公司等龙头国有企业，促进了当地经济社会的飞跃发展，使六盘水市在贵州省的地位得到了提升。六盘水市三线建设项目的实施和改革发展的成功，其经验主要有：

其一，发扬科学精神，促进矿区与城市的协调发展，推进资源综合开发利用和资源型城市的转型发展。六盘水三线建设项目的实施，主要是基于当地煤炭资源丰富而进行的资源开发利用。不仅如此，还从整个国家改变“北煤南调”的格局和西南地区“两点一线”的生产力布局出发。换言之，开发六盘水地区的煤炭资源，将其建设为江南煤都，既是从当地资源开发利用出发，也是从全国生产力布局出发的科学设计。随着六盘水三线建设项目的实施，还推动矿区与城市的协调发展。改革开放以来，随着可持续发展理念的确立和不断深化，六盘水市针对产业结构单一、环境污染等问题，对煤炭等资源实行综合开发利用，发展接续产业和循环经济，发挥气候凉爽的优势打造凉都，推动资源型城市的转型，不仅避免了资源型城市的衰败，还呈现出良好的发展态势。

其二，发挥中央政府的作用，解决完全依靠市场难以实现人、财、物、技术等资源向落后地区配置的问题，促进区域经济的协调发展。政府应当在经济发展中发挥积极的作用，特别是对于经济发展程度偏低的地区，中央政府则应予以更多的支持。在三线建设进程中，中央政府从实现国家生产力区域布局的战略目标出发，通过计划经济体制，有效地向六盘水三线建设项目配置人、财、物、技术等资源。在这种资源配置下，一方面中央政府在财力上大力支持六盘水三线建设项目的实施；另一方面动员沿海地区厂矿实行社会主义大协作，通过迁建、包建、援建和老基地带新基地、老厂矿带新厂矿、老工人带新工人等方式，带动六盘水三线建设项目的实施。正是这种国家一盘棋的资源配置，解决了缺乏资本积累的落后地区依靠自身力量难以发展大型煤矿和钢铁企业的问题，成功地破解了先进生产力向落后地区配置的难题，才实现了“江南煤都”“十里钢城”的崛起，也才实现了资源的开发利用和区域经济的协调发展。在如此经济落后、地形复杂、交通不便之处，如果不是三线建设，仅仅是依靠市场来配置资源，六盘水市的工业发展不可能如此之快，六盘水成市也就没有了基础。就现阶段而言，六盘水市经济社会在贵州省名列前茅，但仍为西部的欠发达地区，交通等基础设施相对全国仍较落后，乡村发展落后（四区县中三个县为国家级贫困县）。在社会主义市场经济下，应发挥中央政府在促进区域协调发展中的作用，支持交通等基础设施建设，加大扶贫力度，为六盘水转型发展创造条件。

其三，弘扬爱国主义精神，激发艰苦创业和开拓进取的意志力。六盘水三线建设项目实施的生产生活条件十分艰苦。正是在备战时期国家建设战略大后方的爱国主义的号召，才动员了大规模的人才和人力，克服诸方面生产生活困难，勇于创业，甚至勇于牺牲。三线建设者献了青春献终身，献了终身献子孙，一代又一代地在这个条件艰苦的地区接续创业。如果缺少爱国主义精神，六盘水三线建设项目是难以完成的。这种精神的接续传承和发展[①]，成为六盘水市建设和改革发展的文化基础和精神动力。

其四，锐意改革，更好地发挥国有企业在经济社会发展中的龙头带动作用。改革开放以来，国家对国有企业实行了一系列改革，最突出的是，一方面给企业减负，包括实行利税改革和改变企业办社会的状况，让企业能够轻装上阵和更多地积累资本；另一方面，推进现代企业制度的建立，增强企业活力，让其成为独立的市场主体。例如，前身为盘县矿务局的贵州盘江投资控股（集团）有限公司，以产业发展为基础，推进现代企业制度建设，借助资本市场，集团业务由生产经营向资本经营、产业拓展、战略管控转型。1994 年 4 月 6 日，该集团公司的贵州盘江电力股份有限公司成立，成为贵州省煤炭行业第一家股份制企业，从此盘江矿区建立现代企业制度迈出了第一步。2001 年 5 月 31 日，该集团公司所属贵州盘江精煤股份有限公司在上海证券交易所挂牌上市交易，成

① 2013 年 6 月 9 日下午，调研组到钟山经济开发区（红桥新区）参观和座谈。在参观和座谈中得知，2010 年 11 月 29 日开发区控制性详细规划经市人民政府批准，开发建设全面启动，至“十二五”末，经济开发区人口规模将达 10 万左右（现总人口 17781 人），工业总产值达 300 亿元以上，商贸物流销售额达 300 亿元以上，财政总收入达 10 亿元以上。至 2020 年，经济开发区人口将 15 万人左右，工业总产值 500 亿元以上，商贸物流销售额 500 亿元以上，财政总收入 20 亿元以上。这种创新发展，正是三线精神传承的体现，将促进六盘水市经济的转型。

为贵州煤炭行业第一家上市公司。到2013年5月，该集团公司有全资子公司、分公司、控股公司和参股公司50家，职工5万余人。其中，在三线建设中发展起来的六盘水市三大煤矿企业之一的六枝工矿（集团）有限公司于2011年并入该集团公司。① 再如，前身是水城矿务局的贵州水城矿业（集团）有限责任公司推进改革，建立现代企业制度，为企业的进一步发展奠定了坚实基础。2011年7月，贵州省政府批准设立水矿集团，承接水矿集团公司剥离的非主产业资产和非经营性资产，并代表省国资委持有水矿集团公司的股权。在此基础上，2012年5月组建了新的水矿集团公司，并于2012年7月整体变更为贵州水城矿业股份有限公司。随着改革的推进，国有企业形成了良好的发展机制，进而可以更好地发挥国有企业在经济社会发展中的龙头带动作用。不仅如此，这些国有企业的发展，还承担起了大量的社会责任。例如，贵州盘江投资控股（集团）有限公司在贵州省“保电煤、保民生”工作中，供应省内电煤并让利约，帮助贵州省地方小煤矿，赞助支持第九届民运会、酒博会和投资洽谈会等贵州省内大型活动。该集团荣获贵州省“抗凝冻、保民生”先进单位、贵州省慈善捐赠先进集体、贵州省最具社会责任感企业等荣誉，并被授予省抗旱救灾和森林防火工作一等功。现阶段，还应当继续发挥大中型国有煤矿企业的资金、技术、人才、管理、设备优势，引导和支持其参与攀西—六盘水煤炭资源的整合，加快煤矿企业兼并重组，淘汰落后产能，发挥三线企业在转型发展中的引领、示范和龙头带动作用，促进产业升级，打造经济升级版。

［原载《甲秀论坛（2015）》，中央民族大学出版社2016年版］

① 1965年5月，六枝矿区指挥部成立，1970年六枝矿务局成立，统一领导六枝地区煤炭生产、建设工作。自六枝矿区投产起至1999年，共生产原煤3844万吨。1999年下半年，经国务院批准，对六枝矿务局实施政策性破产。2001年，六枝工矿（集团）有限公司正式挂牌成立，为省属国有企业。2000年至2007年，六枝工矿（集团）有限公司煤炭生产能力由195万吨增加到510万吨，销售收入由3.3亿元增加到12.5亿元，职工人均年收入由6500元增加到19971元。2003年进入全国大型企业行列，2002年至2009年连续入围全国煤炭工业企业100强。2011年2月，根据全省煤炭资源整合的要求，贵州省政府决定六枝工矿（集团）有限公司与贵州盘江投资控股（集团）有限公司进行资产重组，前者成为后者的全资子公司。

让中国梦成真的一种实践探索

——攀枝花钢铁基地建设和改革发展对中国经验的生动诠释[*]

调研组

二十世纪六七十年代，中央从推进国家现代化和建设战略大后方出发，组织实施了三线建设这个重大战略。基于铁矿和煤矿资源极其丰富的条件，中央将攀枝花钢铁基地列为三线建设的重点项目，并为之组织和动员了力所能及的人财物等资源。建设者们艰苦创业，不辱使命，建成了攀枝花钢铁基地，实现了国家在攀枝花的产业布局目标，使未曾有过现代工业建设经历的大山深处的攀枝花，发展成为如今具备年产钢600万吨、原煤1000万吨、发电装机容量448万千瓦、黄磷12万吨、钒产品3万吨、钛白粉30万吨、海绵钛2.7万吨的综合生产能力，世界第二大钒产品基地、中国最大的钛原料和钒钛低（微）合金钢基地，2012年全市规模以上工业增加值实现406.1亿元（较上年增长16.8%），人均GDP在四川省名列第一、城镇化率达61.6%的西部工业重镇。攀枝花钢铁基地建设项目的实施，不仅创造了钢铁事业的辉煌和生长起一座现代工业城市——攀枝花市（鉴于攀枝花市因钢铁建设项目而建而兴，

---

* 本文是2012年中国社会科学院重点国情调研项目“三线建设和西部大开发中的攀枝花”的主报告，获当代中国研究所2012年度国情调研成果一等奖。课题组顾问：武力、王春才、刘成鸣。主持人：郑有贵、沈钧。成员（以姓氏笔画为序）：王蕾、王丹莉、王瑞芳、叶明勇、伍大勇、刘胜利、吴宏放、张鸿春、陈东林、段娟、钟少曦、黄长银、赖小红。本文执笔人：郑有贵。

在很长时期内是攀枝花钢铁基地建设项目的组成部分，故本文以下所指攀枝花钢铁基地建设和改革发展，不仅包括钢铁企业的建设和改革发展，也包括攀枝花市的建设和改革发展），还为西部地区的发展提供了物质、技术、人才等方面的支持，为攀西地区经济社会的巨变做出了历史性贡献。历史将铭记，这是三线建设的一个成功典范，一个工业和城市建设的奇迹。

攀枝花钢铁基地的建设和改革发展，是中国工业和城市建设的缩影，是让中国梦成真的一种有益的实践探索，它的成功充分展示了发挥社会主义制度优势实现集中力量办大事的效能优势，也充分展示了社会主义市场经济改革使整个经济社会焕发出的生机和活力，更是充分展示了中国特色社会主义经济发展道路的成功。攀枝花钢铁基地建设和改革发展，既经历了计划经济时期的艰苦创业、开拓进取，又经历了市场经济时期的改革奋进、创新发展，其成功经验对中国经验予以了最为典范和生动的诠注。

一、诠释了社会主义国家实施集中力量办大事的重大意义

建设攀枝花钢铁基地一开始就是基于战略层面的大事。毛泽东在《论十大关系》中，把“沿海工业和内地工业的关系”作为第二大关系进行了专门论述，指出：“我国的工业过去集中在沿海。所谓沿海，是指辽宁、河北、北京、天津、河南东部、山东、安徽、江苏、上海、浙江、福建、广东、广西。我国全部轻工业和重工业，都有约百分之七十在沿海，只有百分之三十在内地。这是历史上形成的一种不合理的状况。沿海的工业基地必须充分利用，但是，为了平衡工业发展的布局，内地工业必须大力发展。”“新的工业大部分应当摆在内地，使工业布局逐步平衡，并且利于备战，这是毫无疑义的。”①1964 年 5 月 27 日，毛泽东在北戴河召开的中央工作会议上听取国家计委领导小组汇报第三个五年计划的设想时指出：“在原子弹时期，没有后方不行，四川是三线建设的一个

① 《毛泽东文集》第 7 卷，人民出版社 1999 年版，第 25—26 页。

重点地区，应该首先把攀枝花钢铁基地和相应的交通、煤、铁、电搞起来。”[①]6 月 6 日，毛泽东再次说：“三线建设的开展，首先要把攀枝花钢铁工业基地以及相联系的交通、煤、电建设起来。建设要快，但不要毛草。攀枝花搞不起来，睡不着觉。”[②] 在发生钢铁基地是建在乐山太平场还是攀枝花弄弄坪的争论时，毛泽东分析指出：“乐山地址虽宽，但无铁无煤，如何搞钢铁？攀枝花有铁有煤，为什么不在那里建厂？钉子就钉在攀枝花！”[③]1965 年 11 月，邓小平视察攀枝花时，指出在攀枝花建设钢铁基地是“得天独厚”。在攀枝花就地开发利用丰富而又匹配天成的铁矿和煤矿资源，这一决策是科学的，经受住了时间的检验，因而成为长期坚持的战略。1991 年 4 月，江泽民视察攀枝花时题词：“努力把攀钢建设成为现代化的钢铁钒钛基地”。概括而言，攀枝花钢铁基地建设作为三线建设的龙头项目，其启动的动因，主要有三点：一是基于备战而建设战略大后方；二是基于沿海和内地工业生产力的不均衡而建设内地工业基地；三是就地综合开发利用丰富的铁矿和煤矿资源而建设钢铁基地。这是一种战略性构想层面的宏大事业。

对于如此宏大的事业，在当时较为落后的生产力水平下，如果不采取发挥社会主义制度优势集中力量办大事的建设模式，是难以实施好的。这是经历计划经济和市场经济两种体制的攀枝花钢铁项目建设者们在与调研组交流时作出的一致结论。从经济学原理分析，一方面，当地还处于传统的农业社会，而且攀枝花乃至整个四川省都落后于全国平均水平，依靠自身的人财物力量，不可能实施如此大型工业项目建设；另一方面，正如诺贝尔经济学奖得主缪尔达尔在《经济理论和不发达地区》中指出，由于经济发展带来商品、资本、人员、技术等要素的自由流动，会使先进的地区更先进，落后的地区更落后，如此“循环累计因果关系”将导致地区发展的两极分化，更谈不上实施宏大的工业化项目了。攀枝花钢铁基地、成昆铁路建设项目，不仅是在经济发展落后

---

① 国务院三线办公室《三线建设》编写组：《三线建设》，第 9 页。

② 孙东升：《我国经济建设战略布局的大转变》，《党的文献》1996 年第 3 期。

③ 薄一波：《若干重大决策与事件的回顾》下卷，中共中央党校出版社 1993 年版，第 1204 页。

的西部地区，而且还是这些地区的穷困山区，地形艰险，交通不便，原材料运输和吃穿用物资供给都很困难，如果完全用市场经济自我积累和发展的办法，这些项目是难以实施的，东西部地区差距必然会比现实更大。

攀枝花钢铁基地这一宏大工业项目建成后的显著成效，诠释了发挥社会主义制度优势集中力量办大事建设模式是成功的。攀枝花钢铁基地和成昆铁路等三线建设项目的实施，不仅提供了战备所需钢材，还衍生了一座现代工业城市——攀枝花市，带动和辐射了整个攀西区域经济社会的发展，成为重要的经济增长极，促进了区域协调发展。例如，攀枝花钢铁基地的建成和发展，改变了我国钢铁产业南方少、西部地区寡的状况，为西南地区经济社会的发展提供了钢材保障；再如，攀枝花钢铁基地的建设和发展，还带来就业贡献，在当下西部地区普遍存在劳动力外流的情况下，地处西部地区的攀枝花市还吸引了大量外地劳动力。更为重要的是，攀枝花钢铁基地建设项目的实施，还为西部地区的发展提供了人才、技术、信息、管理等方面的支持。成昆铁路和攀枝花钢铁基地的建设，促进偏僻闭塞的攀西地区实现了经济社会的跨越发展和进步。这与美国西部开发时，联邦政府采取驱逐和屠杀印第安人的政策，并对他们发动血腥“讨伐”战争，致使印第安人丧失土地而被迫接受奴隶般的命运有着根本的不同。有人否认三线建设，主要理由是三线企业当期经济效益低下，改革开放以来一些三线企业的发展陷入困境而进行了调整搬迁。然而，攀枝花钢铁基地作为三线建设的龙头项目，尽管攀钢一期工程由于设备不配套、兴办本应由政府承担的社会事业负担重、计划经济体制下企业活力和激励不足等原因导致不能达到设计能力和多年亏损，但从全国生产力布局合理化、企业在改革中发展壮大和长远效益，以及更为宽广的促进区域协调发展的显著成效来看，都不能否认它无愧是成功的典范，这不仅诠释了社会主义国家集中力量办大事的必要性，也体现了社会主义国家集中力量办大事建设模式的成功。

国家集中力量办大事的资源配置政策取向，已成为中国经济实现快速发展的重要经验。在攀枝花建设钢铁基地和成昆铁路，正是全国一盘棋、集中力量办大事的硕果。这一硕果，也是我国作为后发国家实施工业化和赶超战略的必然选择。正如发展经济学所指出的，发展中国家应将有限资源较多地配置到工业部门，才能摆脱贫穷，在较短时间内赶上发达国家。我国发挥社会主义制度的优势，集中力量兴办了以工业化为主的一系列大事。在改革开放前，集中力量兴建了156个工业项目，开展了三线建设，研究和成功发射了“两弹一星”，开展了大量的水利和农田基本建设；改革开放以来，我国集中力量成功地兴建了二滩水电站、三峡大坝、高速公路、高铁、辽宁号航空母舰，成功地实施了扶贫开发而使2亿多人走出贫困，成功地实现了2008年“5·12”汶川地震灾后重建，开始实施保障性安居工程等。集中力量办大事建设模式，尽管有这样或那样的问题，但都属于发展中的问题，其成效是毋庸置疑的。集中力量办大事作为中国经验的重要组成部分，不能因为有这样或那样的缺陷而放弃，而是应当一以贯之地坚持。在发展社会主义市场经济的新时期，对于完全依靠市场机制配置资源难以实现的重大建设项目，如促进中西部地区发展而实现区域协调发展、事关国计民生的重大科技攻关和高科技产业、重大基础设施建设、重大民生工程、重大灾后重建等项目，依然要坚持集中力量办大事的模式。当然，与计划经济时期不同的是，应当适应经济体制变化的要求，完善集中力量办大事的机制，在通过政府规划、财政、税收、金融政策引导的同时，要引入市场机制，以动员、引导社会资源向重大项目集中配置，构建集中力量办大事模式的新机制。

就现今和未来的攀西地区而言，国家仍应集中力量，在政府资源的配置上，仍应向其倾斜，支持钒钛资源综合利用关键技术攻关和改善交通设施等，以便更好地开发利用钒钛资源、做强做大钒钛特色经济，把攀西这个聚宝盆打造成新的攀西经济圈，形成更为强大的经济增长极。

二、诠释了社会主义制度促进经济社会发展的效能优势

建设攀枝花钢铁基地和成昆铁路如此浩大的战略性工程，没有社会主义制度的保障是难以实现的。早在18世纪末，英美等国曾经对川滇铁路进行过勘测。国民政府时期，国内一些实业界人士和地质专家认为

攀枝花一旦开发，“则西南工业即可树立”[①]，还认为“攀枝花之铁矿，或在倮果冶炼，或在会理冶炼，皆应即日开发，以建设后方之重工业。况该地居后方之安全地带，对外有险可守，将来吾国重工业之中心，其唯此地乎？”[②]因而，吁请政府关注攀枝花丰富的矿藏，从速开发以建设后方重要工业之基础。二十世纪三四十年代，国民党政府也勘测过成昆铁路。但是，无论英美等国，还是国民党政府，都苦于地质结构复杂、工程浩大，无力实施这一宏大建设项目，只能望山兴叹，在攀枝花建设重大工业项目只是一个美好的梦想。听说新中国要在青藏高原边沿破碎的板块冲突带上修筑一条铁路，有外国专家惊叹中国人简直是疯了。还有外国权威预言：即使建成了，狂暴的大自然也必使它在十年之内变成一堆废铁。[③]然而，社会主义中国不仅成功建设了攀枝花钢铁基地[④]和成昆铁路，现代工业城市攀枝花市也随之崛起，攀枝花还发展成为中国钒钛之都。换言之，无论从历史还是从现实看，这一奇迹彰显了社会主义制度的效能优势。

钢厂和城市的崛起展示了社会主义制度保障集中力量办大事的效能优势。在攀枝花钢铁基地建设项目上，全国通盘考虑，通过国家对资源的计划配置这一方式，调动全国有关方面的人、财、物，加之艰苦创业，战胜种种困难，走出了一条合乎国情、具有中国特色的三线工业建设道路。在资金配置上，国家对攀枝花钢铁基地一期工程和成昆铁路的投入近百亿元，约占三线建设总投资的5%。在人力资源配置上，投入约50万人（不含大量无正式编制民工），约占三线建设投入人力总量的10%。例如，1965年初，国务院10个部的5万多名职工从全国各地汇集攀枝花。中央军委调遣铁道兵5个师，扩编到18万人，参加成昆铁路大会

① 崔可信、胡熙赓（民国西康地质调查所经济部资源委员会矿业处）：《西南之铁矿》（1944年1月），中共攀枝花市委党史研究室编：《攀枝花开发建设史文献资料汇编（内部资料）》，2000年，第257页。

② 刘之祥（国立西康技艺专科学校探矿系教授）：《康滇边区之地质与矿产》（原载1941年8月国立西康技艺专科学校学术丛刊第3号），中共攀枝花市委党史研究室编：《攀枝花开发建设史文献资料汇编（内部资料）》，2000年，第199页。

③ 傅洛炜：《创造神话奇迹的成昆铁路》，《人民铁道》2010年7月16日。

④ 1987年3月20日，方毅在攀枝花资源综合利用科技工作会议上说，攀枝花钢铁项目建设一期工程长了中国人民的志气。

战。仅1970年清华大学、北京大学的毕业生集中分配及相继调到攀枝花市的就有56人。[①]为保障所需物质的运输，国家组织了5个省、市的运输车队。仅攀枝花钢铁基地的设计，就组织了来自全国100多个科研、设计、施工、设备制造单位及其他有关行业的1300人的设计大军，进行了一场在世界工业史上罕见的设计大会战。如此大规模人、财、物的集中投入，尽管有诸如战时资源动员的一些弊端，但其实现性之强，彰显了社会主义制度在保障集中力量办大事方面的效能优势。

攀枝花钢铁基地在改革中发展壮大，展示了社会主义制度促进国有经济发展的效能优势。攀枝花钢铁基地项目的核心工程——攀枝花钢铁公司（当时从保密考虑对外简称“四〇公司”），是计划经济的杰作。然而，攀枝花钢铁公司没有在胜利的喜悦中睡大觉，而是在改革开放的时代背景下，面对由备战到和平发展的转变、计划经济向市场经济的转变，敢于担当，对体制机制和发展战略进行主动改革和调整。在改革的进程中，国家与企业实现了互动互促。首先，国家根据企业的困难和发展的需要，先后实施了留利、分离辅后等改革。留利改革，先是对企业向国家上缴利润实行定额包干制，然后又改为递增包干，企业所留利润部分按7∶2∶1比例建立生产发展基金、职工奖励基金和职工福利基金，从而改善了国家、企业、职工的收益分配关系，成为企业资本积累的制度保障，也成为提高职工水平和改善职工福利的制度保障，进而调动了企业和职工的积极性。分离辅后，就是根据“管好主体、搞活辅助、放开后勤”的改革思路，按照“主体与辅助分离、生产与生活分离、经营性资产与非经营资产相分离”的原则，将企业办的公安、教育、卫生、体育等交由政府兴办和管理，从而减轻企业承办社会事业和管理社会的负担，实现了企业的轻装上阵。其次，放权，就是尊重企业创造和实践经验，从集中统管到以现代企业制度为核心的集团化管理，让企业成为独立的现代经营主体。先是1985年攀枝花钢铁公司开始在二级厂矿推行厂长负责制试点，1986年全面实行经理（厂长）负责制，逐步建立起统一的、高效的生产指挥和经营管理系统。1990年开始，攀枝花钢铁公司实行劳

---

① 刘庆华：《最后的贵族》，台海出版社2010年版，第212、215页。

动人事分配三项制度改革，全面推行岗位劳动合同制，初步建立起岗位能上能下、职工能进能出的动态管理机制。在中共十四大决定建立社会主义市场经济体制后，攀枝花钢铁公司推进现代企业制度改革。1992年11月，国家计委、国家体改委、国务院经贸办发文，同意攀枝花钢铁公司更名为攀枝花钢铁（集团）公司。1993年6月28日，以攀枝花钢铁（集团）公司为核心企业组建了国家级的大型企业集团——攀钢集团。1993年攀枝花钢铁（集团）公司开始实行股份制改革试点，冶金部推荐其参加国家开展的首批现代企业制度试点，1994年3月7日攀枝花钢铁（集团）公司向国家体改委、国家经贸委、国家计委上报《关于申请参加100家现代企业制度试点的报告》，得到有关部委批准。经过改革，攀枝花钢铁（集团）公司已建立起现代企业制度，各分（子）公司也成为面向市场、自主经营的经济实体，形成各自为战、但又不各自为政的“联合舰队”模式。在这种新的体制下，攀枝花钢铁（集团）公司调整发展战略，在市场经济中充分发挥国有资本的优势，重组兼并了原成都无缝钢管公司、对长钢集团公司实行经营性托管、重组成立攀锦钛业、收购渝钛白部分股权并实现控股、控股锦州钒业有限公司，1996年11月15日攀钢板材在深圳证券交易所发行上市①，开始利用资本市场的发展历程，为实现跨越式发展奠定了基础。经过改革发展，攀枝花钢铁（集团）公司逐步由品种结构单一的“钢坯公司”，发展成为跨地区、跨行业的现代化特大型钢铁企业集团，2012年攀钢营业收入达410亿元。这种国家与企业的互动改革，进而促进了企业的发展壮大，彰显了社会主义制度保障国有经济充满生机和活力的效能优势。

企业和城市融合发展展示了社会主义制度促进科学发展的效能优势。攀枝花钢铁基地建设项目的成功，是融合发展的成功。国家在实施

---

① 股票名称为“攀钢板材”，股票代码“000629”；1998年10月29日，攀钢板材股份有限公司正式更名为攀枝花新钢钒股份有限公司，资产重组后的攀钢板材在深交所顺利复盘，增发A股621100145股，募集货币资金94672万元；同年11月18日，“攀钢板材”股票更名为“新钢钒”正式上市交易；2007年4月2日，攀钢股票由“新钢钒”变更为“攀钢钢钒”；2009年5月6日，“攀钢钢钒”吸收合并“攀渝钛业”与“长城股份”实现整体上市后，股票恢复交易，“攀钢钢钒”变名为“攀钢钒钛”。

攀枝花钢铁基地建设项目的同时，将其与攀枝花市建设同时实施，特别是与当地经济社会实现融合发展，发挥中央企业辐射、带动地方经济的作用，实现了攀枝花钢铁（集团）公司与攀枝花市的共同发展。这种融合式发展，既有项目规划的保障，也有组织和体制的保障。一是在项目的规划上，一开始就将其定为资源就地利用，从“两点一线”布局进行立项。“两点一线”的西南三线建设布局，是以攀枝花为中心，通过成昆铁路线，向重庆和六盘水两点做钟摆式辐射，六盘水工业基地的煤炭运到攀枝花，攀枝花的钢铁运到重庆，重庆的机器运到攀枝花和六盘水工业基地。二是在项目的实施上，一开始就基于国家无法大包大揽，而是走厂社结合、工农结合、城乡结合的道路，甚至职工家属下农村。同时，发展各种配套产业，大力实施铁矿、煤炭、电力工业建设，使之与钢铁生产发展相配套；围绕大工业生产和人民生活需要，发展地方工业、建设农副业基地、合理布局商业网点，逐步改变单一化生产结构，以满足城市职工和居民生活必需品的供应。不仅如此，国家还投资建设了交通、教育、文化、体育、医疗等城市基础设施和社会事业，以促进经济社会的协同发展。在体制上，最开始是从保障攀枝花钢铁基地项目实施出发，实行了特区体制（新中国较早的特区制度），并一度实行了政企合一体制。这种体制尽管有其弊端，但在实际上起到了保障攀枝花钢铁基地建设与当地经济社会实现融合发展的作用。这一系列举措，形成了综合利用资源，以钢铁工业为主、各种产业竞相发展、经济社会互相促进的融合发展之路。现今，攀枝花市已从钢铁一枝独秀，转向支柱产业多元发展，初步形成了钢铁、钒钛、能源、化工、矿业、机械制造、生物、太阳能为主导的产业格局。政府还致力改善环境，把曾是十大污染城市的攀枝花，发展成环境优美的旅游城市[①]，为经济的发展创造了更好的环境。这也就破解了资源型企业、资源型城市“因矿而建，因矿而兴”，但最后也将“因矿而衰”的问题。这种通过以一业的突破，兴一片经济的融合发展，彰显社会主义制度实现科学发展的效能优势。

---

① 攀枝花利用自身丰富的旅游资源，以四川省第一届冬旅会为契机，全力发展旅游产业，凭借自身独特的旅游资源优势，成功打造了具有鲜明特色的“大三线工业探秘之旅”“大西南阳光温泉度假之旅”“大裂谷奇异风光之旅”和“川滇民族风情之旅”等四大旅游品牌。

“中国钒钛之都”的形成展示了社会主义制度充分调动各方面积极性实现发展的效能优势。攀枝花市经济的发展，自钢铁基地建成起，又实现了两个大的转变，一是成功地实现了从“钢铁经济”向“钒钛经济”的转变，二是从昔日的“象牙微雕钢城”到如今的“中国钒钛之都”。这一转变，是坚持公有制为主、多种所有制经济共同发展的基本经济制度，以充分调动各方面积极性的成功。攀枝花钢铁基地项目的建成，也就在攀枝花市建立起以国有经济为主体的经济。攀枝花钢铁（集团）公司的发展，不仅为当地经济的发展贡献了GDP，也为钒钛经济的发展奠定了人才、技术、管理等方面的基础。在促进攀枝花钢铁（集团）公司发展的同时，攀枝花市积极促进多种所有制经济的发展。在攀枝花钢铁建设项目初期，就从实际出发，发展了大量的集体企业。在继续依靠攀枝花钢铁（集团）公司这一大型国有企业发展钒钛产业的同时，中共攀枝花市委市政府毫不动摇地支持民营经济进入钒钛资源开发主战场，鼓励攀枝花钢铁（集团）公司与民营企业合作，形成既相互促进、共同发展，又相互竞争的格局。2007年，攀枝花市民营经济实现重大转变，实现增加值106.27亿元，增速名列全省第一，占全市生产总值的比重达到30.8%；9月21日，作为在攀枝花成长起来的民营企业恒鼎实业国际发展有限公司股票（简称恒鼎实业）在香港联合交所挂牌交易；10月31日，攀枝花钒钛产业园区内的民营企业恒为制钛公司率先生产出四川省的第一炉海绵钛，标志着包括钛金属、钛化工在内的钛产业流程全线打通。攀枝花市盐边县安宁工业园区内的龙蟒矿冶7万吨钒钛磁铁矿煤基直接还原新流程试车成功，该项技术环保、节能，属于国内首创、国际领先。正是由于钒钛产业发展取得突破性进展，掌握了氮化钒产业化等一批核心技术，以及煤基直接还原等资源综合利用新工艺，初步打通了全流程钒、钛产业链，2008年钒钛产业集群入选“中国产业集群50强”、中国矿业联合会命名攀枝花市为“中国钒钛之都”，2010年攀枝花钢铁（钒钛）产业化基地入选国家首批新型工业化产业示范基地。攀枝花市发展成为“中国钒钛之都”，既有国有经济的贡献，也有民营经济的功劳，这种多元发展格局助推经济的转型和发展，彰显了社会主义制度充分调动各方面积极性的效能优势。

实现区域经济协调发展，彰显社会主义制度在促进生产力布局的效能优势。实现区域协调发展，几乎是各国的追求目标。对于改变我国沿海与内地生产力布局的严重不平衡问题，早在抗日战争时期，国民党政府也有过生产力向后方转移的设想。然而，国民党没有能够做到，这个任务还是由中国共产党完成了，这是社会主义制度所体现的高效能的优越性。三线建设对这种高效能予以了充分体现，中共十一届三中全会以来的改革开放时期又予以了进一步体现。改革开放以来，我国在运用市场机制的同时，发挥政府在资源配置中的调节作用，致力于贫困地区的开发，致力于实施西部大开发战略、中部崛起战略、振兴东北老工业基地战略，促进了区域经济的协调发展。

三、诠释了社会主义核心价值观的原动力

攀枝花钢铁基地建设的历史，不仅仅是一部钢铁建设史、铁路建设史、城市建设史，更是一部弥足珍贵的爱国主义情怀史。攀枝花建设者们为实现发展祖国战略大后方钢铁事业这个梦想，献了青春献终身，献了终身献子孙。一位建设者在这个梦想实现前去世，临终前说：死了，把我埋在宝鼎最高的地方，让我日日夜夜看到攀枝花出煤、出铁、出钢。

攀枝花建设者们的爱国情怀，不是空洞的口号，而是为建设祖国战略大后方这一伟大事业，从生产生活条件较优越的四面八方聚集到条件艰苦的深山攀枝花，并通过奉献祖国、艰苦创业、团结协作、开拓创新的实际行动完美地表达出来。

攀枝花的建设者们，为了祖国这个大家的安宁和强盛而舍小家。从四面八方来的建设者们，只身来到攀枝花，立下“不想爹，不想妈，不想孩子不想家，一心想着攀枝花，不出铁水不回家”的豪言壮语，多年不回家探亲，放弃了与父母妻儿的温馨团聚，在备战的氛围中“和帝修反抢时间”。

攀枝花的建设者们，无论是从事研究设计的知识分子，还是建设工地的一员，都为祖国的安宁和强盛而艰苦创业。攀枝花建设者以“先生产、后生活”为方针，按照“生产工艺现代化、生活设施简易化、企业

管理革命化”这样不对等的标准，要求生产工艺采用国内外行之有效的新工艺、新技术、新设备、新材料，生活设施则力求简易，建筑投资极少的“干打垒”住房。攀枝花曾经是有名的“三棚城”（帐篷、席棚、草棚）。在弄弄坪一溜几十间席棚，既是被誉为“象牙微雕”钢城的设计者们的集体宿舍，又是工作室，设计人员在自己加工的双层床前简陋的桌子上摆开图纸，精心描绘，一张张基地设计图就这样在席棚里诞生，他们也就戏称之为“席棚设计院”。

攀枝花的建设者们，为了祖国战略大后方钢铁基地建设事业，团结协作。攀枝花工业基地的建成，是全国人民大力支援、各方面团结协作的结晶。在攀枝花这个战略大后方建设过程中，攀枝花工地的各个部门齐心协力，团结合作，创造了如此奇迹；即便是在“文化大革命”时期，攀枝花工地整个建设进程也没有受到干扰，仍坚持团结协作，保障了 1970 年 7 月 1 日攀钢出铁和成昆铁路通车的艰巨任务的完成。而更为宽广意义的团结协作，则发生在攀枝花建设工地之外，在弄弄坪工地紧张地进行大会战的同时，交通部调集的北京、辽宁、山东、河南、安徽五省市的汽车、驾驶员和领导干部组成五大车队，承担起为攀枝花钢铁基地建设提供所需物资的艰难而又危险的长途运输任务；还有全国 27 个省、市的 734 个工业企业紧张地为攀枝花制造所需要的设备；根据国家确定的老基地带新基地、老厂带新厂、老职工带新职工的“三老带三新”的原则，全国有关钢铁企业对攀枝花钢铁基地建设的帮助实行承包的办法，其中鞍钢负责承包攀钢的生产准备工作；等等。

攀枝花的建设者们，为了祖国战略大后方钢铁基地建设事业，开拓创新，成功地进行了一系列创新，如高钛型钒钛磁铁矿冶炼技术创新、“象牙微雕”钢城的设计、“地质禁区”建设铁路的突破、高山矿运输技术的创新、整装设备的研发、钒钛磁铁矿资源综合利用科技攻关、提钒工艺的独创、全连铸技术攻关与创新、重轨系列产品开发、热连轧设备国产化技术攻关与含钒热轧产品开发、特色冷轧产品开发、钒制品开发与技术创新、钛资源综合利用技术创新。这里仅列举其中最为艰难和辉煌的 3 项。

——高钛型钒钛磁铁矿冶炼技术创新。攀枝花钒钛磁铁矿属高钛型矿，如此钢铁基地建设项目的实施，遇到了世界上从 19 世纪前半叶开始，经过100多年努力，都没有解决的难题——高钛型钒钛磁铁矿冶炼时，高钛渣变稠而使得渣铁不能分开、炉缸堆积的问题。瑞典、挪威、美国、英国、苏联的高钛型钒钛磁铁矿冶炼试验都没有获得成功。1968年，南非因用普通矿的冶炼方法冶炼钒钛磁铁矿，导致两座1000立方米的高炉炉体凝结报废，至此用普通高炉冶炼高钛型钒钛磁铁矿也就成为禁区，炉渣中二氧化钛含量不能超过16%则成为这一领域中森严的金科玉律。我国则组织全国力量开始协作攻关，攻克了这一世界冶金难题，首创了高钛型钒钛磁铁矿高炉冶炼技术。

——“象牙微雕”钢城的设计。（详见本书第226页）这个设计成为奇迹，探索出山区建设大工业的新路。该设计于1981年11月被评为“国家级优秀工程设计”，荣获金质奖。

——“地质禁区”建设铁路的突破。成昆铁路建设，突破了地质禁区建设铁路，使我国的铁路修建技术达到了世界先进水平，为人类在险峻复杂的山区建设高标准的铁路创造了成功的范例。1984年12月8日，联合国官员在纽约曼哈顿联合国大厦宣布象征人类征服大自然的三件礼物被评为联合国特别奖。这三件礼物是：中国的成昆铁路象牙雕刻艺术品；美国的阿波罗宇宙飞船带回来的月球岩石；苏联的第一颗人造卫星模型。它们分别代表了人类在20世纪创造的三项最伟大的杰作。1985年，成昆铁路设计及建设和我国第一代核潜艇的研究设计一起，荣获首批国家颁发的最高科学荣誉——国家科学技术进步特等奖。

攀枝花钢铁基地建设的实践，是同期三线建设的成功典范。攀枝花钢铁基地建设的成功，是热爱社会主义祖国的人生观、价值观的成功，是社会主义核心价值观实践的成功。攀枝花建设者们强烈的热爱社会主义祖国情怀，以及为实现既宏伟又具体的备战和现代钢铁事业的梦想，给他们注入了强大的精神动力。例如，被称为吊装“抱子王”的刘宝祥，年过半百，身患高血压和胃病，成天奔忙在现场，不时施展吊装技巧，解决施工疑难，就是他所说的“干革命就要有一股子雄心壮志，大庆工人能让石油流成河，攀枝花工人定叫钢铁堆成山”的宏大梦想及其所形成的精神动力。这种精神动力又焙炼出奉献祖国、艰苦创业、团结协作、开拓创新的精神。这种精神化作一股力量，转化成为实际行动，在一般人看来根本不可能的条件下，自己设计、自己制造、自己建设，从而创造了这个即便是在世界冶金建设史上，也是绝无仅有的奇迹和辉煌。如果没有爱国主义的情怀，没有奉献祖国、艰苦创业、团结协作、开拓创新的精神，仅仅是金钱至上、物质至上，攀枝花聚集不到如此多的建设者，即便是到了攀枝花，也会被困难所吓跑，或因物质报酬低而离去，在荒凉而险恶的攀枝花建设西部工业重镇只能是一种美好的梦想，攀枝花钢铁基地、成昆铁路是难以建成的。换言之，攀枝花这个战略大后方的建设，这一伟大的爱国主义事业，召唤着攀枝花的建设者，凝聚着攀枝花建设者的心，他们将其视之为生命意义所在，很好地诠注了社会主义核心价值观的原动力。

攀枝花建设者奉献祖国、艰苦创业、团结协作、开拓创新的精神，是在当时历史条件下形成的。我们作为后人，作为建设成果的分享者，有着发自内心的敬意。然而，我们也应当从以人为本出发，对攀枝花建设者作出的奉献和牺牲予以回报。特别是对一些在攀枝花建设中致伤致残而生活困难的民工，应当采取相应措施，解决他们生活上的困难。

攀枝花建设者奉献祖国、艰苦创业、团结协作、开拓创新的精神，更是一笔弥足珍贵的精神财富。这种内生的精神，已成为一种特殊的文化，给人以振奋之力量。在新的历史条件下，在保障物质利益的同时，仍需要传承和弘扬以爱国和担当社会主义事业责任为核心的三线精神。为此，应当支持三线建设的研究和宣传，统筹三线建设遗址遗存的保护，并在此基础上建设中国三线建设博物馆，将全国特别是13个省的大三线建设遗址遗存整体打包联合申报世界文化遗产，支持三线工业文化旅游事业的发展，以铭记三线建设历史，传颂三线建设成就，传承和弘扬三线精神，更好地践行社会主义核心价值观。

三线建设者奉献祖国、艰苦创业、团结协作、开拓创新的精神是社会主义核心价值观的生动而又具体的体现，是一种正能量，不仅在历史上发挥了作用，也必将对后人产生巨大的激励，将是实现中华民族伟大复兴的中国梦的强大精神引擎。

[原载《教学与研究》2013年第9期]

资源型城市转型发展的路径依赖与突破
——关于六盘水市三线企业引领转型发展的调研*

调研组

贵州省六盘水市，被称为江南煤都，是三线建设的杰作。这个三线建设崛起的以能源、原材料为主的资源型城市，顺应发展的要求，已开始推进资源型城市的转型发展。在这一进程中，它沿着历史路径——三线建设兴办的大型国有企业发挥引领和辐射带动作用，既有成功的实践，也面临特殊的困难需要加以解决。

一、三线建设中兴办的国有企业引领转型

如何推动资源型城市的转型发展，是六盘水市面临的重大课题。调研组在六盘水市深切地感受到了资源型城市转型发展的步伐。2000 年国家开始实施的西部大开发战略，给六盘水市的转型发展带来了难得的机遇。六盘水市抓住西部大开发的历史机遇，积极推进资源型城市的转型发展。其中，三线建设兴办发展起来的大型国有企业，发挥人才、技术、

* 2013 年 6 月 6 日至 10 日，中国社会科学院当代中国研究所第二研究室国情调研组赴贵州省进行了六盘水市三线建设调研。调研组由当代中国研究所的武力、郑有贵、陈东林、王瑞芳、叶明勇、王蕾组成，并邀请中国人民解放军军事科学院原副院长钱海皓中将和原国家计委三线调整办公室主任王春才参加，原中共中央文献研究室副巡视员宋毅军研究员、北京理工大学申晓勇副教授、中国人民解放军军事科学院李永等也参加了调研。本文执笔人：郑有贵。

资金、设备优势，推进“四个一体化”以延长产业链，发展循环经济，实现产业发展与环境污染控制双目标，在转型发展上发挥了引领和辐射带动作用。

（一）引领变废为宝

三线建设兴办发展起来的大型国有企业在变废为宝方面，走在了六盘市的最前列。全市瓦斯发电装机 265 台，装机容量 14.43 万千瓦，其中国有大矿装机 220 台，装机容量 12.2 万千瓦，占全市总装机容量的 83.4%。[①] 例如，贵州盘江投资控股（集团）有限公司在变废为宝方面，发挥着引领和带动作用，到 2012 年底建成投产 20 余座低浓度瓦斯发电站，总装机容量 10 万千瓦，煤层气产业已成为该集团公司新的增长点；现有 3 座矸石电厂，总装机容量达 9 万千瓦；2011 年建成生产 6000 万块砖粉灰砖厂 1 座，2012 年追加投资建设成煤矸石及粉煤灰综合利用项目二期工程，填补了省内复合纤维水泥轻质墙板和粉煤灰陶粒的生产空白。

（二）引领产业链延伸

六盘水市积极转变发展思路，在做大做强煤炭产业的同时，按照循环经济的理念，积极发展煤炭产业接续产业，对资源进行综合开发、深度加工，延长产业链，走上了一条煤、焦、化、电、冶一体化的新型工业化之路，以使资源优势变为产业优势和经济优势。

在推进煤—焦—化—电—冶一体化的进程中，六盘水市委、市政府做了大量工作，其中最主要的工作有：一方面，制定规划。六盘水市启动了对产业结构调整和资源型城市转型问题的研究。从 2006 年开始，六盘市有关部门委托贵州省发展改革委员会经济研究所开展了“贵州省资源型城市——六盘水市可持续发展战略研究”课题研究；编制了《六盘水市资源城市发展规划》《六盘水市循环经济发展总体规划》。目前，六盘水市煤化工循环经济规划已经完成。另一方面，给予相应的投入。从

① 本文引用的数字和文献，均由六盘水市有关部门和被访谈者提供，以下不一一注释。

2004 年开始，市县财政每年安排项目前期费用 3600 多万元，重点投向基础设施和基础产业。目前，全市已建、在建焦化厂共 208 座，年生产能力 1849 万吨。

六盘水市在经历以煤建市和形成能源、冶金、建材、化工四大支柱产业的基础上，产业产品链条逐步延伸，煤—电—化、煤—焦—化、煤—电—特色冶金产业链条基本形成，开始了以电兴市[①]和以煤化工强市的进程。

在这条路上，三线建设兴办的大型国有企业走新型煤炭工业化道路，在推进转型和实现跨越发展方面又发挥了骨干作用。例如，贵州水城矿业（集团）有限责任公司融入贵州“四个一体化”战略，积极推进煤电化一体化，与电网公司等合作规划建设一批坑口电厂；加快各矿井瓦斯发电建设，使瓦斯发电装机规模达到 5 万千瓦；在煤化工方面着眼于技术进步，在保证一期工程正常经营的同时，进行二期论证和建设，发挥规模效应；加快配套选煤厂的技术改造，提升洗选加工能力，提高附加值。

（三）引领非煤产业发展

六盘水市经济增长曾长期高度依赖煤炭或与其有关的资源，生产总值主要集中在煤炭、电力、冶金、建材四大资源型产业上，2012 年四大产业对全市规模以上工业增长贡献率达到 62%，重工业占工业的比重达 99%，工业产品品种少，且主要是原煤、电、水泥、粗钢、铝锭等初级产品。

六盘水市在推进产业结构调整进程中，一方面继续做大做强煤炭产业，另一方面着力发展非煤产业，发展新兴产业。六盘水市编制了《战略性新兴产业发展总体规划》，谋划非煤项目，积极促进产业结构调整升级。从“十二五”规划项目库来看，全市工业项目总投资为约 8228 亿元。其中，非煤项目投资达 7109 亿元，占总投资的 86%。

在资源型城市转型过程中，三线建设兴办的大型国有企业在做大做强

① 在实施“西电东送”工程中，六盘水市作为贵州唯一被定位为“西电东送”电煤基地和“黔煤外送”基地并举的地区，是国家正在规划的全国“十大煤炭基地”之一，也是全国水电和火电建设成本最低的地区之一。

主业的同时，充分发挥优势，不仅实施多元化发展，还在整个区域的产业结构调整过程中发挥了引领带动作用。例如，贵州盘江投资控股（集团）有限公司以煤炭开采起步，立足煤炭开采，初步形成煤炭及关联产业、清洁能源产业、石头资源产业、装备制造产业、特色农业、现代服务业、城市开发、金融与贸易八大产业集群16个产业板块，其中水泥、茶叶等多个产业已成为区域内的龙头企业。贵州水城矿业（集团）有限责任公司也形成了以煤炭生产及洗选加工为主业，以及与此相关的煤化工、电力、建筑业及房地产、机械制修、物流共同发展的“1+5”产业格局。

（四）“煤都”变“凉都”

有了“金山银山”，还要“绿水青山”。为此，六盘水以生态立市，着力打造“凉都”，建设生态宜居城市。从2004年开始，六盘水市举办一年一度的凉都消夏文化节，以提升其知名度和美誉度，带动全市的繁荣和发展。2005年8月，中国气象学会向六盘水市政府颁发了“中国凉都·六盘水”证书。从“煤都”到“凉都”，首先是理念上的转变。在这种新的发展理念下，六盘水市在生态建设上做出了巨大努力。

绿色生态屏障的筑造。在西部大开发过程中，六盘水市以退耕还林、封山育林、水土流失综合治理和石漠化治理为重点，推进生态建设。从2006年起，六盘水市委、市政府决定用10年时间，投资3000余万元，筑一道城区绿色生态屏障。六盘水市已治理石漠化20余万亩，森林覆盖率提高到36%，生态环境恶化的趋势初步得到遏制，环境状况总体趋于良好。

控制排放。在20世纪60—70年代的大规模三线建设的特定历史时期，由于煤炭、钢铁、电力、建材、机械、化工、铁路、公路等建设项目的快速上马，很多工艺流程不完善，而当时的环境保护意识较为薄弱，对废水、废气、废渣既无防范措施，又没有回收利用，使得大量未经任何处理的“三废”直接排放，导致资源浪费和严重的环境污染。其中水质污染、空气污染和废渣污染严重，严重影响着人民群众的生产生活。在推动转型发展过程中，六盘水市通过淘汰落后产能、提高行业准入门槛、推进节能减排、增强全民环境保护意识等举措，工业污染物基本达标排放，实现了增产不增污。其中，酸雨现象得到遏制即是这一重要成效的突出体现。20 世纪 80 年代，六盘水市曾是全国有名的酸雨重灾区。经过治理，全市已有几年没有出现酸雨现象，空气中的二氧化硫和二氧化氮含量已符合国家一级排放标准。

三线建设中发展起来的国有大型煤矿企业在这方面起了示范带动作用。例如，贵州盘江投资控股（集团）有限公司先后建设和完善各矿、厂的污水处理工程，洗煤水实现了闭路循环零排放，矿井水处理达到 100%、利用率 70% 以上，投资 300 万元建设的金佳矿井处理二期工程，可向 30 万人口提供生活用水。

二、六盘水市转型发展的约束因素

六盘水市在推进资源型城市的转型发展中，存在着特殊的困难，主要有以下几个方面：

（一）区域特性约束

六盘水市经济社会发展水平低和结构性矛盾，约束着转型发展的推进。总体而言，六盘水市经济社会在贵州省名列前茅，但仍属于欠发达地区，不仅表现在绝对水平低，还表现在突出的结构性矛盾。从绝对值看，2012 年六盘水市人均国内生产总值仅 25876.69 元，尽管高于全贵州省平均值的 19608.53 元，但仅为全国 38353.52 元的 67.5%，在西部地区也列位靠后；六盘水市城镇居民可支配收入和农民人均纯收入分别为 18764.05 元和 5182 元，比全国平均水平的 24565 元和 7917 元分别低 23.6% 和 34.5%。从结构上看，六盘水市三次产业结构不协调，2012 年第二产业在三次产业增加值中的份额高达 61.1%，而一、三产业之和所占份额仅为 38.9%；城镇化率偏低，2012 年六盘水市仅 41%，比全国平均水平 52.57% 低 11.57 个百分点；城乡差距较大，在这个现代工业城市中，乡村人口所占份额大（59%）且仍然贫困，所辖县区除钟山区外，六枝特区、盘县、水城县均为国家级贫困县，2012 年六盘水市城乡居民收入比为 3.62∶1，高于全国的 3.10∶1。这种绝对值低和结构性矛盾，从资金、技术、人才

（人力素质）、需求等诸方面约束着转型发展。

（二）主要产业供求特性约束

六盘水市的主要产业发生全国性产能过剩的现象，这一供求特性约束着三线建设兴办的大型国有企业在资源型城市转型发展中带动作用的进一步发挥。三线建设兴办的大型国有企业，尽管推进了转型发展和产业的多元化，但主业仍是煤炭和钢铁，而这两个产业近年来都面临着全国性产能过剩问题，进而发生企业利润下滑甚至发生亏损问题。支撑起全市经济“大半壁江山”的煤炭产业，受宏观经济的影响，煤炭市场需求萎缩和价格持续下跌，给企业正常生产经营造成困难，甚至一些企业还陷入亏损的境地。例如，2013 年 1—4 月，贵州水城矿业（集团）有限责任公司共生产原煤 309.57 万吨，同比下降 7.79%；销售商品煤 205.82 万吨，同比下降 8.59%；营业收入 25.34 亿元，同比增长 2.29%；利润为 –2.09 亿元，同比下降 2.2 亿元。再如，在 2012 年全国钢铁行业全面进入“伟大的产能、微薄的利润、惨淡的市场”寒冬期，水钢尽管全面推进降本增效、扭亏攻坚工作，实现了 500 万吨钢规模当年投产当年达产的奋斗目标，全年实现营业收入 184.9 亿元，内部挖潜增效 20.7 亿元，但由于购销两头市场价格严重倒挂，仍然亏损 4.24 亿元（可喜的是属于首钢外埠钢铁企业中亏损最少的一家）。2013 年 1—5 月份，生产生铁 168 万吨、钢 176 万吨、钢材 178 万吨；实现营业收入 61 亿元，亏损 2.9 亿元。这些都不利于这些企业在资源型城市转型发展方面进一步发挥带动作用。

（三）煤炭开采难度大的特性约束

六盘水煤矿赋存条件差，煤炭开采地质构造复杂，导致三方面的问题：一是与北方地区煤炭开采相比，开采难度大，单井井型规模小，导致开采规模不经济和成本高。二是安全风险控制技术还存在一些难以解决的具体问题，在薄层实现安全高效综采存在技术困难，且属于高瓦斯突出矿井，随着开采深度不断延伸，安全投入逐渐增加。三是导致生产安全事故发生。这些问题的存在，使得六盘水市煤炭开采企业生产成本高，给企业的市场竞争力带来较大压力，经济效益也偏低，进而约束着该市的转型发展。

（四）国有企业负担重特性约束

国有企业承担着保障就业而负担重约束着带动转型作用的发挥。国有企业与民营企业相比，由于历史的原因，有大量的职工，承担着保障就业和稳定社会的多重职能，由此也有着相对应的沉重负担，这也影响着带动转型作用的发挥。

三、六盘水市转型发展对策

六盘水推进资源型城市转型，无疑要因地制宜，从实际出发。总的思路是，一方面仍应依托资源，做大做强煤炭产业，在此基础上延伸产业链，发展接续产业和循环经济，建成全国循环经济示范城市；另一方面，以打造“凉都”为理念，转变观念，生态立市，针对生态环境脆弱问题实施生态建设，发展新兴产业，改变经济增长高度依赖自然资源的问题。为此，中央政府需要统筹布局，促进攀西—六盘水资源的综合开发利用，形成特色经济圈，并将其发展成新的经济增长极；发挥在三线建设时期发展起来的大型国有企业的优势，加快煤矿企业兼并重组，引导和鼓励资源整合，淘汰落后产能，实现产业升级；国家在基础设施建设、技术改造、税收政策等方面实行特殊的支持政策；加大扶贫开发和统筹城乡发展力度，提高城镇化水平，促进城乡协调发展。具体而言，应当重点在以下方面实现突破和有所作为：

（一）统筹规划，促进攀西—六盘水地区强化资源集约开发和循环利用，形成特色经济圈，并将其发展成新的经济增长极

攀西—六盘水地区是全国八个资源富集地区之一，区域内能源、矿产、生物及旅游资源十分丰富，加强对其开发利用，对整个西南地区乃至全国经济发展、社会稳定和民族团结具有极其重要意义。实现攀西—六盘水地区资源的统筹开发和循环利用是自三线建设起的宏伟设想。早在1965年，毛泽东确立了三线建设要注意综合利用、配套协作的指导思想；邓小

平规划的以攀枝花为中心，通过成昆铁路线，向重庆和六盘水两点做钟摆式辐射的“两点一线”的西南三线建设布局，即是从综合开发利用这一地区丰富资源的一种总体布局。进入20世纪90年代，关于统筹攀西—六盘水地区发展再次被提上议程。1990年国家计委批准《攀西—六盘水地区资源综合开发规划》，1993年国务院批转国家计委《关于西南和华南部分省区区域规划纲要》，都把六盘水作为能源、冶金、化工重点产业基地，决定在六盘水建设特大型矿区、煤电基地、煤化工基地、煤电铝基地。2009年10月，国务院办公厅发布《关于应对国际金融危机保持西部地区经济平稳较快发展的意见》，将六盘水市列为全国五个资源富集区循环经济试点之一。2012年国务院《关于进一步促进贵州经济社会又好又快发展的若干意见》，明确提出了“统筹攀西—六盘水经济区规划建设，强化资源集约开发和循环利用”的要求。鉴于攀西—六盘水地区地处西部，属于欠发达地区，中央政府可以发挥更加积极的作用，主要采取以下措施：

一是国家有关部门开展攀西—六盘水区域资源开发规划编制工作。

二是四川、贵州、云南三省有关部门和地区秉持“携手合作、共赢发展”宗旨，加强合作，从整个区域资源集约开发和循环利用出发，立足区域资源优势，统筹各自的生产力布局，以经济发展为主线、以产业合作为重点、以项目建设为载体，建立资源共享机制，共同提高区域经济的整体竞争力和影响力，共同推动区域资源高效整合和产业聚集，共同促进相互间的经济协作和区域经济协调发展。

三是开展支持政策的调研。从立足社会主义市场经济体制，并根据这一地区属于经济欠发达地区和资源产业特性的具体情况，发挥中央政府在促进区域协调发展中的作用，研究制定财税、投资、金融、产业、土地等特殊政策。

（二）发挥大型国有企业的优势，引导和支持其参与攀西—六盘水煤炭资源的整合，加快煤矿企业兼并重组，淘汰落后产能，发挥三线企业在转型发展中的引领、示范和龙头带动作用，促进产业升级，打造经济升级版

六盘水市的工业骨干是三线建设时期发展起来的大型国有企业。改

革开放以来，六盘水市非公有制企业有了长足发展，适应了社会主义初级阶段生产力水平的要求。不可否认的是，无论是三线建设时期，还是在当今，大型国有企业的生产力水平在六盘水市始终处于领先地位。特别是在煤炭及其接续产业方面，盘江和水城两个大型国有煤炭企业在长江以南煤炭企业中分别名列第一和第二，在技术和管理上处于领先水平，在攀西—六盘水地区的煤炭及其接续产业处于骨干和制高点的地位，在促进产业链的延长和循环经济发展方面起着引领和龙头带动作用。例如，六盘水市煤炭资源回采率总体偏低，其中大中型矿井的回采率相对较高，约35%，而私营小煤窑的回采率仅在20%左右。再如，如前所述，大中型企业在防治环境污染和资源的综合利用上占据优势。因此，对煤炭资源进行整合、煤矿兼并重组，淘汰落后产能，可以突破产业发展约束瓶颈，提升煤炭开采机械化、规模化、集约化水平，提高煤炭产业的集中度和规模效益，提高煤炭资源的回采率，减少资源浪费，促进资源综合利用，促进产业升级和资源型城市的转型发展。换言之，从现实生产力发展的情况看，应当认识到，大力支持国有煤矿企业做优做强，是促进煤炭产业升级、促进资源型城市转型发展和打造经济升级版的需要，而不是单纯的“国进民退”的问题。鉴此，应当发挥大中型国有煤矿企业资金、技术、人才、管理、设备优势，鼓励和引导煤炭资源的整合，推进大型煤炭基地资源建设，进而促进资源综合利用、一体化和循环经济的发展，加快资源型城市的转型发展。为此，应当统筹攀西—六盘水地区的资源开发利用，进一步推进改革，加快相关行政审批制度改革，完善市场机制，研究制定产业政策引导和公共服务等方面的政策措施，发挥金融和资本市场作用，解决跨地区煤炭企业兼并重组障碍，促进这一区域煤炭资源向大型国有煤炭企业集中。目前，贵州省已明确在省内实行煤炭资源的整合，下一步还要进一步促进跨四川、贵州和云南三省的攀西—六盘水地区煤炭资源的整合。

（三）发展三线文化，为转型发展提供精神动力

从全国各地聚集到六盘水的建设者，以强烈的爱国主义和民族精神，

没有危惧生产生活的艰难困苦，勇于担当，很好地完成了建设国家战略大后方、改变“北煤南调”和西部地区生产力落后格局的特殊使命。在这一进程中，一方面形成了爱国奉献、顾全大局、团结协作、艰苦创业的精神，以及以此为内核的三线文化。这种精神和文化的接续传承和发展[①]，成为六盘水市建设和改革发展的文化基础和精神动力。另一方面，为六盘水市留下了数量众多、种类丰富而又极具历史特征的三线建设工业遗产。无论是三线精神，还是三线工业遗产，都是六盘水市独具的资源。在培育和践行社会主义核心价值观，推动资源型城市转型发展进程中，应当发挥好三线精神和三线文化资源的积极作用。鉴此，需要采取如下措施：

从工业遗产的特点出发，支持三线建设文物保护。据2007年六盘水市文物局对三线工业遗产的调查，全市有三线建设重要建筑46处、机器设备等48台（套）、生产生活工具等100余件。另外，还有一些厂房、车间、设备仍然在使用中。国家对于这些工业遗产的保护，应当纳入日程，尽快对文物进行调查和列入保护名录，并对调查和保护予以财政支持。同时，由于生产的发展和技术装备的更新，有的三线企业的厂房、车间、设备等文物已被拆除重建或淘汰，而淘汰的设备又被解体。比如，水钢的很多淘汰设备都直接被解体和回收炼钢了。鉴于这种情况，应当增强对三线建设工业遗产保护的紧迫感，采取措施，促进企业生产与文物保护的有机统一。

把三线文化作为六盘水市的文化核心，促进三线文化产业的健康发展，发挥好三线文化和三线精神的社会价值和精神价值。六盘水市独特的三线文化，具有增强全市各民族人民的文化认同感、凝聚力和向心力的正能量。而作为三线建设成功典范所留下的工业遗产，其独特的历

① 2013年6月9日下午，调研组到钟山经济开发区（红桥新区）参观和座谈。在参观和座谈中得知，2010年11月29日开发区控制性详细规划经市人民政府批准，开发建设全面启动，至“十二五”末，经济开发区人口规模将达10万左右（现总人口17781人），工业总产值达300亿元以上，商贸物流销售额达300亿元以上，财政总收入达10亿元以上。至2020年，经济开发区人口将达15万左右，工业总产值500亿元以上，商贸物流销售额500亿元以上，财政总收入20亿元以上。这种创新发展，将促进六盘水市经济的转型，也正是三线精神传承的体现。

史、社会、科技和审美价值，是一种难得的特殊的文化资源，对其进行开发利用，发展三线文化产业，既可以将三线精神和三线文化具象化，又具有经济价值。鉴此，在资源型城市转型发展过程中，一方面，把三线文化作为六盘水市文化建设的核心，作为凉都文化建设的重要组成部分，加强三线精神和三线文化的研究和宣传，编辑出版回忆录、文学作品，拍摄纪录片、影视剧，把三线精神融入国民教育，发挥三线建设博物馆、爱国主义教育基地、三线文化广场在培育和践行社会主义核心价值观的积极作用，为转型发展创造良好的文化氛围和提供精神动力，增强软实力；另一方面，秉承“保护带发展、发展促保护”的原则，寻求三线工业遗产保护和开发利用的结合和统一，发展三线旅游、三线影视、三线纪念品等文化产业，将其打造成六盘水市的特色品牌，发挥历史文化资源的经济价值，并通过这一特色产业的发展，更好地传承和弘扬三线精神。

（四）实行特殊的支持政策，促进特殊地区、特殊企业、特殊产业的发展

六盘水市作为因三线建设而兴起的城市，作为西部地区的城市，作为资源富集的城市，有着特殊的优势，也有着特殊的困难。作为西部地区，要解决西部地区面临的共同问题。例如：作为攀西—六盘水地区的重要组成部分，地形复杂，交通等基础设施仍较落后，需要中央政府支持交通等基础设施建设，为转型发展创造条件；乡村发展落后，贫困面大，需要加大扶贫力度，加大统筹城乡发展力度，促进城乡经济社会协调发展，为资源型城市的转型发展奠定扎实的社会基础。除了这些西部地区面临的共同困难外，还应当针对特殊产业、特殊企业和特殊人群，采取特殊的支持政策：

第一，根据产业特性，实行技术改造支持政策，提高煤炭资源回采率，提高资源的综合利用水平。由于六盘水市地形复杂和断层多，煤炭资源开采难度大，即便是大型国有企业，煤炭资源回采率也仅有35%，而焦炉煤气、煤焦油等回收利用仍未达到较高比例的利用率。同时，六盘水市煤化工仍处于初级开发阶段，产品结构单一，产业链短，如何推

进煤层气开发利用、进一步通过“四个一体化”来延长产业链，以发展接续产业和循环经济，也要促进技术的改进。如上所述，六盘水市煤矿开采成本高而影响效益。鉴此，国家应大力支持六盘水市煤矿企业的技术改造，以实现产业的升级。

第二，根据企业特殊性，在今后一个时期内继续实行特殊的税收政策。如上所述，在实施六盘水三线建设项目发展起来的国有大型企业，与民营煤炭企业相比，由于历史的原因，有大量的职工，承担着保障就业和稳定社会的多重职能，由此也有着相对应的沉重负担。加之近期受整个煤炭、钢铁行业产能过剩和需求不足的影响，导致企业经济效益较低，甚至发生亏损现象。例如，2013 年 1—4 月，贵州水城矿业（集团）有限责任公司发生亏损问题（利润为 -2.1 亿元），但仍然要上缴税费 2.44 亿元，税费还同比增长 69.53%。鉴此，应对六盘水市三线建设时期发展起来的大型国有企业，在承担保障就业、稳定社会责任负担重，又面临全行业产能过剩的情况下，继续实行所得税返还（财政部、国家税务总局财税〔2005〕29 号）和增值税返还（财政部、国家税务总局财税〔2006〕166 号）等优惠政策，以更好发挥大型国有企业在保障就业、稳定社会和促进资源城市转型发展的作用。

第三，根据三线职工的特殊性，解决第一代三线建设者这个特殊群体的生活困难，促进三线精神的更好传承和弘扬。在调研座谈会上，反映最为强烈的问题，是从三线企业退休的第一代三线建设者的住房条件差（不少仍住在棚户区）、退休工资低和与之对应的医疗保障水平低。例如，原水城矿务局局长杨建华（正厅级），在退休人员中工资算是高的，但 2013 年 1 月起调高后的月工资仅有 3050 元，不足当地党政机关退休干部工资的一半。而大量从企业退休的第一代三线建设者工资水平更低，贵州水城矿业（集团）有限责任公司人均退休工资每月仅 1857 元，低的仅 1000 元左右，与该集团在岗职工人均月收入 3606 元也有较大差距。据了解，六盘水市的物价水平比贵阳市还高，使得从企业退休的第一代三线建设者收入更显较低。导致从三线企业退休的第一代建设者生活诸多困难的原因，主要是由于第一代三线建设者退休时间较长，当时退休工资低和住房条件差（在艰苦创业的三线建设时期，以“先生产，后生活”为方针，职工住房改善让位于生产发展），工资虽几经提高，但仍较低。另外，由于六盘水市煤炭开采成本高，使得该地区煤炭企业效益在同行业中偏低，因而企业职工的住房、工资、医疗保障水平偏低。第一代三线建设者一般是从全国选调的优秀人才，为三线建设而奉献，创造了辉煌的历史，而今生活却陷入困境。第一代三线建设者对改善生活怀揣着梦想。解决第一代三线建设者生活的困难，是对他们艰辛创业所付出的一种应有回报，如此才可能更多地向社会传导出正能量，才能使三线精神更好地得到传承和弘扬。否则，会影响周边的人群，成为三线精神传承和弘扬的负面因素。鉴此，建议国家与企业共同对第一代三线建设者实施特殊补贴政策。实施这样的政策，除了必要性外，还具有可操作性：（1）第一代三线建设者这个群体很好界定，主要是 20 世纪 60 年代从全国各地选派的。（2）涉及人员较少。第一代三线建设者有的已进入各级党政机关，有的调离三线地区，有的离开人世，仍健在且从三线企业退休的职工极少。例如，贵州盘江投资控股（集团）有限公司有职工 5 万多人，而健在的矿一代不足 1000 人，即不到 2%。（3）实施这一政策不会带来遗留问题，因为健在的第一代三线建设职工，年龄一般在 70 岁以上，这个群体会随着时间的推移逐渐减少，直至为零。换言之，对第一代三线建设者实施特殊的生活困难补贴政策，是一项具有可操作性、成本低而又可以形成更大正能量的政策，有关部应加以调研，并选择在六盘水市做先行试点，以解决这个地区因煤炭产业特点而工资较低，致使生活困难较为突出的问题。

［原载《贵州社会科学》2014 年第 8 期］

以循环经济理念统领资源型城市转型发展与承接产业转移*

郑有贵　武力　王瑞芳　王蕾

承接东部地区产业转移，是西部地区资源型城市实现转型发展的重要路径。基于2015年对内蒙古自治区乌海市、四川省攀枝花市、贵州省六盘水市等地的调研，西部地区资源型城市在通过承接东部地区产业转移推进转型发展时，需要更新理念、创新思路和改进政策，以促进绿色发展、循环发展、低碳发展。在理念更新、思路创新上，应走出单纯非资源化的认识误区，克服零乱承接东部地区产业转移的盲目性，以循环经济理念为统领，以构建循环产业体系为方向，谋划产业布局。在政策改进上，在加大对资源枯竭城市实施转型发展财政转移支付力度的同时，需要从促进循环产业体系形成和持续发展出发，对价格机制、支持政策、区域统筹协调机制等方面加以完善。

一、创新转型发展思路和更新承接产业转移理念

西部地区资源型城市在承接东部地区产业转移，进而促进转型发展时，在创新发展思路和布局产业上，要以构建循环产业体系为方向。

* 内蒙古自治区乌海市刘春、全觉民、刘虎、朝格图，四川省攀枝花市杨自力、彭本瑜、张鸿春，贵州省六盘水市张瑞炎、张海琼等同志在组织参观、座谈、提供资料等方面予以大力支持，在此一并感谢。

（一）通过构建循环产业体系来适应新常态和实现靓丽转型

在全国从高速增长向中高速增长的增长速度换挡期，2014 年乌海市、攀枝花市、六盘水市地区生产总值分别增长 8.8%、9.3%、14.1%[①]，比全国平均值 7.4% 分别高出 1.4、1.9 和 6.7 个百分点。其中，一个重要原因是这些资源型城市利用当地资源优势发展循环经济。乌海市是 2011 年被列入全国第三批资源枯竭城市。该市按照国务院《关于进一步促进内蒙古经济社会又好又快发展的若干意见》提出的“以乌海及周边地区为重点建设全国重要的焦化生产加工基地”的定位，以循环经济理念和构建循环产业体系的思路，承接产业转移和促进转型发展。我们在该市调研的 16 家企业（海勃湾区 7 家、乌达区 4 家、海南区 5 家）中，凡在循环产业体系中利用当地资源的企业，都呈现出良好发展的态势，已投产的企业满负荷运转，分期建设的企业实现了边建设边投产，且在建项目都具有一定的规模。如东源科技公司 BDO、PBS 一体化项目，将建成全国最大的 BDO 生产基地，建成投资预计 375 亿元，投产后年产值将实现 433 亿元。

（二）通过构建循环产业体系来发挥自身优势，以增强承接产业转移的集聚力和转型发展的内在动力

在循环经济理念下，乌海市形成了由乌达工业园、海勃湾千里山工业园、海南西来峰工业园和低碳产业园区组成的“一区四园”的乌海经济开发区发展格局。按照 2014 年内蒙古自治区批复的《乌海经济开发区总体规划（2012—2030）》，规划面积 239 平方公里，其中海勃湾工业园区 48 平方公里，乌达工业园区 40 平方公里，海南工业园区 52 平方公里，低碳产业园 99 平方公里。这是一种差异化的园中园的循环产业体系，乌达工业园区以氯碱化工为主导；海勃湾千里山工业园以发展新材料、新能源、新型建材，培育装备制造业、轻工业为主导；海南西来峰工业园以煤化工为主导。该市产业布局总的方向是，在淘汰落后产能

---

① 调研时有关部门提供资料。以下本文中凡为调研时有关部门提供的数据，注释省略。

的基础上，按照“食物链”设计产业链条，在延长产业链条上下功夫，在资源精深加工上做足文章，统筹推动煤、电、化及相关产业一体化发展，加快培育配套产业和下游产品，提高资源就地转化增值率和产业精深加工度。以乌达区为例，2014 年精细化工产业占工业总产值的比重为 20.5%，预计 2017 年将提高到 50%，成为乌达区工业经济转型的主导支柱产业。这种整体设计的“一区四园”被列入首批国家低碳工业园区试点。

以循环经济为理念统领产业布局，立足发挥资源型城市的自身优势，不仅是当地企业，也是东部地区企业产业转移的吸引力所在。当问及企业负责人为什么愿意到乌海市进行投资，或将本在北京、上海、浙江、大连、陕西等地的产业转移过来时，他们的回答较一致，即除了享受西部大开发的税收、产业、土地方面的政策优惠和有相对完备的园区基础设施外，更主要的是有独特的吸引力，主要体现在以下三个方面。

一是在循环产业体系中，上游企业产品（也包括“废物”）是下游企业的原料，实现产业链的无缝连接，企业可以获得较为齐全的原料。大连九信生物化工科技有限公司负责人告诉我们，选择在乌海市做佳瑞米精细化项目，企业生产所需要的约 20 种原料，当地就可以获得十七八种，其中有当地独特的资源，有上游企业的产品、副产品蒸汽、“废物”等，而且价格比在大连市低许多。

二是在循环产业体系中，园区内企业与企业之间可实现产业链的衔接和副产品蒸汽等的有效利用，将富集的资源优势甚至包括“废物”在内的产品链衔接的优势，转变为低成本优势。仅以电与蒸汽价格为例，乌达区自备电厂平均发电成本仅为 0.22—0.24 元 / 千瓦时（含过网费和备用容量费），远低于东部沿海发达地区的平均工业电价 0.8—1 元 / 千瓦时，也低于内蒙古自治区平均工业电价 0.36—0.43 元 / 千瓦时；化工企业所需蒸汽的价格，当地发电副产品的蒸汽成本仅为 50 元 / 吨，比南方地区蒸汽平均价格 260 元 / 吨低许多。凭借自备电和蒸汽的低价格优势，乌达区大量基础产品成本较低，0.2 元 / 千瓦时的用电差价可使每吨电石成本低 700 元、烧碱成本低 400 元、工业硅成本低 2600 元；200 元 / 吨的蒸汽差价可使每吨1，4-丁二醇成本低1800元。这种循环产业体系的低成本优势，可以给企业带来丰厚的回报，是当地企业发展壮大和东部地区将乌海市作为产业转移目的地的重要原因之一。依托资源优势，企业在乌海市落户的投入产出比优势明显——投入产出比大、每年产出强度大，据设计测算，东源科技公司BDO、PBS一体化项目为1∶1.15和420万元/亩，腾龙化工草甘膦项目为1∶2.6和833万元/亩，海欣环保PVA系列项目为1∶0.86和286万元/亩，永宁药业头孢系列项目为1∶5和714万元/亩，佳瑞米精细化项目为1∶4和740万元/亩，恒业成有机硅项目为1∶1.15和514万元/亩，源宏医药原药项目为1∶3和1250万元/亩，美方能源LNG项目为1∶1.65和330万元/亩，其中不少是填补内蒙古自治区空白产业项目。

三是在循环产业体系中，对生产中所产生的废气、废渣、废水进行综合循环利用，可以减轻企业在环境污染上的压力，也是形成产业集聚的重要原因之一。被视为最严格的新的环境保护法自2015年1月1日开始实施后，不仅给地方政府增加压力，给企业的压力也增大。如果企业排放不达标，就随时面临停产的风险。到乌海市投资的企业，由于当地发展循环经济，使这种风险降到了较低的水平。北京市成城交大建材有限公司在南海区的项目，处于循环产业体系中的末端，以上游企业产生的多种“垃圾”为原料（企业负责人自嘲该企业是“垃圾”处理站）生产混凝土减水剂等，既实现很好的经济效益，又减少园区污染物的排放，担当起一定社会责任。

正是由于以循环经济理念统领产业布局有诸多优势，凸显资源齐全优势、煤电化一体化低成本优势、行业竞争力和抗风险能力较强，使经济发展内生的动力增强，也使对龙头企业集聚力增强，产业集聚效应明显，并形成上下产业链的衔接和融合发展的良好态势。乌海市已引进建设了工艺技术和节能环保水平先进的总投资超过500亿元的焦化、氯碱化工大企业、大项目，主要工业产品由最初的几个发展到5个系列50多种，煤、焦炭、电、电石等初级产品正在不断向煤焦油、炭黑、合成氨、液化天然气、粗苯、酚类、萘类、洗油加工类、各种沥青、甲醇和PVC、烧碱、医药中间体、新型建材等多元深加工产品延伸发展。承接这些产业后，在全国一些企业停产或减产的情况下，乌海市的骨干龙头企业还能实现满负荷生产。

（三）通过构建循环产业体系与促进产城融合、提升人文生态水准并进，使转型发展更具魅力

西部资源型城市大多是国家为实现赶超发展，在计划经济体制下，以全国一盘棋和集中力量办大事的建设思路进行布局，通过嵌入式开发而发展起来的。国家为实现赶超发展，在组织资源开发时，一般采取“先生产，后生活”的思路，不仅以生产原料为主和导致极其严重的环境污染，城市功能也较单一，几乎是以服务单一产业发展为主要功能。乌海市、攀枝花市、六盘水市等，无一例外都是按照国家统一的开发建设模式实施的，乌海市和六盘水市主要是为采煤业服务而发展起来的，攀枝花市是为钢铁基地建设而发展起来的。在这一开发建设模式中，建设者们艰苦创业和无私奉献，为当地现代工业的迅速生长和发展壮大做出了重大贡献。

以发展循环经济和建设生态文明为统领，促进产城融合、人文生态环境和社会民生改善，是针对以资源开发为主要目的建设模式的一种补偿式调整，更是西部地区资源型城市适应新常态、引领新常态而实现转型发展的必然选择。谁主动选择，谁就可以在转型发展中增添魅力、活力而焕发生机。乌海市以防凌汛为初始目的兴建黄河海勃湾水利枢纽为契机，统筹规划，在打造“沙地绿洲、水上新城”上做文章，改善生态和人文环境。为此，除控制工业排放、发展循环经济和发挥黄河海勃湾水利枢纽改善小气候外，还着力推进转型发展：一是，坚持以水为魂，以“环乌海湖”为核心和支撑，加快推进城市转型，以实现从“乌”（煤矿业）到“海”（水上新城）的历史性转变。黄河海勃湾水利枢纽成功蓄水，118 平方公里水面正在形成。甘德尔河治理一期、二期工程实现联合调度运行，高山草甸灌溉工程、桌子山矿区复绿引水南线工程全部完工，40 余座新建景观湖实现蓄水。以此为条件，稳步推进全国水生态文明试点城市建设，优化城市空间布局，引导人口向生态环境良好的乌海湖周边集中，实现乌海人“水贯城中、城在水中、依水而居”的设想。

二是，加快生态文明建设。四年来全社会累计用于生态建设的资金超过60亿元，实施了40多项生态重点工程，投入近1亿元实施了约1040万平方米的地质环境治理项目，相继建成八大主题公园，新增园林绿地面积490万平方米，全市森林覆盖率达到17.5%，建成区绿化覆盖率达到40.8%，人均公共绿地面积达到18.4平方米。该市已经成为全国绿化模范城市，正在创建国家园林城市。三是，加快文化建设。在开展图书馆、文化馆（群艺馆）、社区综合文化站、文化活动室和文化活动广场等公共服务建设的同时，以地方文化特色资源推动人文氛围的打造，如依托当地浓郁的书画文化举办书画艺术节和建设全国书法城，促进了文化素养的提升，为和谐社会的构建奠定了人文思想基础。通过促进产城融合、人文生态建设，该市已成为"黄河明珠""乌金之海""书法之城""沙漠绿洲""葡萄之乡""赏石之城"，这座城市也因此更具魅力。四是，大力推进民生建设和创新社会治理。自2004年开始实行以统一城乡户籍制度为突破口的城乡一体化改革、近期以"十个全覆盖"为抓手推进城乡公共服务均等化，在全市推进以煤矿区为主的棚户区改造，并以智慧城市建设为突破口启动了"数字乌海"建设——乌海市也因此成为全国首批信息惠民试点城市，改善了民生，为和谐平安城市的发展奠定了基础。正是这些人文生态建设和社会民生条件的改善，既为转型发展奠定了坚实的基础，也使转型发展具有了较强的内生动力，突出体现在：除了快速承接东部地区产业转移外，促进了人口向中心城市的集聚，促进了产城融合，促进了产业间的融合发展（如旅游与文化、工业、农业等领域融合发展；依托特色资源、人文历史和区位交通等优势，正在论证打造"中国户外城市"，以融合丰富的沙漠、黄河、草原、高山、湿地等景观。2014年乌海市旅游总收入24.8亿元，同比增长22%，发挥了旅游业在经济转型和城市转型中的综合带动作用），由此实现了第三产业的快速发展，第三产业在三次产业中的比重由2011年的26%上升为2014年的35.3%，年均提高3.1个百分点。

与乌海市一样，在三线建设中发展起来的攀枝花市和六盘水市，大力改善环境和推进生态立市，以此为基础，以独特的三线精神凝聚人心，以三线工业文化资源开展三线旅游，发展循环经济，并与当地的气候资源结合起来，攀枝花市发展阳光之旅，六盘水市发展体验“凉都”文化之旅。

这种生态人文建设和产业结构改善共同作用，为资源型城市的转型发展创造了良好的环境，形成了品牌效应，使转型发展步入快轨。

综上所述，西部地区资源型城市，在承接东部地区产业转移，促进转型发展时，要走出以下两个认识误区。

第一，资源型城市的转型发展，在结构调整上要走出单纯非资源化的认识误区，如以煤兴城的城市提出要非煤化。在资源如煤炭供应紧缺而价格较高时，资源型城市依靠单纯“卖”资源，就可以获得丰厚的收益，往往缺乏发展接续产业和综合开发利用资源的积极性，也就会埋下不可持续发展的种子，当市场发生大的波动时，结构性问题即暴露无遗。因而，资源型城市在转型发展中，调整产业结构成为必然选择，但也应当因地制宜，就多数而言，主要是改变过度依赖资源、单一提供原料、资源浪费、不注重发展接续产业、城市功能不完善配套、环境污染严重，以至发展不可持续的问题。如果陷入单纯非资源化的认识误区，为调结构而调结构，将失去发展的根本优势，得不偿失。

第二，在承接产业转移时，并不是东部地区产业的凌乱引入，也不是凌乱把无关企业吸引堆积在产业园区搞所谓的企业集群，而是要基于当地的资源优势，推进产业链的延伸和连接，形成资源（包括生产中所产生的废气、废渣、废水）的综合循环利用，实现多次开发，走绿色发展、循环发展、低碳发展之路，既可以大幅度提高附加值，又可以将资源优势转换成低成本优势的竞争优势，以此集聚产业链上的各类优质龙头企业，进而形成优势产业。为此，政府在引导承接东部地区产业转移促进转型发展时，应当从产业链的延伸和发展循环经济上进行统筹规划和引导支持，促进循环产业体系的形成和发展。

二、促进循环产业体系形成和持续发展的政策改进

（一）构建有利于循环产业体系形成和持续发展的价格机制

形成产业链延伸连接的循环产业体系，促进绿色发展、循环发展、

低碳发展，需要从以下两个方面对价格政策加以改进。

第一，完善自备电价格政策，切实把资源优势转换成低成本的发展优势，更好地促进资源的就地开发利用。国家已启动煤炭绿色利用的政策，着力提高电煤比例。依托煤炭资源发展起来的城市，实施煤电化一体化中遇到一个重要的问题，即在同一区域内，甚至是在同一工业园区内，在用电上对有自备电厂企业与无自备电厂企业实行不同的价格，后者远高于前者。如此，有碍循环产业体系的构建和可持续发展。在乌达工业园区的内蒙古君正能源化工股份有限公司，在全行业不景气的情况下，2014年还能盈利，其中一个最重要的因素，是由于自备电价格较低。而在海南工业园区内的技术装备位列全国先进水平的焦化企业——神华乌海能源西来峰燃化工公司，与西来峰发电厂尽管属于同一上级公司、地处同一产业园区，而且厂房相邻、产业链接，用电企业仍然不能享受自备电价格政策，当地电价低的优势在该企业得不到体现，先进技术装备的优势不能发挥，在石油价格处于低位、新能源发展受影响而导致对焦煤需求不足的情况下，不得不削减生产。鉴此，从有利于构建循环产业体系和将资源优势变为区域发展优势出发，需要改进自备电价格政策，即在自备电厂范围的界定上，将每个企业的自备电厂，改为以产业园区的产业链来界定，避免每个企业小而全地兴办自备电厂，更好发挥园区集中统一兴办自备电厂的规模效应、充分利用园区资源、实现园区产业的进一步分工合作和做强主业，进而提升资源型城市转型发展能力和内在动力。

第二，构建缓和替代产品价格波动对循环产业体系和新能源产业发展冲击的机制。资源型城市在构建循环产业体系过程中，遇到替代产品价格波动带来的障碍。现阶段，石油价格在低水平徘徊，影响着新能源及相关产业的发展，如乌海市、六盘水市则影响煤气化产业的发展，使得当地循环产业链断裂。这种波动可能是中长期的，也可能是短期的，但它使企业对于发展循环经济和新能源产业缺乏信心，不利于可持续发展的实现。为此，在价格政策上需要加以改进，建立起新能源价格补贴、税收优惠与所替代产品价格波动的联动机制，以减轻所替代产品价格波动对循环经济和新能源产业发展的负面影响。

（二）加大和改进对承接产业转移和转型发展的支持

国家对资源型城市转型发展，在基础设施、产城融合、人文生态方面予以大力支持，并不是对这些城市的偏爱或导致市场竞争的不公平，而是属于补偿性政策调整，也是促进公平发展的具体体现。在加大对资源枯竭城市实施转型发展财政转移支付力度的同时，还要对支持政策加以完善。

第一，围绕循环产业体系的构建，完善科技创新支撑体系，统筹构建工业园区统分结合的中试和检测平台。乌海市大力促进以企业为主体、市场为导向、产业化为目的的科技创新体系的形成，逐步将发展方式导入创新驱动、内生增长轨道。该市对新建新型科技研发机构按照自治区政府、盟市政府、企业 1∶1∶2 比例共同出资，促进新型科技研发机构创新发展，已有自治区级企业研发中心 14 家、研究院 6 家（分别是内蒙古君正氯碱化工技术研究院、内蒙古煤焦化工新材料研究院有限公司、内蒙古东源高分子材料科学研究院、内蒙古恒业成有机硅研究院、内蒙古汉森葡萄产业研究院、内蒙古联丰稀土化工研究院）。在政策的完善上，需要进一步围绕转型发展，以促进循环经济发展为重点，一方面大力支持重点产业领域关键技术研发；另一方面在产业园区统筹建设统分结合的中试和技术检测平台，以满足企业特别是东部地区产业转移企业的需求。

第二，构建差异化的园区基础设施网络，为生产生活服务。根据乌达区的经验，需要立足于差异化的产业发展定位，建设适合于产业发展的差异化基础设施，形成覆盖更全、强度更大、专业化更深、可靠性更高、服务水平更加优质的基础设施网络。其中，有些是容易被忽视的，如在生产方面，可组织统筹蒸汽利用，协调做好水、电供应；在治污方面，着力构建工业“三废”处理系统；在生活设施上，统筹兴建园区宿舍、食堂、商业等服务设施。统筹服务体系建设，既可以节约土地、资金等，又可以获得规模效应。这些服务系统的构建，政府首先要在产业园区建设规划上加以充分考虑，同时通过政策引导，促进企业间合作完成，如“三废”处理系统主要由政府投资，统筹供气、食堂、宿舍、商业等可由政府统一规划、企业合作投资。

第三，加大对矿山地质环境治理的支持力度。这是资源型城市发展到一定阶段普遍遇到的问题。例如，乌海市矿山开采中形成的露天煤矿和灭火工程大量出现，带来了较为严重的生态环境破坏问题。据统计，乌海市现有矿山企业 122 户，其中煤矿矿山企业 51 户。在矿产开发过程中，由于剥除矿体表层土壤，造成约 86 平方公里地表土遭到破坏（包括采坑、渣堆、塌陷、排弃场），同时使附近的土壤被污染；露天开采过程中产生的大量废石、废渣、煤矸石渣，除占用大量土地外，当硫含量达到 1% 时，在一定温度、压力和通风条件下，还会诱发煤矸石山发生煤矸自燃。此外，矿山开采中废气、粉尘、废渣排放，造成大气污染，诱发酸雨，使得土壤的酸性增强，生态系统失衡，加速了矿山地质环境的恶化。近年来，乌海市高度重视矿山地质环境问题，坚持“在保护中开发、在开发中保护”的原则，把对矿山地质环境的保护与治理作为实现矿业经济可持续发展的保障性工程和改善生态环境的民生工程，自 2005 年以来不断加大投入力度，编制了《全市矿山地质环境保护与治理规划》，基本查清了全市矿山地质环境现状，确定了全市矿山地质环境治理的重点区域；按照国土资源部的有关要求，出台了《乌海市矿山地质环境治理监管实施意见》，为治理工作打下了基础；2012 年上报地质环境治理和保护项目 8 个，其中海南区 32 公里灰岩矿区地质环境恢复治理项目、乌达区三道坎砂坑地质环境恢复治理项目已在自治区立项，乌达区巴音赛沟煤矿和红旗煤矿矿山地质环境治理项目已基本完成。据国土部门测算，若彻底改变乌海市矿区地质环境面貌、恢复矿区生态环境，需投入资金 10 亿元以上，单靠乌海市财力难以支撑，需要自治区乃至国家进一步加大支持力度。

（三）构建区域统筹协调发展机制

西部地区的资源型城市，都试图通过承接东部地区产业转移实现转型发展，也面临行政区域内和行政区域间如何协调产业布局的问题。例如，在内蒙古自治区西部“小三角”经济区，包括乌海市与相邻的鄂尔多斯市鄂托克旗（内设蒙西和棋盘井工业园区）、阿拉善盟阿左旗（内设乌斯太工业园区），都基于丰富的煤炭和石灰石资源，形成了以煤炭、电力、化工、建材、钢铁冶金为主的特色产业体系。但是，由于“小三角”经济区在行政管理上涉及3个盟市级政府、5个区县级政府和6个具有部分行政职能的工业园区，在利益驱动下，各行政主体各自为政，在区域内存在工业园区布局重复、产业同质、要素配置低效、资源利用难充分、环境污染控制难度较大等问题。攀枝花市、六盘水市与周边也遇到类似问题。为此，应当从发展规划、产业分工协同、共同市场构建、基础设施建设、环境保护联防联控、城市功能定位、社会保障覆盖等方面进行统筹规划和协调推进，并发挥好区域中心城市的功能和经济增长极的辐射带动作用。

［原载《产业与科技史研究》第1辑，科学出版社2017年版］

自贸区前期设计需要把握好的几个问题

——基于上海自贸区建设初期若干现象的探讨*

郑有贵

经国务院正式批准设立、2013 年 9 月 29 日挂牌的中国（上海）自由贸易试验区（以下简称上海自贸区或自贸区），在一年多来的试验中，围绕外商投资负面清单管理、贸易便利化、金融服务业开放、完善政府监管制度等进行体制机制的探索和创新，形成了一批可复制、可推广的经验做法。据 2015 年 1 月 11 日中央电视台《新闻联播》报道，上海自贸区的 27 项可复制经验已在全国生根发芽；下一步，涉及投资管理、贸易便利、金融和服务业开放的 23 项措施和事中事后监管 5 项措施即将在全国推广。基于上海自贸区试验的成功及其在以开放促改革和构建开放型经济新体制的重要作用，中央决定在广东、天津、福建再设三个自贸区。[①]从改革和发展的需要出发，自贸区建设还会逐步扩展到其他地方。在新建自贸区时，可借鉴上海自贸区的成功经验，包括如何正视、避免和处理好自贸区建设初期的“多”与“少”、“强”与“弱”、“热”与“散”、

---

* 本文是在中国社会科学院当代中国研究所第二研究室赴上海调研的基础上形成的，前期阶段成果获中国社会科学院 2014 年优秀对策信息对策研究类三等奖。张星星、郑有贵、钟瑛、冷兆松、段娟、王蕾参加调研。在调研过程中，黄仁伟、王健、张秀莉、陈建勋、韩汉君、黄烨菁、陈宇、戴桂麟、张娟、孙元欣、林珏、唐胜春、张琤、吴景平、刘红忠、罗长远、宋永华等与调研组进行了座谈，并提供了有关资料和研究成果。

① 《人民日报》2014 年 12 月 13 日。

“易”与“难”、“小”与“大”等现象（这些同样是作为国家改革开放“试验田”在特定的开创阶段的重要成果），从中获得新建自贸区政策制定、制度安排和工作推进的借鉴。本文在对上海自贸区建设初期一些现象及其成因分析的基础上，提出要正视其对新建自贸区政策制定、制度安排、工作推进的参考意义，并提出自贸区前期设计时要明确以实现“走出去”为重要目标、制定产业规划、在负面清单的制定上要注重对关系国家安全的战略行业的保护和对服务领域的放开保持慎重、做到一口管理与综合信息平台构建的有机统一、做好自贸区区内与区外制度和发展的衔接等，进而使自贸区更好地承担起促进改革开放和国家发展的使命。

一、把实现走出去作为重要的目标

企业是自贸区的重要主体。到 2014 年 3 月底，在自贸区新设的外资企业 661 家，占自贸区挂牌后新设 7772 家的 8.5%。[①] 随着外资企业对自贸区政策的了解和自贸区多项政策、制度的逐步出台，外资企业入驻自贸区增速，到 2014 年 11 月底，新设外资企业快速增加到 2114 家，占新设企业近 1.4 万家[②] 的约 15%。从中也可以看出，新入驻自贸区企业的构成是国内企业多而外资企业少。

如何认识这种“多”与“少”现象？有一种误区，就是以引入外资企业的多少论成败，因而有人以外资企业进驻自贸区占少数为由，认为自贸区还不够开放和不成功。这种评判仍然是停留在改革初期的单一引进来思维。在经历三十多年改革开放和成为世界第二大经济体之后，促进“引进来”和“走出去”更好结合，促进国内企业的成长和“走出去”，是设立自贸区的重要目的之一，应当成为自贸区试验的重要政策取向。这也给自贸区提出了重视包括外资企业在内的各类企业对制度建设需求的前提下，如何实现“引进来”和“走出去”更好结合，促进国内企业的成长和“走出去”的新课题。为此，需要采取相应措施。

① 《上海自贸区“一季报”：新设外资企业大幅增加》，新华网，2014 年 4 月 15 日。
② 《解放日报》2014 年 12 月 30 日，第 2 版。

第一，按照向价值链高端递进的要求，培育价值链金融体系，为国内企业特别是中小企业发展和“走出去”提供更加开放的金融服务。首先，需要明确金融为实体经济服务的政策取向，而不是单纯为金融业发展而改革和创新。在此前提下，推动金融改革和创新，为贸易和投资提供便利，使自贸区增强对资本的吸引力，推动中国部分地区形成全球性或地区性的“资本高地”①。国家有关部门在推进金融改革方面做出了努力，如中国人民银行发出《关于金融支持中国（上海）自由贸易试验区建设的意见》，银监会、证监会、保监会也明确了相关支持政策，以及外汇管理局出台改革方案，都超出了上海的预想。② 自贸区已吸引了大批金融企业的集聚。到 2014 年 6 月底，新入驻自贸区的与金融相关的企业达 2546 家，占入驻企业的 25%。到 2014 年 11 月底，办结境外投资项目 160 个，中方对外投资额累计近 38 亿美元。③ 在自贸区金融改革与创新上，除推进利率市场化、汇率市场化和人民币资本项目开放，积极探索离岸资本市场体系、构建开放型资本市场投资平台、打造开放型资本市场交易平台、建立和发展场外股权交易市场的同时，还应培育价值链金融体系，从上海市的优势产业出发设计金融制度，提供基于价值链分工进而细化到研发、生产、流通的专业金融服务。④

第二，在自贸区更加有力地促进混合所有制经济发展，发挥国有企业在“走出去”方面的作用。推进国有企业改革，增加国有企业活力，增强国有企业“走出去”的动力和能力，是自贸区特别是如在上海这样一个国有经济份额较大地区兴办的自贸区实现以开放促改革的重任之一。在推进国有企业改革上，应大力促进混合所有制经济的发展，以实现多方面的目标：把国有企业经济实力强、规模经济效应明显的优势，与民营企业活力优势很好地结合起来；打破国有企业的行业垄断，让民营资

① 李志青：《自贸区建设与发展模式的选择——环境保护的视角》，《制度创新与管理创新：中国（上海）自由贸易试验区建设研究报告集》，上海人民出版社 2014 年版。

② 《上海市长杨雄谈自贸区 改革力度前所未有》，《人民日报》2014 年 4 月 28 日，第 6 版。

③ 《解放日报》2014 年 12 月 30 日，第 2 版。

④ 袁堂军：《全球价值链分工与上海自贸试验区建设的逻辑》，《中国（上海）自由贸易区新战略研究》，格林出版社、上海人民出版社 2013 年版，第 100 页。

本通过国有企业进入相关领域。

二、在关系国家主权和经济安全上要有不可退让的坚持

上海自贸区最为成功的试验是在中国历史上首度探索实施外商投资负面清单管理模式，形成更加开放透明的投资管理制度。这一改革效应初步显现，回答了在投资上如何处理好政府与市场的关系问题。同时，在自贸区建设初期对负面清单的具体内容也有否定的观点。有人把外资企业入驻自贸区少，归罪于负面清单所列禁止或限制投资的领域太多，要求放松投资限制的声音较强。2014年6月30日上海市人民政府公布的《中国（上海）自由贸易试验区外商投资准入特别管理措施（负面清单）》（2014年修订），比2013年公布的第一份负面清单限制的投资领域少了许多，尽管如此，美国财政部长雅各布·卢对此表示“失望”，认为取消的一些外商投资限制“很一般”。[①]

对负面清单内容否定的声音强、对发挥负面清单维护国家安全或利益功能的声音弱的现象，自贸区提出了如何做到既简化负面清单，又在关系国家安全和利益上有不可退让的坚持的新课题。

负面清单确实有“瘦身”之处，但这只是问题的一个方面，还有些问题需要加以注意：

第一，在关系国家安全的战略行业上要有法可保。在外资投入上，放宽准入与限制性保护是不能相互替代的，不能因为放宽准入而完全取消限制性保护，也不能因为限制性保护而不放宽准入，而是应当加以分别对待。例如，俄罗斯在放宽外资准入的同时，仍依法确定战略性行业，对其采取多种形式的保护。哪些是中国的战略性产业，需要加以研究，并从法律上加以明确。

第二，对服务领域的放开保持慎重。进一步开放服务领域，对国外企业有很大的吸引力，可以说是一个较大的蛋糕。总体而言，我国服务

① 李泓冰、谢卫群、孙小静:《志在四两拨千斤——上海自贸区制度创新面面观》,《人民日报》2014年8月5日，第6版。

贸易已是多年呈逆差且不断扩大的态势。对于服务贸易，一方面，有的关系国家安全和意识形态安全；另一方面，如果完全放开服务贸易，将来在多边或双边的谈判中也就失去了筹码。

三、研究、公布产业规划

上海自贸区挂牌后，国内企业入驻的积极性极高。自贸区综合服务大厅工作人员在回忆挂牌初期的情景时说：我和同事们曾经一天接待1700人次政策咨询任务。①到2014年11月底，在自贸区新设立的投资企业比其前身上海综合保税区20年企业注册总和8000余家还多②。这种企业入驻自贸区热是可以理解的，因为很多人对国家全面深化改革充满期待，看好上海自贸区的改革红利。从一年多来的实践看，自贸区的建立确实为国内企业的发展提供了良好的条件。例如，融资租赁业在自贸区如雨后春笋般发展起来（据统计，自贸区挂牌半年内设立融资租赁企业157家，接近挂牌前累计设立的182家③），是2014年一季度开始企业进驻自贸区较多的重要原因之一。国内企业可以通过开立上海自贸区离岸账户、自由贸易账户（2014年5月22日，上海自贸区开始实行分账核算政策，即自贸区的企业、境外机构可通过开设自由贸易账户，将原来需要多个账户办理的业务集中到一个账户中进行，④到2014年11月底，开设6925个自由贸易账户，存款余额达48.9亿元人民币⑤），便利了贸易投资。一年多来，自贸区内企业盈利水平同比增长20%，由于简政放权使其市场空间也得到进一步释放。⑥

同时，不少国内企业入驻自贸区带有一定的盲目性，表现为企业入驻自贸区抢占山头的想法，没有明确的投资目的，没有明确的经营

① 《再一次起跑——一位工作人员的“微”观察》，《人民日报》2014年4月28日，第6版。

② 李泓冰、孙小静、谢卫群：《中国（上海）自由贸易区——制度创新释放活力 复制推广全国示范》，《人民日报》2014年8月5日，第1版。

③ 《上海自贸区“一季报”：新设外资企业大幅增加》，新华网，2014年4月15日。

④ 《上海自贸区自由贸易账户制度启动》，《人民日报》2014年5月23日，第2版。

⑤ 《解放日报》2014年12月30日，第2版。

⑥ 同上。

方式[①]。不少想进入自贸区的国内企业问自贸区管委会最多的问题竟然是“我可以在自贸区做什么”，而不是有准备充分地说“我想在自贸区做什么”[②]。

国内企业积极入驻自贸区，使自贸区建设有了较为充分的市场主体基础，也带来一些问题。例如，产业分散，对自贸区预期功能的实现会产生一定的负面影响。再如，自贸区内房价上涨过快（自贸区挂牌一个月间区内的办公楼出租价格至少涨了 2—3 倍，周边的房价也上涨三到五成[③]），如果不加以控制，入驻企业经营成本较高，后续制造业企业难以承受。

上海自贸区建设初期的企业入驻热及盲目入驻而相伴所生的现象，提出了新建自贸区在保障企业进驻权益的条件下，如何避免盲目进驻的问题，以促进产业联动和产业集群的形成、产业链与价值链的融合、经济升级版的形成的新课题。国际上的经验可以借鉴，如美国在 20 世纪 80 年代对全国一百多个自贸区的产业集群系统进行了细致到每个自贸区的专攻产业的规划。[④]无论是已开始的上海自贸区，还是在其他地方将要新建设的自贸区，都需要根据国家和区域经济发展的战略定位，因地制宜，基于当地的产业优势，先行制定产业规划。通过产业规划的公布和实施，引导企业理性进驻，使自贸区承担起促进我国在全球价值链位势的提升和服务于中国经济升级版形成的功能。为此，需要注意三点：第一，基于我国属于全球制造业第一大国和有庞大经济实体的特点，吸引国内外研发中心形成集群，发挥技术的溢出效应，促进我国向全球产业链和价值链高端的递进。第二，构建大型国有企业向价值链高端递进的机制。以上海市为例，基于国有大型企业较多的情况，可以通过深化改革，改变有的大型国有企业对构建价值链缺乏动力，甚至是偏离价值链

---

① 陈建安：《上海自贸区税收政策缺乏吸引力》，《东方早报》2004 年 1 月 22 日。

② 尹晨：《上海自贸试验区需破冰前行》，复旦大学《上海自贸区综合研究院简报》2014 年 3 月总第 3 期。

③ 韩萌：《上海自贸区满月 周边房价上涨三到五成》，《新京报》2013 年 11 月 3 日。

④ 袁堂军：《全球价值链分工与上海自贸试验区建设的逻辑》，《中国（上海）自由贸易区新战略研究》，格林出版社、上海人民出版社 2013 年版，第 100 页。

与产业链融合发展的方向，而热衷于粗放的外延式增长，如大规模地经营房地产业和农业（并非这些产业不可做，而是与价值链的递进发展趋势不符合）等现象。第三，改变各自为政的做法，全国一盘棋，促进国内企业整合和做到产业链与价值链的融合。

四、建立统一信息平台

在自贸区，成功实行的如外商投资负面清单管理、企业注册实行先照后证、注册资本认缴制、工商“一口受理”、国际贸易单一窗口、办税一网通等改革举措，节约了申报、登记、通关、纳税等的时间成本。例如，内资企业及备案的外商投资企业领到营业执照、机构代码证、税务登记证等的时间由原来29个工作日缩短到4个工作日内，试验区内的进口通关速度比区外快41.3%，出口速度快36%[①]；银行在自贸区内增设分支机构的审批时间由原来的最长6个月缩短到10个工作日以内。[②]

在实施便利化审批和登记时，在自贸区建设初期也遇到新的问题，一些监督管理所需要的信息难以获得，不利于提高服务和监管的效率。上海自贸区针对初期的问题采取相应措施，于2014年7月4日起开始搭建自贸区信息共享和服务平台，集聚了30个部门的相关信息，将企业信息、银行信息、工商信息、海关信息等联通，以实现各管理部门监管信息的基本共享。[③]

在自贸区搭建信息共享和服务平台，是政府从事前审批转向事中事后监管的基础性工作。自贸区放权和简化管理易而统一监管难的现象，提出了新建自贸区在实行简化管理时，如何获取必需的信息和建立统一信息平台，以利于经济运行情况的及时准确掌握，以提高服务和监管效

① 牛一兵、刘建林、李泓冰、禹伟良：《种好国家苗圃 奋楫制度创新——上海自贸区半年印象》，《人民日报》2014年4月28日，第1版；《上海市长杨雄谈自贸区 改革力度前所未有》，《人民日报》2014年4月28日，第6版。

② 《上海自贸区三项银行业监管新政出台》，《新闻联播》，2014年5月13日，http://news.cntv.cn/2014/05/14/VIDE1400066646861392.shtml。

③ 李泓冰、谢卫群、孙小静：《志在四两拨千斤——上海自贸区制度创新面面观》，《人民日报》2014年8月5日，第6版。

率的新课题。鉴此，需要采取相应措施：一是对自贸区统计进行立法，让入驻自贸区的企业依法承担起提供必要信息的责任。二是打破信息提供各自为政，特别是信息垄断的格局，构建自贸区统一的信息平台，实现各个作业环节信息的共享，建立综合的服务和监管体系，以提高服务效率和适应强化事中、事后动态监管的要求。

五、做好区内与区外的制度和发展衔接

自贸区地域面积小而连接和辐射带动面积大的现象，提出了在区内与区外关系上，不仅要做好区内制度设计和发展安排，还要做好区内与区外的制度和发展衔接的新课题。

第一，促进自贸区周边地区经济社会发展，避免自贸区内及其周边地区主要是企业消费，而政府和居民消费缺失或不足的现象，以促进可持续发展。例如，洋山港临港新城远离城区，主要是企业消费，而政府和居民消费缺失或不足，使其发展受到一定约束。就医院而言，区内以企业为主，少有居民，住宿、餐饮等配套服务设施不齐全，这样的环境不利于医院的发展。为实现自贸区的可持续发展，上海市在实施产业发展规划的同时，已开始筹划产业与城市的融合发展，推进临港区的城镇化和地铁等基础设施建设。

第二，在实现溢出效应的同时，也要尽可能避免或减少虹吸效应。自贸区的建立，对全国而言，无论是经济发展，还是制度创新和对外开放，都具有巨大的溢出效应，同时也有可能存在虹吸现象。例如，在更加开放的投资政策、预期更低的融资成本、更高效公平的政府监管和服务环境下，自贸区将生成更多的总部经济和高新产业，设立更多的财务公司等，在带动周边地区发展的同时，也可能使周边地区优秀企业资源、人才资源等高端生产要素流出。对此，也要采取相应措施，以实现区内外的相互促进和共同发展。

第三，鼓励形成多个自贸区竞争的格局。从“为全面深化改革和扩大开放探索新途径、积累新经验”出发，结合各地优势与国家需要，适时设立若干个自由贸易园区（港），从更多的角度和路径进行探索，积累

多元化的经验是必要的。其中，在进行顶层设计时，一方面，应当强调自贸区制度创新，与政策优惠分开，以避免新的不平等政策问题；另一方面，应当注意各自贸区功能差异化定位，对各自贸区的功能进行规划，既避免重复实施和恶性竞争，又发挥各自所长，在分工合作中分担进入深水区的改革压力和完成国家战略布局的使命。

［原载《创新》2015 年第 2 期］

雄安新区建设发展路径的国内外可比经验启示与思考

钟瑛　王蕾

2017 年 4 月 1 日，中共中央、国务院决定设立雄安新区，含河北雄县、容城、安新三县。新华社以“千年大计、国家大事”的措辞论述此举，规格空前。由中共中央、国务院共同发文，这个规格历史上只有深圳经济特区和上海浦东新区。由此可见，雄安新区是继深圳经济特区、上海浦东新区之后又一具有全国意义的新区，是以习近平同志为核心的中共中央作出的一项重大历史性战略抉择。与前两个特区不同的是，深圳特区与浦东新区主要体现经济意义，而雄安新区政治意义更为重大。三者分别代表中国改革开放的三个时期：深圳特区（1980 年设立）是沿海改革开放第一响，浦东新区（1992 年设立）是改革开放从沿海向内陆渗透的最重要的一响，前两者均处于改革初期，分享经济高速发展红利。而雄安新区的设立，处于改革攻坚期、增速换挡期、转型阵痛期，承载自身独特的历史使命。雄安新区建设必然比京津冀一体化承载更多政治意义，被赋予探寻走出改革“深水区”的重大使命，是京津冀协同发展进程中最具战略高度的一步。规划雄安新区建设发展路径可以借鉴国内外可比经验。

一、首都副中心新城设立的国际可比经验启示

雄安新区的战略高度毋庸置疑，其未来的建设发展路径在国内或许

鲜有前例可完全相提并论，但可以借鉴国外首都圈建立的国际经验来窥之一二。从国际可比经验看，国外首都副中心新城建立的模式主要有两种：一种是直接选址兴建政府行政中心，如马来西亚布城、韩国世宗市，另一种是围绕首都经济圈跨行政区协调资源定向发展，如日本东京首都圈等。

（一）马来西亚布城：强执行力推动建设 + 采用公私合营实施机制

为了减轻首都人口和资源的压力，马来西亚从 1990 年代早期就开始考虑将政府行政中心迁出吉隆坡。1993 年 6 月，因其位于吉隆坡国际机场及吉隆坡之间的战略位置、低开发成本及其周边的自然环境，马来西亚布城从六个候选地址中脱颖而出。政府对布城的愿景是它能够反映马来西亚的自然与文化遗产，同时融入最新的科技成果来应对未来可能面临的挑战。马来西亚政府执行力很强，使得布城建设方案从提出到实施几乎没有延误，从确定选址到完成建设历时仅八年，经历规划期（1993—1996 年）、建设期（1996—2001 年）和迁移期（2001 年及以后）。2001 年竣工后，所有政府部门正式入驻办公，建设工程共花费了 76 亿美元。

布城建设过程中一大特色是采用公私合营实施机制。布城项目的实施主要涉及布城管理局、布城控股有限公司、市政公司和 KLCC 资产控股有限公司四个当事方。公共部门作为一个积极的合作伙伴扮演引导者与推动者的角色，不断对开发过程的步骤和行政功能进行修订和简化，并与私有部门保持紧密联系。马来西亚布城 2006 年人口达到约 6 万，随后逐年以 3%—4% 增速增长，同期首都吉隆坡人口增速明显下滑，从 2006 年 4% 的增速水平下滑至近 1%。

（二）韩国世宗市：注重规划城市配套发展

韩国面临的首都圈过度聚集问题更加严峻，因此一直在竭力打造周边首都圈的卫星城市，甚至考虑迁都。韩国首都圈包括首尔市、仁川市和京畿道，土地面积占全国国土面积的 11.78%，而人口占全国总人口比重高达 49%。世宗市作为行政中心具有天然的地理优势，作为全韩国国土的几何中心，大部分韩国国土都在距离世宗市 200 公里辐射区，因此通过高速公路、航空、铁路等基础设施在两小时内可达全国大部分地区。在 2005 年正式提出世宗新城规划后的两年规划期内，政府频繁制定发布了各项详尽规划：建设基本规划（2005 年 5 月至 2006 年 7 月）、广域都市规划（2005 年 7 月至 2007 年 6 月）、开发规划（2005 年 8 月至 2006 年 11 月）、实施规划（2005 年 9 月至 2007 年 6 月）。

在世宗新城建成后，注重规划城市配套发展分三步走：一是先完成短期城市雏形阶段（2007—2015 年），从城市政策层面，集中投资于中央和地方行政、政府资助研究功能，建立公共交通主干道等城市发展的基础设施。二是在城市成长阶段（2016—2020 年），投资大学和研究、医疗福利、高新产业等自足的城市功能，并完备基础设施。三是在城市成熟阶段（2021—2030 年），进一步完善基础设施的建设，将世宗市的管辖地区作为第一层次空间范围，将与世宗市相邻的五个市和郡作为第二层次空间范围。不过，韩国世宗新城从选址到建设过程几经波折，执政党与在野党之间几次博弈导致迁都世宗市计划改为建立新行政特别自治市，只从首尔迁出部分非核心政府部门。2012 年建成后，世宗人口每月增速达 2%—3%，首尔人口净流出速度加快。首尔人口在 1992 年达到峰值 1090 万，随后因首尔首都圈的发展人口增速回落，目前首尔人口总数基本保持在 1000 万水平。

（三）日本东京首都圈：发展多圈层多中心的首都圈

日本东京将首都各项职能逐步引导至周边地区，发展成多圈层多中心的东京首都圈。东京首都圈是指以东京都区部为核心的“一都七县”，包括东京都、神奈川县、千叶县、埼玉县、茨城县、栃木县、群马县和山梨县。自 1958 年开始，根据东京发展要求历经五次大规模规划，形成了目前三个圈层城市网络。三个圈层分别是核心层、中心圈层和外围圈层。核心层以服务业为主，中心层以高科技产业为主，外圈层以制造业农业为主。此外，还将首都功能分散形成了多个中心，如埼玉区域行政中心、神奈川区域工业聚集中心等。其中埼玉定位为日本的行政次中心，接纳了国家行政机关职能的转移，同时带动周边需求。埼玉的特点是交通便利，距离东京银座北部约 28 公里。国家行政机关转移同时带动部分人口疏解到埼玉，从 2000 年开始到 2010 年，十年间埼玉及邻近地区新增人口 23000 人，且大多是常住人口。随之而来的生活需求也促进了商贸业、餐饮业等生活服务业发展，同时，城市基础设施建设的加速也促进了区域社会经济发展。

综上所述，马来西亚布城、韩国世宗市、日本东京首都圈建立的可比经验启示：一是首都人口密度越高、政治体制执行力越强、首都副中心新城行政级别越高，则新城的投资力度会越大、建设进程越快、建成后吸引人口流入的成功率越高。雄安新区初期主要是北京非首都功能的承接，我国具有社会主义集中力量办大事的制度优势，政府执行力度更强，政策延续性强，因此初期推进势必远远快于可比国际经验，新区建立后首都的人口增速将会明显得到控制。二是首都副中心新城建立一般经过三个阶段，第一阶段为规划阶段，一般历时 2—3 年时间，其间出台一系列的建设、开发、实施规划；第二阶段为建设阶段，一般历时 4—5 年时间，主要为重要政府办公大楼项目的兴工、行政中心相关法律制定；第三阶段为迁移阶段，一般历时 10—20 年时间，政府部门、企业陆续迁入新城，随后新城范围不断扩大、设施不断完善。按照国际上城市建设的基本规律与经验，时间进度上雄安新区的最终成型需要 15—20 年的较长建设周期。三是首都副中心新城建设规模巨大，城市配套发展一般分三步走，即先保障行政功能建立，再完善核心功能和配套居住区、引导高新产业进入，最后扩大发展。随着我国京津冀一体化发展，雄安新区凭地理位置优势必将承接重要职能，如同日本东京首都圈埼玉市。

二、深圳特区、浦东新区建设发展的经验启示

深圳特区与上海浦东新区，作为河北雄安新区的成功的先行者，始建于我国改革开放的不同阶段，都曾担负着时代赋予的重要使命。深圳特区、浦东新区作为我国改革开放的先行试验示范区，其改革的方向、着力点，与整个中国改革的进程吻合。在探索特色发展模式的同时，也

为全国积累了宝贵经验。

从承载的历史使命来看，深圳特区在于突破计划体制坚冰、打开对外开放窗口；浦东新区在于推进体制改革、助推能与国际经济对话的国际大都市和经济圈的形成。

从地理、地缘优势来看，深圳毗邻香港，地处正在发育中的港深穗都会带上，是重要的支点和通道，加上邻近港、澳、台，可以方便地利用两个市场、两种资金和两种制度，1997 年香港回归以后，深圳是两种制度的接合部和缓冲区，此外，深圳以规划中的珠三角经济区为依托，是我国华南地区的重要门户；浦东新区位于黄浦江以东、长江口西南、紧靠上海市区的一块三角形地区，濒临东海，面对太平洋，扼长江而贯通大陆中部，处于中国“黄金海岸”与“黄金水道”的交汇处，有上海市和整个长江三角洲及长江流域作为依托，在我国沿海地带位置居中，南北联系方便。

从辐射带动功能来看，深圳特区带动广东经济起飞和珠三角崛起，珠三角的工业现代化程度和城市化程度均雄踞全国前列，区域一体化正从“小珠三角”向“大珠三角”，乃至“泛珠三角”扩展；浦东新区带动长三角乃至长江流域的快速发展，发挥了经济枢纽、服务功能、金融中心、科技高地和要素配置中心等五大效应，极大地提升了上海在长三角乃至全国的经济龙头地位，在浦东—上海龙头的带头作用下，长江三角洲成为全国经济、科技和文化最发达的地区。

从改革示范功能来看，深圳特区敢为天下先，把创新作为生命线，一直居于中国改革开放的最前列，创造了许多“第一”和“现代奇迹”，在机构建设、制度建设、法律建设等方面进行着一系列大胆的改革创新和体制探索；浦东新区以创新为己任，为推动全国改革起示范作用，2005 年 6 月 21 日，国务院批准上海浦东新区为国家级综合配套改革试验点，使浦东再次站在一个新的历史起点上，当前浦东新区已经进入“制度逐步定型”阶段。

自 1992 年浦东新区设立以来，全国先后设立了包括雄安新区在内的 19 个国家级新区，并有 7 个经济特区，深圳特区和浦东新区是其中的佼佼者。按照中央规划，雄安新区建设远期规模面积 2000 平方公里，肩比深圳特区（面积 1996 平方公里）和浦东新区（面积 1210 平方公里），从深圳特区和浦东新区的建设发展经验，不难看出作为国家级新区应承担的角色：一是改革探索试验区，国家级新区不仅具有一般城市新区完整的城市功能，同时还重点关注特色经济与发展领域，成为改革创新先行先试的前沿阵地。二是区域核心增长极，国家级新区的龙头作用促进在国土层面逐渐形成若干城镇群核心区和增长极。三是产城融合典范区，国家级新区不仅是经济发展的主战场，更是宜居宜业的新城市地区，因此从建设伊始就注重产城融合和均衡发展。四是绿色生态宜居地，国家级新区的规划建设，在实现经济快速发展的条件下，承担着保护生态环境，探索低碳发展的重要使命，引领绿色、循环、低碳发展的城市发展新方向。

然而，对比可见，雄安新区地处内陆腹地，没有深圳特区与浦东新区那样的临海或临江区位优势，更没有在初建与扩建过程中可以利用的廉价劳动力等红利要素优势，以及经济强劲向上的牵引力，因此所有的一切都赋予了雄安的特殊时代使命。雄安新区在此时的设立，最重要的考量因素绝不是追求快速发展的经济指标，而是需要依靠新的经济理念来推动长久发展，并将与深圳特区、浦东新区一样，具有很强的标杆意义。未来雄安新区与北京、天津形成稳定的城市发展金三角，实现错位发展、优势互补、合作共赢，便能够使京津冀协调发展战略得以真正实现。

三、关于雄安新区建设发展路径的几点思考

雄安新区的设立是一项重大的历史性战略选择，是千年大计、国家大事。雄安新区不同于一般意义上的新区，其定位首先是疏解北京非首都功能集中承载地，将逐步发挥首都副中心的作用。相比较其他国家级新区，雄安新区发展重在改革创新。在未来的规划建设中，在尊重城市建设基本规律的基础上，雄安新区应探索一条有别于其他国家级新区的发展道路，在发挥首都副中心功能的同时，注重成为体制改革、要素集聚、公共服务等领域软件建设的先行者，成为改革创新的引领者，发挥雄安新区“千年”发展的历史意义。

——承接北京的部分功能，发挥非首都功能主要承载地作用，使雄

安新区真正成为首都副中心。实际工作中，首都功能和非首都功能其实难以绝对的区分，也更非对立关系，需要根据京津冀一体化的角度、考虑各个城市的资源禀赋和功能定位，有所选择、有所侧重。作为疏解北京非首都功能的重要之举，通州当前已被确定为北京城市副中心，但其承接功能却非常有限，其主要疏解的是首都部分行政功能。那么，雄安新区承载的非首都功能，则与通州完全不同，应侧重于疏解首都的经济功能及部分社会服务功能，包括部分新兴产业、部分科研教育、部分央企和分行政办公机构。总之，与通州策应，雄安新区在地理空间上已然构成疏解非首都功能的东西“两翼”。

——对比雄安新区和深圳特区、浦东新区，雄安新区要承载“千年”的历史责任，在经济体制改革上发挥引领性更加重要，应成为改革创新的新载体。深圳特区、浦东新区的发展更多是一种“开放”导向，大部分的改革是围绕“开放”进行的，体现了我国改革开放近 40 年的缩影；雄安新区必须承载一种“改革”导向的历史责任，围绕内部经济发展新模式而进行更加深入的改革创新。虽然，改革与开放二者紧密关联，但是，从开放主导到改革主导的探索，远比建设一座首都副中心意义更为重大。为此，雄安新区必须克服传统的路径依赖以及经验的僵化与惰性，探索出一条具有自身特色的全新路径。这需要以改革开道，发扬改革创新精神，全面提高资源配置效率，建立体制机制新高地。

——全面提高资源配置效率，发挥要素集聚和产业转型发展的功能，补齐区域发展短板，再造经济增长极。相对而言，雄安新区的产业基础远远弱于深圳特区、浦东新区，即使是保定和石家庄整体的产业基础在全国亦没有明显优势。城市的发展需要有产业作为支撑，否则就会失去其内在发展功能。如果纯粹将部分非首都功能转移至雄安新区，那么可能形成没有产业支撑的新城区，内在的发展功能就会比较弱，对京津冀一体化的要素集聚和资源配置的贡献就会不显著。因此，对于以轻工业为主的雄安经济结构，对标京津冀一体化，雄安新区应践行与京津工业经济差异化的产业发展道路——即重点发展创新、智能和生态等高新产业，如大数据、物联网、云计算、无人技术、环保技术，以及航空航天、机器人等，最终形成高科技、新创新、智能型、低能耗、低排放的高端产业集群。不难想象，未来的雄安新区将会是一座绿色生态宜居新城和以轻资产为主打的科技新城。

——以民生为本，推进基本公共服务均等化，补齐环京津冀周边地区社会事业发展、公共服务水平短板。雄安新区建设主要承载北京非首都功能，那么就涉及雄安新区与北京市的公共服务均等化问题。从本质上讲，京津冀一体化的核心仍然是与公共服务领域一体化的问题，例如土地、户籍、教育、医疗、房地产等等。目前国内公共服务非均等化的软约束本质上是区域经济进一步一体化的硬约束，也是制约资源配置效率进一步提升的硬约束。这些领域的建设以及相关的改革，比起建设一座新的城市更为根本和艰难。因此，雄安新区在要素自由流动和公共服务均等化上需要有创新性思维，如通过公共服务均等化的改革从内部激发劳动者的创新潜能，打造优良的创业环境实现高端要素的集聚，同时通过体制改革创新城市管理新方法等。尤其是应积极选拔、引导优质民间资本进入雄安新区基础设施与公共服务，让市场在资源配置中更好地发挥决定性作用，更长远的周期强化民间资本的投资信心。

四、结语

相比国际可比经验，雄安新区坐拥地利人和的优势。雄安新区处于京津冀核心地区，与北京、天津构成一个城市发展金三角，是建设首都副中心的理想之选。同时，我国政府的强执行力决定了推进雄安新区建设将有更高的行政效率、基建效率。这些优势将是雄安新区能够建成国际一流城市、北京能够建成世界级都市圈的决定性因素。总而言之，建设雄安新区是一项历史性工程，需要以新发展理念为引领，不留历史遗憾。以改革和创新作为新区建设的重点，注重历史定位、注重改革创新、注重软件建设，让雄安新区建设经得起历史检验。可以说，雄安新区建设承载的任务是既有的，但其建设高度的定位是崭新的、前所未有的，将成为向全国乃至全球输出区域经济建设成功方案的一个经典样板。

［原载《经济界》2017 年第 5 期］

少数民族文化传承发展与内生式发展机制的构建

——基于黔东南苗族侗族自治州的调研 *

郑有贵　武力　段娟

改革开放初期，国家从摆脱全国落后状况出发，基于部分地区先富、先富带动后富、逐步实现共同富裕的思想，践行了邓小平“两个大局”的战略构想[①]，由此沿海地区得益于改革开放、历史发展基础及其区位优势，资金、技术、人力等生产要素向其集聚，实现了快速发展，这拉大了其与中西部地区特别是其中的少数民族地区经济社会发展的差距。自 20 世纪 90 年代起，国家在东部地区经济社会实现快速发展的基础上，开始大力实施西部大开发战略，着力解决西部地区与东部地区经济社会发展差距较大的问题，少数民族地区经济社会的发展由此步入快车道。总体而言，少数民族地区仍处于欠发达水平，在经济发展新常态下，面

* 2015 年 1 月下旬开展的调研，得到贵州省社会科学院和黔东南苗族侗族自治州政府的大力支持。贵州省社会科学院的吴大华、索晓霞、麻勇斌、李代峰，黔东南苗族侗族自治州的杨锦春、徐德俊、李文明、龙初凡、韦通贤，在凯里市挂职的中共中央党校的刘飞等同志给予帮助、参加调研座谈和提供资料。

① 1988 年，邓小平提出“两个大局”思想：沿海地区要加快对外开放，使这个拥有两亿人口的广大地带较快地先发展起来，从而带动内地更好地发展，这是一个事关大局的问题。内地要顾全这个大局。反过来，发展到一定的时候，又要求沿海拿出更多力量来帮助内地发展，这也是个大局。那时沿海也要服从这个大局。参见《邓小平文选》第 3 卷，人民出版社 1993 年版，第 277—278 页。

临双重使命，一方面要破解通过跨越发展来追赶全国发展水平的老问题，一方面还要破解转变发展方式实现更好发展的新问题。破解这两个看似矛盾的命题，需要辩证地认识和处理好嵌入式与内生式发展的关系，发挥好少数民族地区特有的民族文化资源丰富的优势，探索形成内生力量不断增强的发展路径。

一、少数民族地区实现跨越与转型发展需要内生力量的增强

黔东南苗族侗族自治州既有二十世纪六七十年代外部力量嵌入式发展的辉煌，也有现今不断增强内生力量的持续发展，其中所给出的重要启示，值得重视。

（一）国家在计划经济体制下实施嵌入式建设项目为少数民族地区经济社会的发展奠定了基础，但由于没有形成融合发展机制而难持续

中国现代工业的发展是由东向西梯度推进的。20 世纪 60 年代国家面对美苏两个超级大国可能发动战争的威胁和沿海与内地发展的不平衡，全国一盘棋，举全国之力，通过实施规模宏大的三线建设战略，大力推进内地工业化和交通设施建设，对内地偏僻落后地区实施嵌入式发展措施。在二十世纪六七十年代，国家第四机械工业部先后从全国各地搬迁了近 20 个单位，以贵州省的都匀、黔东南苗族侗族自治州为中心组建了 083 基地（国家在贵州省建立的军工电子基地），在苗岭侗寨之间建起了全国先进的电子工业企业。其中，在黔东南苗族侗族自治州有国营永光电工厂（873 厂）、国营宇光电工厂（771 厂）、国营华联无线电厂（851 厂）、国营南丰机械厂（830 厂）、国营长征无线电厂（4262 厂）、国营红云器材厂（4325 厂）、国营新云器材厂（4326 厂）、国营永华无线电仪器厂（4540 厂）、国营红州无线电厂、国营凯旋机械厂（4292 厂）等十几家工厂。国家三线建设战略的实施，建起了国家的战略大后方，扩展了国家战略纵深，增强了反侵略战争的能力，让侵略者“打不起”，遏制了

战争的爆发，赢得了和平发展机会，实现了备战的战略目标。同时，也改变了沿海与内地生产力布局失衡的格局，缩小了地区间工业化的差距。就黔东南苗族侗族自治州而言，三线建设不仅迅速嵌入了现代工业，还极大地改善了交通等基础设施。

诺贝尔经济学奖得主缪尔达尔的地理二元结构理论认为，由于经济发展带来商品、资本、人员、技术等要素的自由流动，会使先进的地区更先进，落后的地区更落后。随着建立社会主义市场经济体制改革的推进，市场在资源配置中的作用日益显著，在这样的态势下，正如地理二元结构理论所揭示的机理，黔东南苗族侗族自治州的三线厂跟随 083 基地（现中国振华电子集团有限公司，属 55 家首批国家试点大型企业集团之一，拥有国家级技术中心、博士后工作站和国家“863”成果转化基地）为获得较好的生产经营发展条件（包括满足职工关于文化、就医、子女上学和就业等生活条件改善的需求）而迁移到贵阳市等地，在少数民族地区实施的嵌入式发展受到了挑战。在社会主义市场经济体制下，少数民族地区如何才能实现跨越和转型发展，仍然是一个需要破解的重大难题。

（二）增强内生力量是破解少数民族地区跨越与转型发展难题的基础

少数民族地区工业化的发展，受到地处偏僻、交通不便、基础设施落后、资本积累不足、现代工业基础薄弱、产业技能人才缺乏等多重因素的制约。少数民族地区突破这些困境，实现经济社会的跨越和转型发展，除了利用好中央政府促进区域经济社会均衡发展的支持政策外，需要寻求新的发展路径，需要发育壮大一种内生力量。这种力量则缘于日益成为一种稀缺而又绚丽的经济资源的少数民族文化。黔东南苗族侗族自治州在如何充分利用少数民族文化丰富多彩的优势，扬民族文化之长增强内生力量，带动跨越与转型发展方面，进行了积极的探索。该州文化遗产总量位居贵州省之首，有 1 项（侗族大歌）进入联合国教科文组织人类非物质文化遗产代表作名录，有 52 项 68 个非物质文化遗产保护点进入国家级名录，有 175 项 206 个保护点进入省级名录；有 5 个国家历史文化名城、名镇、名村，有 2 个国家级生态博物馆、10 个中国民间艺术之乡；有 19 个全国重点文物保护单位、39 处省级文物保护单位。[①]2012 年国务院《关于进一步促进贵州经济社会又好又快发展的若干意见》提出在黔东南创建民族文化旅游创新区。该州抓住工业化、城镇化进程中人们对少数民族文化旅游需求呈现出的旺盛增长态势，积极发挥民族节日、民族歌舞、民族服饰、民族传统手工艺等文化资源丰富多彩的优势，着力保护好传统民族村寨等文化遗产，对其加以开发利用，将其打造成为全贵州省独特的民族旅游胜地。2010 年至 2014 年，全州接待国内外游客由 1512.8 万人次增加到 3744.6 万人次，实现旅游总收入由 109.7 亿元增加到 314.8 亿元，由此带动民族工艺、民族医药、民族食品等特色产业的快速发展，也带动了整个第三产业的发展。全州三次产业占生产总值的比重，由 2010 年的 24.6∶30.1∶45.3，发展成为 2014 年的 17.8∶30.6∶51.6，第三产业比重上升了 6.3 个百分点，并在全州经济中占据半壁江山。第三产业的发展，又促进了整个经济的发展。黔东南苗族侗族自治州在整个贵州省经济总量中所占比重较小，与全省各市州相比经济总量位次靠后。该州近年经济发展速度较快，2014 年全州生产总值为 701.71 亿元[②]，比 2010 年的 312.57 亿元有了大幅增长，其中 2014 年比上年增长 14.4%，比全省的 10.8% 高 3.6 个百分点[③]，高于全国约 1 倍。可见，黔东南苗族侗族自治州传承发展少数民族文化、发展少数民族文化旅游等特色产业，为一方脱贫致富和实现跨越发展的贡献越来越明显。更为重要的是，民族文化旅游业、民族工艺、民族医药、民族食品等特色产业的发展，为少数民族地区经济社会跨越和转型发展奠定了人文、人才、产业基础，提升了科技水平、管理水平和市场开拓能力，积累了产业资本，并形成少数民族地区特色而又靓丽的名片效应和聚集效应。换言之，开发利用好少数民族文化这一特色资源，渐进地增强了

---

① 黔东南苗族侗族自治州有关部门向调研组提供的资料。下文中，凡为调研时有关部门提供的数据，均省略注释。

② 黔东南州统计局、国家统计局黔东南调查队：《黔东南州 2014 年国民经济和社会发展统计公报》（2015 年 3 月 18 日）。

③ 《我省 2014 年主要统计数据发布—— GDP 达 9251 亿元》，《贵州都市报》2015 年 1 月 22 日，第 5 版。

少数民族地区实现经济社会跨越和转型发展的内生动力，递次形成了少数民族文化传承发展—旅游业等民族特色产业发展—第三产业发展—整个经济社会发展的良性态势。

（三）传承发展少数民族文化有利于内生力量的凝聚

在长期的文明演进中，特别是在社会主义国家大家庭中，少数民族文化的传承发展，有利于促进民族团结进步，可以为经济社会的跨越和转型发展奠定和谐的社会基础。黔东南苗族侗族自治州是多民族团结进步的典范，2012 年国务院《关于进一步促进贵州经济社会又好又快发展的若干意见》提出在黔东南创建民族团结进步繁荣发展示范区。全州少数民族人口约占八成，有苗族、侗族、汉族、水族、布依族、土家族、畲族、仫佬族、壮族、瑶族等民族；2014 年全州民族村寨普查确定的 726 个民族村寨中，两个及其以上民族组成的村寨有 93 个。该州各民族长期呈现出团结进步态势，不仅因为各民族有团结进步的共同理念和追求，还由于丰富多彩的节庆文化、歌舞文化、制度文化、语言文化、服饰文化、婚姻文化，以及各民族文化的包容性和融合发展，共同促进社会和谐进步。其中，节庆文化促进交流和相亲相爱，歌舞文化净化心灵，制度文化（历史上，苗族实行“议榔”制，侗族实行“议款”制，榕江县人民法院鉴此推进无诉讼试点工作村寨建设，以构建多元化纠纷化解机制）促进行为规范和有序发展。

二、探索创新少数民族文化传承发展的机制

尽管少数民族地区可以通过发展少数民族特色产业增强内生力量，但快速推进工业化、信息化、城镇化、农业现代化，仍是时代发展潮流，仍是追赶全国大家庭发展水平而实现共圆中国梦的必然选择，也因为由于国家的支持和带动而有实现的可能。在全国经济发展进入新常态的条件下，黔东南苗族侗族自治州经济增长保持了较高的速度，与其他地区面临较大的经济下行压力形成较大的反差，反映的正是这种合理性。由于工业化、信息化、城镇化、农业现代化的快速推进，有的甚至是快速

嵌入，改变了原有的缓慢融合发展态势，给少数民族文化的传承发展，以及现代与传统、工业与农业、城镇与乡村的融合发展，进而发挥好少数民族文化在经济社会发展中的作用，带来了新的问题。

一是，开发利用少数民族文化资源以实现经济社会快速发展与文化遗产的保护，两者如何协调推进，成为急迫解决的问题。一些地方对非物质文化遗产进行过度开发，或在工业化、城镇化、新农村建设、移民搬迁中，非物质文化遗产所依赖的人文生态环境有所破坏，少数民族传统文化生存空间面临挤压，一些非物质文化遗产存在变味甚至消失的可能。由于技术进步，一些传统文化，如作为侗族“糯米文化”重要组成部分的侗果、瘪米、甜酒、打油茶、腌肉、腌鱼等，由于种植杂交水稻后糯米品种和产量减少，面临慢慢消失的问题。

二是，随着现代生产生活方式的快速引入，保护传统民族村寨的难度日益增大。传统民族村寨独具特色，不仅是极美的景观，还内含民族智慧，呈现了发展的历史和人文风情，是民族文化的重要载体。发展少数民族文化旅游业，传统民族村寨的保护是基础。然而，生产生活现代化的快速推进，传统民族村寨保护面临挑战。作为黔东南民族村寨重要组成部分的木质结构及体现建筑文化的房屋，其保存中存在如火灾隐患、不隔音、排污不便等诸多需要改进的问题，还包括保持原貌时难以满足随着经济发展和收入增加居民对房屋面积扩大和内部装修改善需求的问题。普查资料显示，虽然也有一百年以上未发生过火灾的村寨，但仍然有民族村寨发生不同程度的火灾，造成较大损失。工业化、城镇化的发展，也发生与原有建筑风格不协调、生态环境破坏和污染环境等问题。

三是，在多元文化融合发展的进程中，独特的少数民族文化的传承发展面临传承主体分化，乃至稀缺和后继无人的问题。少数民族文化不可能脱离开人而独立存在，一些传统技艺项目需要具体的人来传承发展。传统农耕文明时期形成和发展起来的少数民族文化，受到现代工业文化的冲击，导致少数民族文化传承发展主体的分化，以致发生项目传承人年龄结构老化、断层的问题。目前，黔东南苗族侗族自治州国家级传承人 21 人，平均年龄 61.4 岁，最高年龄 83 岁，最低年龄 47 岁；省级传承人 100 人，平均年龄 58.3 岁，最高年龄 77 岁，最低年龄 24 岁；州级传承人194人，平均年龄55.9岁，最高年龄91岁，最低年龄24岁。这是在国家对传承人实行包括给予荣誉褒奖和财政补贴等保护政策下的结果。可见，如果没有这样的支持政策，势态将更为严峻。

鉴于少数民族文化传承发展遇到的新问题，可设立少数民族特色产业创新发展试验区，从顶层和整体设计出发，对传承发展机制进行试验探索。本文仅就少数民族文化产权保护体系和共同体传承发展机制、少数民族特色产业创新发展机制和政策支持等作如下探讨。

（一）探索建立少数民族文化产权保护体系和共同体传承发展机制

针对少数民族文化遗产保护中存在的被动的“要我保护”难做到，而自觉的“我要保护”机制尚未形成的问题，黔东南苗族侗族自治州在实践中进行了积极探索：一方面，民族村寨借鉴传统治理方式，形成了保护民族村寨的村规民约，如《郎德镇上郎德村村规民约》《贵州省从江县岜沙村村规民约》《西江镇控拜村村民防火公约》等，还计划发起组建中国传统村落保护联盟。另一方面，探索对民族文化传承发展做出的贡献给予相应回报的方式。雷山县西江千户苗寨景区将门票收入的一定比例给当地村民；针对山顶上、山脚下居民获得发展和收益机会不均衡的问题（山脚下的居民可以利用房屋开商店、农家乐等而获得的发展机会和收益相对较多，山顶上的居民只能下山务工而获得的发展机会和收益相对较少），正筹备在山顶上开发休闲旅游业来解决这一问题。上郎德村的“工分制”、岜沙村的“集体所有制”等也都在一定程度上对参与民族文化传承发展者给予一定的回报。对参与民族文化传承发展者给予上述馈赠或反哺式回报，在一定程度上调动了参与民族文化传承发展者的积极性，但仍然没有充分体现民族文化传承发展者的产权主体性质。

少数民族文化一般都有显著的活态性，其传承发展是由一个群体在各种生产生活活动中共同完成的。具体到传统民族村寨，其特殊文化形态的延续，不仅仅是依赖某几个人传承，更重要的是依赖村寨里的所有居民共同实现。以雷山县西江千户苗寨为例，在景区内所有房屋、村巷、居民、技艺共同构成独特的民族文化景观，都是旅游资源的组成部分。

如果开发商将传统民族村寨及其体现的民族文化整体开发，当成旅游产品打包出售，而不对这个村寨中参与保护和传承传统民族文化的每一位居民的付出给予与产权主体地位相对应的权益，必然困扰民族文化的传承发展及对这一特色资源的开发利用，只有解决好这一关键问题，才可能促进包括少数民族文化旅游产业在内的特色产业的持续发展。还需要注意到，构成民族村寨的非物质文化遗产，大多属于“传统知识”的范畴，有的产权属于族群集体（有的可具体到社区），有的如苗医药则属于个人。可见，少数民族文化产业的发展，有着不同于一般物质生产经营的特点。只有根据这些特性，在产权制度、组织制度、分配制度上进行适应性创新，才能形成少数民族文化传承发展与特色产业发展相互促进的机制。可将构成传统民族村寨的私有房屋，以及居民对非物质文化遗产传承与保护的贡献，量化为景区的贡献股，建立包括资金、房屋、非物质文化遗产在内的全要素于一体的股份制企业（包括股份合作社），进而构建起有利于形成传统民族村寨共同体传承发展的民族文化产权及其相应的收益分配制度，使参与民族文化传承发展的所有成员都能够分享景区发展成果，从权益保障上形成可持续发展机制，由群众“要我保护”向“我要保护”的转变才可以真正实现。

（二）探索创建少数民族特色产业创新发展机制

民族文化旅游、民族工艺、民族医药、民族食品等特色产业的发展，不仅受如上所述少数民族文化产权制度的影响，还受经济发展水平低的约束和现代工业发展的冲击。鉴此，一方面，应进一步探索建设生产性保护示范基地，在生产中对非物质文化遗产进行动态保护和传承。经过探索，该州已发展成长起石桥黔山古法造纸合作社等国家级生产性保护示范基地 3 家、省级 8 家、州级 5 家，在生产经营中培养了一批优秀传承人，同时也取得了一定的经济效益。生产性保护示范基地建设，仍然应当根据少数民族文化的特性加以探索，形成更加适合当地少数民族特色产业发展的组织制度和有利于产业集聚的机制。另一方面，应构建起推进现代工业与发展民族特色产业相互促进的机制。实现跨越和转型发展，需要大力发展与民族文化相关的旅游、工艺、医药、食品等民族特色产业，走出一条特色化、差异化、可持续的产业发展之路。同时，工业化和城镇化可以使少数民族地区的发展更具空间。两者之间的关系需要处理好，前者是基础，以此为基础的发展才是有根基和发展空间的；后者则是经济社会发展的引擎。如何构建起发展民族特色产业与推进现代化相互促进的机制，尽可能避免现代要素快速引入对少数民族文化传承发展的不利影响，还有很多问题需要在实践中探索解决，如在推进工业化、信息化、城镇化、农业现代化进程中，如何保存非物质文化遗产传承保护的生态环境，如何探索走出一条具有民族特色而又能让居民望得见山、看得见水、记得住乡愁的新型城镇化之路，如何推进中心城区的发展并发挥其对整个区域的辐射带动作用，如何在社会主义新农村建设中找到一个既保留民族村寨的村容寨貌而又可以适应生活改善的需求，并使原生态特征的民族村寨的成员也能分享社会发展的成果等。

（三）探索完善少数民族特色产业发展的政策支持机制

少数民族特色产业的发展，需要政策支持，原因有：一是，少数民族特色产业，一般都实行特殊的传统工艺，生产批量小、成本高，盈利空间较小。二是，受机会成本的影响，少数民族地区的资金、人才外流，少数民族特色产业面临资金、人才、技术困境。三是，少数民族特色产业不同于一般产业，不仅直接惠及当地群众，更重要的是有利于中华民族文化丰富性的持续发展，即整个国家也从中受益。四是，发展少数民族特色产业是促进民族地区摆脱贫困和实现经济社会跨越和转型发展的重要路径，也是把制度化扶贫与产业化扶贫结合起来而实施精准扶贫的选择。鉴此，政府理应成为少数民族文化的传承发展提供一定的支持。在支持少数民族特色产业的发展上，在加大对民族文化项目传承人支持力度、加大对传统民族村寨保护支持力度（包括建立民族村寨保护专项基金）、加大产业人才培养支持力度、加大科技研发支持力度、加大基础设施建设支持力度的同时，还要在支持的机制上进行探索。需要在民族区域自治制度框架下，允许少数民族地区在特色产业发展试验区内，将有关支持政策和示范建设项目整合起来，改变政府部门条条的各自为政而难以形成合力的格局，更好地发挥政策支持效应；从少数民族地区基础设施落后、资本积累不足、产业技术人才缺乏、民族文化遗产传承保护的生态环境变化等特殊问题出发，探索相适应的政府与市场的关系，构建起政府统筹保护民族文化、引导多样化的少数民族特色产业转型升级发展与企业按照市场机制灵活经营相结合的机制。

［原载《贵州社会科学》2016 年第 1 期］

发挥经济史在实践和理论创新中的启迪作用

贾子尧　郑有贵

习近平总书记在 2018 年 1 月举行的学习贯彻党的十九大精神研讨班开班式上指出，弄清楚我们从哪儿来、往哪儿去，很多问题才能看得深、把得准。这一论断深刻揭示了中国历史研究的重要意义。中国的许多问题是在历史发展的过程中逐渐形成的，只有把面临的问题放在历史的坐标系中进行考察，才能形成准确而全面的认识。

一、有助于准确把握新时代改革开放的前进方向

回顾和分析改革开放以来的经济发展史，对准确把握新时代改革开放的前进方向具有重要意义。改革开放以来，经济跨越发展的历史成为最大的研究热点，形成了丰硕的研究成果。

改革开放 40 年的历史进程表明，新时代应坚持社会主义市场经济的改革方向，坚持“两个毫不动摇”。郑有贵提出，还原改革开放 40 年历史的本来面貌，可以避免掉入用暂时局部波动评判公有制经济和非公有制经济谁退谁进，单纯以经济效益高低评判公有制经济和非公有制经济谁优谁劣，脱离历史场景和历史逻辑掉入片面评判公有制经济和非公有制经济谁先进谁落后，脱离坚持党的领导及公有制主体地位的历史而抽象地探讨发展公有制经济还是发展非公有制经济等陷阱，进而进一步增强坚持“两个毫不动摇”的自觉和自信。汪海波梳理了非公有制经济

的阶段性特征：1979—1984 年非公有制经济得以恢复并取得初步发展；1985—1992 年非公有制经济全面发展；1993—2000 年非公有制经济持续发展；2001—2011 年非公有制经济持续快速发展；2012—2017 年非公有制经济发展进入新阶段。宋士云梳理了改革开放以来中国企业劳动关系变迁的三个阶段：1979—1991 年是劳动关系从行政隶属式转向市场契约式的起步阶段；1992—2001 年是加快推进市场化劳动关系建立的阶段；2002—2017 年是建立与发展和谐稳定的劳动关系的阶段。黄嘉文和李敏梳理出了改革开放以来广东省劳动关系变迁的三个阶段：1978—1994 年是探索契约型劳动关系转向的阶段；1995—2007 年是基于劳动者权益保护的制度建构的阶段；2008—2015 年是出现以利益平衡为导向的劳动关系新趋势的阶段。段娟回顾了改革开放以来我国生态文明建设的历程和取得的成就，总结了经验教训。

改革开放 40 年的历史经验表明，农村改革关系全局，新时代仍应将解决好“三农”问题作为全党工作重中之重，进一步破除阻碍城乡融合发展的障碍。郑有贵认为，从长时段的视角来看，改革开放 40 年乡村改革取得了在工业化进程中突围城乡二元结构向融合发展迈进；在打破城乡分治中，突围由农民单一从事农业向多元就业创业拓展发展空间迈进；在生产经营主体重塑中，突围传统农业向现代农业转型；在融合发展中，突围主要发挥农业的产业功能与向乡村多重功能拓展等四大突破。

改革开放 40 年来，我国在促进乡村发展和振兴的探索中，形成了处理好尊重农民首创精神与顶层设计、对乡村的“取”与“予”、乡村服务城市与乡村振兴、主体主导与多元互补发展等四个重大关系的历史经验，为实施乡村振兴战略提供了启示。萧冬连回顾了农村改革从农民、基层干部、地方政府和中央领导之间的互动，到一步步获得共识形成全国性政策的过程，并阐述了农村改革的全局性意义。李嘉树和黄国强通过叙述改革开放初期我国农村改革的背景和过程，论证了我国的农村改革并非“边缘革命”，而是“核心突破”，对改革缘起做出了新的阐释。

40 年对外开放的历程表明，新时代应扩大对外开放，全面提高开放型经济水平。萧冬连回顾了 1978 年开始的中国对外开放逐渐起步的过程，并指出 1985 年我国已初步形成由经济特区、沿海开放城市和沿海开放区构成的开放格局。文世芳厘清了20世纪80年代初世界银行对中国进行的两次考察的来龙去脉，评析了这两次考察对改革开放的深远影响，认为国际经验对改革开放提供了重要助力。李愿富从政策角度探讨了1978—1991年中国改革开放政策对中日贸易关系的影响。蔡赤萌指出，1978—2007年，香港在全国实行对外开放战略的两个不同阶段中发挥的不同功能：1978—1997年香港在全国实行外向型发展战略时主要发挥"窗口"功能；1998—2007年香港在全国实行开放性经济发展战略时主要发挥中介功能。

改革开放以来的经济发展史是当前国史研究的重点和热点，目前仍处于起步阶段。研究这段历史既要总结"中国奇迹"的经验，也要探讨当前遇到问题的成因。只有两者并重才能更好地发挥新中国经济史研究的资政作用。

二、有助于更好坚持中国特色社会主义经济发展道路

全面概括新中国经济发展的成就，深刻总结其间形成的宝贵经验，对于在新时代更好坚持中国特色社会主义经济发展道路具有重要意义。董志凯回顾了新中国成立初期应对封锁禁运的措施，阐述了其对于建设"一带一路"的启示。王丹莉论证了促成"大跃进"时期中央与地方财政关系转变的一个重要因素是，第一个五年计划后期新中国工业发展战略的细微调整。韩奇梳理了毛泽东在"一五"计划之后对计划经济体制进行的多重维度的改革，并阐释了其宝贵的历史价值，加深了对改革开放前后两个不同时期关系的理解，进而有助于全面认识中国特色社会主义经济发展道路。王鑫总结了在第一个五年计划时期肯定市场作用的基本经验，同时也阐述了当时探索社会主义道路的历史局限性。郭旭红和武力认为，新中国成立以来的经济发展，实质上是从计划经济向市场经济转型的过程，在这个过程中最突出的特征是产业结构失衡与经济增长共存。刘伟梳理了1988—1989年中共中央中止"物价闯关"、开启治理整顿的过程，指出这一系列决策和举措迅速平抑了物价、稳定了社会，为之后的改革提供了宝贵经验，是探索和完善中国特色社会主义经济发展

道路的一次成功实践。

中国特色社会主义是在改革开放历史新时期开创的，也是在新中国已经建立起社会主义基本制度并进行了 20 多年建设的基础上开创的。只有正确认识和评价新中国近 70 年的经济发展历程，才能在新时代更好坚持中国特色社会主义经济发展道路。

三、有助于构建中国特色社会主义政治经济学

新中国的经济发展历程，是理论与实践相互促进的历程。实事求是地评价发展中的问题，全面总结历史中的经验教训是理论创新发展的前提和基础。融合研究新中国经济发展历程中的经济思想与经济建设实践，对构建中国特色社会主义政治经济学具有重要意义。郑有贵基于改革开放 40 年跨越发展经验，探讨了中国特色社会主义政治经济学中的中国共产党、人民、资本，指出如何处理人民与资本的关系，是基于人民的立场，还是资本至上和服务于资本所有者，是马克思主义与资本主义在政治经济学的根本分野。刘伟梳理了我国对于国内生产总值（GDP）认识的演变过程：从传统的忽视和否定 GDP，到改革开放以来运用和强调 GDP，再到进入新时代提出“新发展理念”，进一步提升对 GDP 的认识和态度的科学性，体现了我国对于“发展”的认识不断深化和不断提升科学性的过程。李祥兴和王先俊梳理了改革开放以来我国对政府与市场关系认知的嬗变过程，以及在此过程中新自由主义思潮的干扰和影响。王昉和缪德刚指出，过渡时期的经济思想为中国特色社会主义发展道路理论的形成奠定了思想基础。

以马克思主义为指导阐析新中国经济发展的历程，能够更好地发挥经济史研究在构建中国特色社会主义政治经济学中不可替代的作用。王琳综合了马克思生产力与生产关系矛盾运动的基本方法论和西方经济学中流行的经济长波理论，构建了“技术力—制度力—耦合力”三元经济长波理论，并以此分析了我国 1952—2016 年的经济发展历程，得出我国已经历了 1949—1978 年、1978—2012 年两个经济长周期，而且 2012 年已经进入了新的经济长周期的结论。王琳、马艳和张思扬将生产关系纳

入生产方式的整体演变中进行剖析，梳理出我国改革开放以来生产关系演变的现实路径和理论机理，把我国改革开放以来生产方式的现实演变过程划分为三个阶段：1978—1997 年的数量型生产方式探索期、1998—2012 年的数量型生产方式深化期、2013 年至今的质量型生产方式探索期。构建中国特色哲学社会科学学科体系、学术体系、话语体系，构建中国特色政治经济学，还应当深化以马克思主义为指导的新中国经济发展历程的研究。

[原载《中国社会科学报》2019 年 3 月 1 日]

后　记

中国用几十年时间就走完发达国家几百年走过的工业化历程，所实现的历史性变革和取得的历史性成就，给经济史的研究提出了新选题。本所学者不辱使命，在中华人民共和国经济史研究上取得了丰硕成果。

本书是本所经济史研究领域的集体文集，根据丁芮、王蕾、叶明勇、冷兆松、沈雁昕、陈东林、武力、郑有贵、钟瑛、段娟、贾子尧（按姓氏笔画）提供论文的内容，分别编入战略思想、经济政策、经济运行、实践调研四个部分，与同一文库中八位经济史领域学者的个人文集不重复。前言由郑有贵执笔，其主要内容曾以《积极探索中华人民共和国经济史学科建设》为题，于 2020 年 5 月 15 日由《中国社会科学报》发表，《马克思主义文摘》2020 年第 4 期以《中华人民共和国经济史研究逐步拓展和深化》为题转载。

中华人民共和国经济史的研究，得到了所内外学者的大力支持；中国经济史学会中国现代经济史专业委员会每年组织召开年度学科综述和前沿会、专题研讨会等，促进了经济史学术交流和研究的深入。在建所 30 周年之际，对所有关心、支持中华人民共和国经济史研究的朋友表示衷心感谢！

编　者

2020 年 2 月 29 日